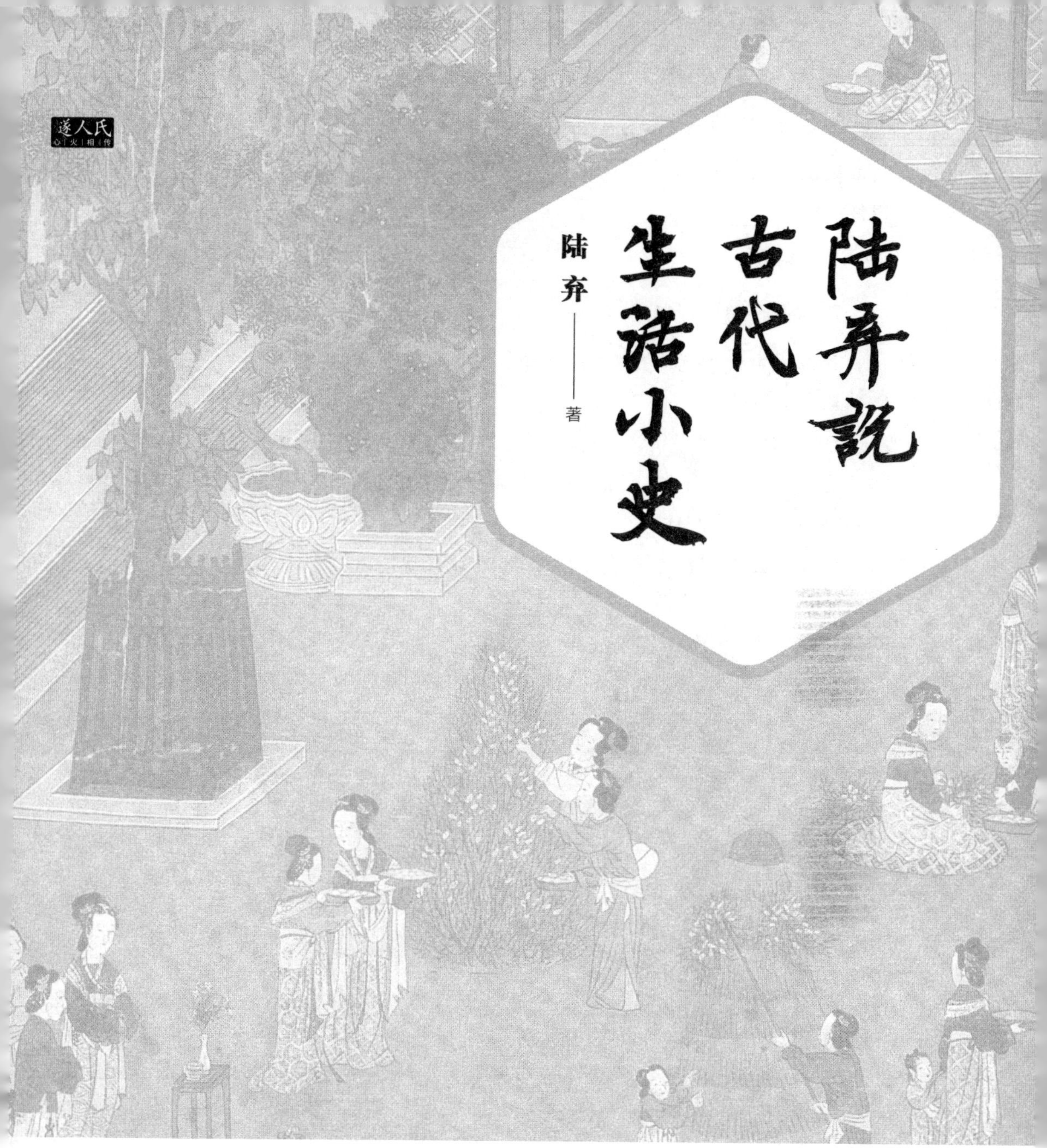

遂人氏
心火相传

陸弃說古代生活小史

陆弃 著

华龄出版社
HUALING PRESS

责任编辑：王　旺
责任印制：李未圻

图书在版编目（CIP）数据

陆弃说古代生活小史 / 陆弃著 . -- 北京 : 华龄出版社, 2020.11
ISBN 978-7-5169-1773-2

Ⅰ. ①陆… Ⅱ. ①陆… Ⅲ. ①社会生活—历史—中国—古代 Ⅳ. ① D691.9

中国版本图书馆 CIP 数据核字 (2020) 第 215716 号

书　　名：陆弃说古代生活小史
作　　者：陆　弃

出 版 人：胡福君
出版发行：华龄出版社
地　　址：北京市东城区安定门外大街甲 57 号　**邮　　编：**100011
电　　话：010-58122246　**传　　真：**010-84049572
网　　址：http://www.hualingpress.com

印　　刷：北京楠萍印刷有限公司
版　　次：2021 年 2 月第 1 版　2021 年 2 月第 1 次印刷
开　　本：710 毫米 ×1000 毫米　1/16　**印　　张：**15.5
字　　数：207 千字
定　　价：48.00 元

序　言

市场上常见的历史类书籍多是讲政治史、思想史、文化史的，这类书籍中大多是讲述朝代更替、王侯将相的故事，且内容重复度也太高。最为贴近我们的生活史类书籍，却并不多见，相较于波谲云诡的大历史，陆弃的《陆弃说古代生活小史》一书既帮我们窥见帝王将相的日常生活，又为我们解读了古代普通平民的衣食住行、婚丧嫁娶。

本书选取了52个生活片段，真实记录了古代中国的生活百态，并为读者们重拾那些失去的生活记忆，重新走进古人的生活。

“往者可鉴，来者可追。”陆弃用通俗的文字详解古代帝王将相、普通百姓的生活百态，并且视角能够独具一格。譬如《皇帝的日程表：和普通人一样，分化得离谱》一文，将历史上的皇帝细致分类，既有勤政的，也有懒政的，既有英明的君主，也有昏庸无道的君主，而这些君主又因他们的性格导致他们的日程大有不同。一般情况下，很少有作者能够通过这样“特殊”的角度将这些人与事联系在一起。再如《健身小史：古代健身达人知多少？》一文，几乎将中国古代的健身方式全部详解一遍，并且通过古代人的不同健身方式我们就能看出古代社会阶层的分化和阶级之间的明显差距。

从全书来看，《陆弃说古代生活小史》采用生动诙谐的语言，用别具一格的视角，采用文化生活的讲述方式，向读者介绍现实生活中所熟悉之事在历史上究竟是怎么一回事，能够令人对中国古代史形成更加立体、感性的认识，不失为一本好书。

作者陆弃作为一名笔力雄健的90后作家，从博客时代开始笔耕不辍，诸多文字见于报章，此次本书出版，是其厚积之再一次薄发，值得祝贺！

是为序。

刘继兴

2020年10月19日

目　录

皇帝的日程表：和普通人一样，分化得离谱 | 001
帝王封禅史：从秦始皇到宋真宗的千年封禅史 | 005
亲征简史：皇帝御驾亲征简史 | 009
皇太子简史：规则的传承与突变 | 015
金色玫瑰：古代帝王的爱情 | 018
后宫佳话简史：皇帝有多少老婆？ | 022
后宫简史：女权的桎梏 | 028
选妃简史：海选与多轮淘汰 | 034
殉葬简史：汉代禁止，明朝重启 | 038
驸马简史：被奴才，甚至丧命 | 041
宦官简史：皇权专制下的过度补偿 | 045
古代科举简史：从考场到官场 | 049
考试简史：有考试，就有作弊 | 056
招聘简史：中国古代选拔人才制度 | 061
工资小史：古代官吏的俸禄 | 069
住房分配小史：古代怎么解决官员的住房问题？ | 073

酷吏简史：古代皇帝治理天下为何爱重用酷吏？ 077
顾命大臣简史：皇帝驾崩时的权力争夺 080
党争简史：古代的皇权与党争 085
退休简史：古代官员退休告老还乡制度 090
古代变法简史：猜中开头，却猜不中结局 094
诸子百家简史：大乱时代的百家争鸣 099
国家专营简史：从管山海到榷场 106
职业杀手简史：事了拂衣去，深藏身与名 110
间谍简史：揭秘古代的特务和特务组织 114
身份简史：古代身份证的演变史 118
刑罚小史：古代触目惊心的刑罚 122
流放小史：流放犯人一般发配到哪里？ 126
社保小史：官方、寺庙、民间共育的“大同社会” 130
恋爱简史：古人的高招 134
近亲婚配小史：国人近亲婚配小史 138
计划生育小史：古代中国的人口观 141
避孕小史：古人采取哪些避孕措施？ 146
离婚简史：先秦时离婚自由，秦汉后遵循法则 150
禁娼小史：从国家完全支持到彻底消灭 154
缠足小史：古代文人为何偏爱小脚女人？ 158
养老简史：鼓励孝道的同时处罚不肖 163
网红简史：揭秘古代的娱乐明星 167
食品安全史：中国人最早使用食品添加剂 174
垃圾分类史：明清时就已懂得分类变废为宝 178
商人小史：古代商人的地位为什么低下？ 183
古人夜生活史：古人的夜生活原来如此丰富多彩 188
古代御寒史：古人是如何过冬的？ 192

古代用毒史：战场也曾是“毒药”主场 |196
古代禁烟史：古代都有哪些禁烟措施？ |200
古人求职史：有关系的找人推荐，没关系的毛遂自荐 |204
租房小史：原来古代那么多名人都租不起房 |208
公厕简史：早在 3000 年前就有公共厕所 |212
运动简史：古代有趣的体育运动 |216
健身小史：古代健身达人知多少？ |224
饮食小史：猪肉简史 |230
禁酒小史：古代禁酒趣史 |234
后　记 |239

皇帝的日程表：和普通人一样，分化得离谱

从秦始皇开始到末代皇帝溥仪，中国历史上有四百多个皇帝，每朝的皇帝有每朝皇帝的生活习惯。有的皇帝放荡不羁，声色犬马；有的皇帝则非常勤政，励精图治；有的皇帝一生戎马，征战四方；有的皇帝则爱好佛学，乃至于出家为僧，放弃大好河山……皇帝的一天如何度过，各有各的味道。

勤政的皇帝其勤劳出乎你的想象

秦朝的开国皇帝秦始皇，就是一个非常勤政的皇帝，当然作为皇帝，没有人硬性地规定约束他从事多长时间的工作，但他属于“不用扬鞭自奋蹄”的那一种，自行规定每天不批完一石公文决不休息。秦朝还没有发明纸张，批的奏章是竹简木牍，所以用石来计算。秦朝的一石约合现在的六十斤，大概相当于每天批读十万字至二十万字的公文了，其工作强度可说是夜以继日。另一位著名的勤政皇帝是隋文帝杨坚，这位大隋王朝的开国皇帝，深知得来江山不易，每天五更就上朝理事，可以说是起得早的典型。除了日常工作以外，他还派工作人员暗访民间疾苦，并干过亲自赈灾和给饥民让路的事，可以说是历史上最亲民的皇帝。

明朝的朱元璋、朱棣、朱由检都是有名的勤政皇帝。朱元璋一段时

间内曾经平均每天批阅奏折二百多件，处理国事四百多件。注意，这可是一天时间内处理的政事。这么高强度的工作任务，想想都害怕。朱元璋之所以这样，是因为他废除了丞相制，事必躬亲。朱棣承乃父之风，亲征北元，是个有名的“马上皇帝”。朱由检虽然是个亡国的皇帝，但他试图挽救大明危机，其勤政程度不在其祖之下，才二十多岁就操劳得长了白头发。至于他勤政没有用对地方，那是另一个话题了。

清朝的皇帝就更别说了，可以说个个勤政。尤其是雍正皇帝，每天批两千多字的公文，常常工作到二三更才能入睡，睡眠时间不足4个小时。康熙以后的皇帝每天每个时辰所干的工作都定得死死的：早晨四点多就得起床，洗漱后去拜见母亲，六点多要进行早自习，在大学士们的帮助下学习。蒙文、汉文都要学，治国平天下的道理更要学。学习完了后才能用早膳，吃完饭后召见大臣，处理政务。

再到朝会，历史上皇帝可不像电视剧里那样召集大臣们大聚会，“有事早奏，无事散朝”，而是一个一个，或同时召见几个大臣商议国事。大臣们都到场的早朝，叫大朝会，一年也没有几次。召见完大臣后批阅奏章，中午十二点至两点才能吃午饭。其实午饭也是晚饭，因为皇帝一天就吃两顿饭。偶尔才吃晚餐。六点是皇帝下班的时间，但如果工作处理不完，也常常加班到深夜。妃子们的侍寝是通过翻牌进行的，但妃子们并不是陪皇帝睡一宿，在规定时间内要退出皇帝寝室，另行居住的。

懒政的皇帝也出乎你的想象，荒淫无耻的皇帝历史上更多

如果都像康熙皇帝规定的那样，那当皇帝其实也没有什么意思，反而会觉得很辛苦，枯燥无味。所以历史上有许多荒淫无道的昏君，也有许多将心思用于其他事务的皇帝。

比如说万历皇帝，他竟然近三十年不上朝，将朝政全交给大臣们去处理，史称“万历怠政”。怠政到什么程度呢？不郊、不庙、不朝、不

见、不批、不讲。这六不做，和没有这个人也差不多少。但有趣的是，万历怠政，却并没有亡国，还实现了史称“万历三大征”的战争胜利，成为历史的奇迹。这不得不说，万历皇帝虽然懒政，但他有高明的政治手腕，并没有失去权力。

明朝的奇葩皇帝很多，还有“木匠皇帝”朱由校，一门心思放在做木匠活上，你说他这一天怎么过的。明武宗朱厚照喜好豢养虎豹等猛兽以供玩乐，专门为此建了个豹房，从皇宫里面搬了出去，住在里面。还有那个嘉靖皇帝，一门心思放在炼丹上，追求长生不老。明宣宗朱瞻基除了理政不错外，业余爱好是玩蟋蟀，所以被称为“蟋蟀皇帝”，蒲松龄写了篇文章叫《促织》，里面的皇帝大概说的就是他。

历史上的昏君、暴君数不胜数。秦二世胡亥，赵高指鹿为马都分不清，江山二世而亡；汉成帝刘骜，只知宠幸赵飞燕、赵合德姐妹，淫乐无度，为王莽篡汉埋下伏笔；陈朝的陈后主，江山失守后居然还舍不得女人，与两个爱妃躲在枯井底同时被俘；隋炀帝杨广，更是将主要精力放在女人与征战上，和胡亥一样二世而亡；还有那个五代时的朱温皇帝，连儿媳妇也不放过。他们的一天都怎么度过的？虽然历史上并没有详细记载，但可以确定地说，是在纸醉金迷中度过的。指望他们勤政爱民，几乎是不可能的。他们依仗皇帝的权位，声色犬马，尽情享受，追求极乐。

历史上合格的皇帝不多，两千年历史文明发展缓慢

作为皇帝，首先应该是一个合格的政治家。因为他统治的是全国，经济、文化、军事、外交等哪一个环节出了问题都了不得，牵一发而动全身。

在中国历史上，雄才大略的皇帝并不多，屈指可数的也就秦皇、汉武、唐宗、宋祖、成吉思汗等几个大帝。创造盛世的也就汉文帝、汉景帝、光武帝、隋文帝、唐玄宗、宋仁宗、明太祖、明成祖以及清朝康、

雍、乾等几个皇帝。但中国历史上有四五百个皇帝呀，大部分实际上是不合格的。拿三国来说，刘备、曹操、孙权算是英雄，但他们的后代除了曹丕，没有几个拿得出手的。

皇帝的特点有两个，一个是权力最大，一个是女人最多，拿历史教科书上的评语说，他们是国家最大的地主，也是财富最多的人。但我们千万不要把皇帝神秘化了，皇帝也是人，只不过社会环境把他推到皇位上去罢了。皇帝过一天，我们也过俩半天。勤政的皇帝和懒政的皇帝、开明的皇帝与荒淫的皇帝，度过的一天是不一样的。就像我们每一个普通人一样，有人惜时如金；而有人混吃等死，在虚度中迎接每一个朝阳。

帝王封禅史：从秦始皇到宋真宗的千年封禅史

帝王封禅，自远古时代就有之，春秋时的管仲，认为在他之前有七十二代帝王曾进行过封禅，其中包括无怀氏、伏羲、神农氏、炎帝、黄帝、颛顼、帝喾、尧、舜、禹、汤、周成王等，最早的无怀氏，是比伏羲还早的古帝王，据传说姓风，名苍茫，“无怀氏，帝太昊之先。其抚世也，以道存生，以德安刑……当世之人甘其食，乐其俗，安其居而重其生”，有人考证无怀氏时代离今有七千多年了。齐桓公为春秋五霸之首，也想行封禅之事，但管仲不赞成，经管仲解释，齐桓公也觉得自己跟古帝王相比，功绩差得太远了，没有那么大福气，于是放弃了。直到了秦始皇时代，觉得自己功德盖过三皇五帝，才又重新举行封禅大典，后世帝王共有六位效法之。

始皇帝首开皇帝封禅先河，汉武帝举行五次封禅

何为封禅？封就是祭天，禅就是祭地。祭天，古代帝王选在了五岳之首的东岳泰山。祭地选在了泰山附近的梁父山。梁父山又称为“地神”，诸葛亮好为《梁父吟》，就是指的梁父山。古人认为，泰山与梁父山，是人类可以通过祭祀向天地做“汇报”的地方。秦始皇之前，封禅的目的，主要是用于祭祀天地，祭天告地其实是一种原始崇拜，表示对日月山川、风雨雷电的敬畏。秦始皇之后，封禅除了祭祀天地外，主要目的是标榜天子的伟大功绩，向天下臣民表示他的崇高地位来自“天意”，所谓“君权神授”则说得更具体。

秦始皇一扫六合，统一全国，自认为功劳大得不得了，超过了三皇五帝，怎么能不举行封禅大典表示一下呢？但如何举行封禅仪式，儒生们却各执一词，思想不能统一。因为在秦始皇之前的封禅，离秦始皇时代已很久远了，于是秦始皇干脆斥退了所有儒生，按照自己的想法确定了封禅仪式的流程。于是他从泰山的南面上山，登到泰山顶上行封礼，从泰山的北面下山，到了山脚下梁父山行禅礼，至于祭文和祭礼则秘而不宣，后人只看到了始皇帝立石颂德，却不清楚他是如何进行的。

到了汉武帝时代，终于打败了匈奴，扫平宇内、一统天下，开创了大汉王朝自高祖以来的鼎盛局面。汉武帝觉得自己也应该通过封禅大典向天下表示一下。汉武帝也和秦始皇一样，自行决定封禅礼仪流程，创新发明了许多新的封禅制度，但和秦始皇不同的是，汉武帝前后到泰山封禅的次数达到八次之多，创帝王封禅之冠。

光武帝再次封禅，唐朝三帝接连封禅

按司马迁《史记·封禅书》和班固《白虎通义》中的说法，帝王封禅必须具备两大条件：一是“每世之隆，则封禅答焉，及衰而息”，也就是该帝王创建了太平盛世；二是“王者受命，易姓而起，必升封泰山”，也就是开创江山，打下天下。秦始皇一扫六合，打下了江山；汉武帝打败了匈奴，创建了盛世，所以是有条件封禅的。但有这两个的条件的帝王多了，也并不见得都举行封禅大典。比如刘邦开创了汉朝，汉文帝和汉景帝开创了“文景之治”，汉昭帝和汉宣帝开创了“昭宣之治”，就都没有封禅。

光武帝刘秀，从王莽手里重新夺回了汉室江山，并开创了“光武盛世”，同时具备了这两个条件，所以他也选择了举行封禅大典以示庆祝，但开创“明章之治”的汉明帝与汉章帝并没有举行封禅。三国是

个乱世，虽然刘备将他的儿子起名刘封和刘禅，但他并没有统一全国，所以只是用儿子的名字暗示他想着有生之年兴复汉室，举行封禅大典罢了。晋武帝司马炎虽然统一了三国，开创了太康之治，有资格举行封禅大典，但他也没有选择封禅，大概他觉得自己的功绩主要来自司马懿、司马师、司马昭父子，而且江山不是打下来的，而是篡夺来的，实在不好意思与前辈帝王相比吧。

隋文帝杨坚以功绩来说也是有资格封禅的，他将分裂的三四百年的华夏大地重新统一，又开创了"开皇之治"，但隋文帝是一个非常节俭的皇帝，没有举行这损耗国力的活动。李渊和李世民都是有资格举行封禅的，李世民也采取了行动想效仿汉武帝封禅，但遭到了魏征的强烈反对，魏征认为"大唐承接隋亡之后，户口没有恢复，国库还很空虚"，如果封禅，必然"劳顿耗费"，封禅并不是利国利民之举，而是"崇尚虚名而实际对百姓有害的事"，在魏征的极力劝说下，开创"贞观之治"但善于纳谏的李世民无奈地答应了。最后没有封禅，对他来说一定是非常遗憾的事，因为他骨子里是非常想封禅的，而且除了魏征其他大臣都是同意封禅的。

李世民没有如意封禅，但他的儿孙却上了封禅的瘾。李治虽然在位时被皇后武则天夺去了不少话语权，但却举行了封禅大典，圆了李世民未了的封禅梦。武则天靠手段夺了大唐的江山，跑到嵩山举行了封禅大典，武则天是封禅的唯一女皇帝，也是在嵩山举行封禅的唯一皇帝。武则天之后，重新坐稳大唐江山并开创"开元盛世"的李隆基也到泰山进行了封禅，但封禅之后的李隆基却遭遇了"安史之乱"，使大唐从此走上了下坡路。

宋真宗最后一次封禅，后世帝王再无效法

宋朝的皇帝实际上是没有资格封禅的，不管是北宋还是南宋，都只是个偏安的政权。宋朝的经济虽然发达，在几个皇帝的统治下可称为盛

世，但一直受到邻居的军事威胁。不管是辽国、西夏、金国还是蒙古，都曾对宋朝给以军事打击，丧权失地赔款的事情迭出。与宋朝并列的不只是这些大国，还有大理、吐蕃这些小国。宋朝在土地面积上，与汉、唐乃至宋以后的元、明、清根本没法比。

但宋真宗赵恒却坚持要封禅，为什么要封禅呢，天下是他的大伯赵匡胤、父亲赵光义打下来的，他既没开创了天下，也不处什么盛世，那个所谓的“咸平之治”太虚了，很快被与辽国的一场战争遮住了光芒。宋辽之间由宋真宗直接参与指挥的这场战争，本来是取得胜利的，但胜利后的大宋却与辽国签下了城下之盟，每年赔辽国30万银绢。这就是历史上有名的“澶渊之盟”。为了掩饰这个耻辱，奸臣王钦若给他出了一个主意，靠封禅来“镇抚四海，夸示外邦”，宋真宗同意了王钦若的主意，一国君臣合谋制造“祥瑞”。为了堵住悠悠之口，宋真宗不惜向大臣行贿，而大臣们也心领神会，竟然鼓动了两万四千多人上表请求封禅，君臣齐心，封禅礼成。

宋真宗的封禅其实就是个“皇帝的新装”，几乎所有人都知道，但所有人都不点破，成了历史上最大的封禅闹剧。宋真宗以后，后世的帝王们即便是开国，即便是盛世，也不再封禅。大概一是因为觉得没有秦皇汉武的功绩，二是觉得宋真宗封禅太不严肃了，不想再像他那样演戏闹笑话了。

亲征简史：皇帝御驾亲征简史

中国历史上皇帝御驾亲征的事例数不胜数，有的是开国皇帝御驾亲征打江山，本身就是“马上皇帝”；有的虽然不是开国皇帝，但为了解除边患或平定叛乱，也效仿先皇御驾亲征，或为了鼓舞军队士气，或好大喜功树立个人的天子神威；有的是“普天之下，莫非王土”心理作怪，开疆拓土的需要；还有的是因为某个原因复仇，不亲自上阵不解其恨。皇帝御驾亲征原因多多，结果也各有不同。作为皇帝能够御驾亲征确实能激励士气，可有的御驾亲征胡乱指挥，有的御驾亲征被俘被杀，或御驾亲征导致亡国之恨。当然，达到御驾亲征目的，开疆拓土，完成统一大业或半壁江山霸业的帝王也不乏其人。

在中国历史上，刘邦是第一位御驾亲征而统一天下的皇帝，刘邦之后，光武帝刘秀、昭烈帝刘备、吴帝孙权、魏文帝曹丕、前秦大帝苻坚、宋武帝刘裕、北魏太武帝拓跋焘、北魏孝文帝拓跋宏、唐太宗李世民、梁太祖朱温、后唐庄宗李存勖、周世宗柴荣、宋太祖赵匡胤、宋真宗赵恒、辽圣宗耶律隆绪、金太祖完颜阿骨打、元世祖忽必烈、明太祖朱元璋、明成祖朱棣、明英宗朱祁镇、明武宗朱厚照、清太宗皇太极、清圣祖康熙等几十位皇帝都曾御驾亲征，并留下了各种各样的故事，流传至今。

开国皇帝，大多御驾亲征奠定江山宏图

古代的江山，大多是打出来的。西汉的江山，是汉高祖刘邦御驾亲征打下来的；东汉的江山，是光武帝刘秀御驾亲征打下来的；三国的江山，是刘备、孙权、曹操三位英雄御驾亲征打下来的；魏晋南北朝和五代十国是有名的乱世，那些割据一方的开国帝王，像宋武帝刘裕、前秦苻坚、下达“杀胡令”的冉闵大帝、北魏太武帝拓跋焘、后梁太祖朱温、后唐庄宗李存勖、后周世宗柴荣等，无一不是能征惯战的元帅级人物；宋朝的开国皇帝赵匡胤，民间传说他“一条杆棒打下四百座军洲”，看来赵匡胤不但军事能力出众，还是一名武林高手；元朝的成吉思汗父子几辈，后金的努尔哈赤，更是战场上的枭雄；明朝的开国皇帝朱元璋，更是立下不世之功。中国历史上改朝换代，无不是开国皇帝们浴血奋战亲力亲为打出来的结果。

当然，江山打下来不易，甚至会付出惨痛的代价。汉高祖刘邦遇“白登之围”，差点被俘丧命，听了陈平之计以美女贿赂匈奴王才得幸免，一百年受尽匈奴“和亲”之辱；刘备为替关羽报仇亲率大军东伐，不但自此孙刘联盟破裂，而且兵败后病死白帝城；前秦苻坚在谋臣王猛死后，缺少规劝，坚持南伐东晋，草木皆兵，淝水一战，统一伟业梦碎；成吉思汗是一代天骄，死在征伐西夏的途中；蒙哥大汗亲征南宋，命丧四川钓鱼台；努尔哈赤英雄盖世，却不幸伤在袁崇焕的大炮之下。开创一个新时代，往往伴随着的，是“一将功成万骨枯”，甚至领兵天子也死在征伐的大道上。

隋炀帝与唐太宗，两朝天子纠结高句丽

隋朝的隋炀帝与唐朝的唐太宗，都不是开国皇帝，但都是对隋、唐有很大军功的马上天子。隋炀帝在历史上落了个臭名声，原因主要在于他劳民伤财，穷兵黩武，引起了农民起义而亡国。实际上，隋炀帝在平

定江南陈国时是领军元帅，对隋朝统一全国立下赫赫战功，继位后开凿大运河，御驾亲征高句丽，是很想有一番作为的。只是隋炀帝贪功冒进，过于残暴，不知体恤百姓，致使民怨沸腾，百姓起义，最终没有成功而已。

隋炀帝曾经三次远征高句丽。在征高句丽之前，隋朝取得了一系列军事上的胜利，突厥、契丹、吐谷浑、林邑、琉球、真腊、婆利、倭国等在隋朝的军事打击下纷纷臣服，视大隋为宗主国。但意外的是，高句丽并没有被大隋吓到，并未对隋朝臣服，这勾起了大隋天子的怒火，决心给这个“不尊藩礼”的国家一个教训，于是远征高句丽的战役爆发了。隋炀帝集结了百万大军御驾亲征，未料到由于他的指挥失误，制定的平定高句丽的国策也有问题，最后损兵折将，一败涂地。三次征伐高句丽也未能降服这个北方的国家。

当接力棒到了唐太宗手里的时候，李世民可是个雄才大略的主，手下有李绩、李道宗、薛仁贵等名将，李世民御驾亲征高句丽，决心彻底制服这个屡攻不下的国家。李世民亲自慰问生病的士兵，替受伤的大将李思摩吮血，唐朝百姓主动参战，乃至到了“募十得百，募百得千，一些没能跟随出征的人，都愤叹郁邑”的地步。终于大败高句丽。唐太宗病逝后，唐高宗继承乃父未竟遗志，最后扫平辽东，设安东都护府。

真宗皇帝，被逼御驾亲征订立辱国之盟

北宋前三位皇帝，宋太祖、宋太宗、宋真宗，都曾御驾亲征。其中宋太祖是奠定北宋江山的开国皇帝，宋太宗想彻底解决燕云十六州问题，而宋真宗是一位文人天子，他是在辽国的侵略威胁下被寇准等大臣逼着走上战场的，成为武将林立的御驾亲征皇帝中一位另类“明星”。

宋真宗亲征，得从宋太宗说起。北宋时期，燕云十六州自从被五代时期的“儿皇帝”石敬瑭卖给辽国起，便成为国耻。为了一雪国耻，宋太宗发动了高粱河之战。初心是好的，但宋太宗却不是一位雄才大略的

皇帝，在辽国的反击下迅速败北，这一败彻底打垮了北宋王朝统一的锐气，不但燕云十六州没有收回，还受到了辽国的军事威胁，成为三百年未完成统一的一个王朝。

宋太宗驾崩后，宋真宗继位，辽国开始主动侵略宋朝。连武将出身的宋太宗都打不过辽国，何况文人皇帝宋真宗。面对辽国的入侵，宋真宗几乎吓破了胆，宰相王钦若、陈尧叟更是典型的软骨头，竟然劝宋真宗逃跑。关键时刻，名相寇准力主宋真宗御驾亲征，激励宋军士气。

宋真宗在寇准等人的坚持下，被迫同意御驾亲征。宋真宗的御驾亲征果然激励了军队的士气，宋军英勇作战，辽军主将萧达兰被射死。但意外的是，被辽军吓破了胆的宋真宗竟然在胜利的情况下与辽国议和，签订了耻辱的“澶渊之盟”，尊辽国萧太后为叔母，每年向辽提供“助军旅之费”银十万两，绢二十万匹。

蒙哥与努尔哈赤，死在战场上的大帝

蒙哥和努尔哈赤，一个是元朝大汗，一个是清朝大汗，都是历史上有名的大帝。蒙哥作战，丝毫不逊色于爷爷成吉思汗，曾经活捉钦察首领八赤蛮，率军打到了俄罗斯。但这位有名的蒙哥汗，却在御驾亲征南宋时折戟沉沙，史称“钓鱼城之战”。钓鱼城可说是南宋坚持抗元最久的地方，抵抗元军长达三十六年，蒙哥汗率领四万主力部队亲自上阵，结果被飞石所伤，不治死亡。钓鱼城破时，守城的三十二名将军全部自刎而死，无一投降。

另一位后金的大汗努尔哈赤，也是位战神级的人物。他以“七大恨”为名，发动数十场对明战役，其中在萨尔浒战役中，给明军以毁灭性打击。他御驾亲征，攻下明军在辽东的七十余城，和春秋战国时期名将乐毅的战绩持平。不过，他碰上明朝最后的“护国长城”袁崇焕时，终于尝到了失败的滋味，袁崇焕用当时最先进的红夷大炮，给女真人以无情的打击，一万多女真铁骑丧命，努尔哈赤本人也身受重伤，最后不

治而亡。

永乐大帝，成为北伐元朝最成功的皇帝

北伐的皇帝，以南北朝时期的刘宋开国皇帝刘裕和明朝永乐大帝最为著名，其中最成功的，还得属永乐大帝朱棣。刘裕只是占据了半壁江山，而朱棣五次北伐，将元朝势力彻底赶出中原，远奔漠北极寒之地，极大地巩固了明朝的统治。

明朝的天子中，除了开国皇帝朱元璋，就得数永乐大帝朱棣雄才大略了。朱棣本没有继承天子的资格，他的天下是从侄子手里夺过来的。但对于明朝的国运来说，这个江山“夺得好”。因为朱棣在与侄子争夺皇位的战争中取得胜利，才有了御驾亲征剪除元朝残余势力的巨大胜利，才有了郑和下西洋。

实际上元朝已经不是一个统一的国家，分裂为鞑靼、瓦剌和兀良哈三部，明朝建国以后，这三部元朝残余势力并未对明朝边境造成威胁，朱棣之所以坚持打击他们，一是“预防式打击”，唯恐以后他们做大成为明朝的威胁，有点“先发制人”的意思，“今灭此残虏，唯守开平、兴和、宁夏、甘肃、大宁、辽东，则边境可永无事矣”；二是“普天之下，莫非王土”，朱棣想让元朝残余势力臣服明朝，年年进贡、岁岁来朝，让他们将明朝视为“宗主国”。为达到这一战略目的，朱棣不惜亲力亲为，御驾亲征，五次北伐取得不同的战果。虽然没有生擒元朝大汗，但元朝经此打击，一蹶不振。遗憾的是，朱棣在第五次北伐回京途中病死，未能进行第六次北伐，给了元朝残余势力喘息之机，乃至明英宗时期瓦剌再次崛起。

明英宗与明武宗，御驾亲征视为儿戏

明朝早期和中期的皇帝，都与漠北的游牧部族有着不解之缘。朱元璋灭元建明，御驾亲征；朱棣亲自上战场，五次北伐，将元朝残余势力

赶到漠北极寒之地。明仁宗和明宣宗，也都与蒙古诸部打过交道。有两位奇葩皇帝，明英宗与明武宗，就主动出击，御驾亲征，闹出历史的笑话。

明英宗朱祁镇，在太监王振的鼓动下，欲效仿父亲御驾亲征灭汉王，临时拼凑二十万大军，号称五十万，征伐瓦剌。明英宗不会打仗，行军作战全听太监王振的，而王振在打仗方面也是个饭筒，于是“杯具”了，在土木堡瓦剌军将明军包围，堂堂的明朝皇帝被瓦剌军俘虏，导致全军覆没的下场。瓦剌军想以明英宗做人质，索财索地，结果明朝不上这个当，于谦等大臣拥立明英宗的异母弟朱祁钰继位，无奈之下的瓦剌又在扣押了明英宗几年后将他放回明朝。明英宗打仗不行，但在争权方面倒也是个行家，找准机会二次复辟。明英宗被俘的这次战役，史称“土木堡之变”。

另一位明朝皇帝明武宗朱厚照，就是历史上有名的正德皇帝，他喜欢骑射，当听说蒙古皇帝伯颜袭击明朝时，他不怒反喜，认为效仿先祖朱元璋和朱棣建功立业的机会来了。朱厚照御驾亲征很奇葩，他封自己为“大将军朱寿”，亲临前线战斗，斩杀敌人一名。这次光荣的战斗，以“杀敌十六名，己方伤五百六十三人、亡二十五人的战绩”取得胜利。史称“应州大捷”。之所以称为胜利，是因为最终敌人撤退了；之所以称为“大捷”，是满足了皇帝亲自上战场的欲望。为了这次战斗，明武宗一个文官不带，因为这些文官被七十年前的“土木堡之变”吓破了胆，极力劝说明武宗不要御驾亲征。结果明武宗“刚愎自用”，坚持自己的观点，还好他没有像朱祁镇那么倒霉，创造了他认为的战斗辉煌。

皇太子简史：规则的传承与突变

太子，是皇太子的简称，也是皇位制度的法定继承人。“太”就是“大”的意思。因为皇帝身份的特殊性，皇太子这个职位既是人们羡慕的职位，同时又是一个高危的职位，弄不好要掉脑袋的。为了防止皇子们对皇太子职位的争抢，古代定下了“立嫡以长不以贤，立子以贵不以长”的规矩，让皇子们遵照执行。但规定是死的，人是活的，为了皇太子之位，历史上演绎了一幕幕悲喜交加的故事。

顺利继位仍是主流，因为大臣们拥护

所谓“立嫡以长不以贤，立子以贵不以长”，即皇位继承人偏向于皇后所生的长子。皇后所生的长子哪怕智商不够，也要立他，不能因为他不够聪明，而改立其他较为聪明神武的皇子。嫔妃所生的儿子，哪怕年长，也不够当皇太子的资格。这样的规定，其实是避免了许多杀戮的，所以得到上至皇帝、下至大臣们的拥护，但也存在很多弊端。西晋开国皇帝司马炎就是一个鲜明的例子，司马炎英明神武，开创了太康之治，但他所生的嫡长子司马衷，却是个智商不足的傻瓜。司马炎其实是很想立其他皇子的，但遭到了皇后及其他大臣们的反对，不得不遵循“立嫡以长不以贤，立子以贵不以长”的规定，立司马衷为太子并在他死后继位，是为晋惠帝。这个傻瓜皇帝因为不会执政，引发八王之乱，使中国进入长达三百年的动荡时期。

因为有皇太子继承的规定，所以有相当一部分皇太子是顺利继位的，拿西汉王朝来说，汉高祖刘邦传位皇太子刘盈，汉文帝刘恒传位皇太子刘启，汉昭帝刘弗陵传位皇太子刘贺，汉宣帝刘询传位皇太子刘奭，汉元帝刘奭传位皇太子刘骜，汉成帝刘骜传位皇太子刘欣等，都比较正常。虽然因为皇太子之位的敏感性会发生许多变故乃至血腥政变，但传帝位于皇太子仍是主流。这是名正言顺的事情，舆论拥护的事情。

太子常常被废，封为太子并不保险

但当了太子，并不等于进了保险箱，由于古代的皇帝是终身制，只有皇帝驾崩了，或他当皇帝当烦了自愿退位，皇太子才有可能继承皇位，所以有的皇太子要经历长达十几年甚至几十年的考察期，南宋时的宋光宗赵惇就是当了十几年皇太子，有些等不及了，便提醒他的老爸宋孝宗："我的胡须已经开始白了，有人送来染胡须的药，我却没敢用。"没想到宋孝宗听出儿子的弦外之音却装糊涂："有白胡须好，正好向天下显示你的老成，要染须药有什么用？"这父子俩脾气都挺好，心照不宣。但如果赶上脾气不好的皇帝，估计这太子之位就保不住了。

历史上太子被废的事例很多，汉景帝刘启废太子刘荣，光武帝刘秀废太子刘疆，汉章帝刘炟废太子刘庆，隋文帝杨坚废太子杨勇，唐太宗李世民废太子李承乾，唐高宗李治废太子李忠，唐玄宗李隆基废太子李瑛，康熙皇帝两立两废皇太子胤礽等。当然，太子也有可能不甘心被废，于是父子之间刀兵相见。汉武帝的太子刘据，当了三十多年太子，本来太子是位不错的皇子，也得到许多大臣的拥护，但汉武帝在位的时间实在太长，老来又昏庸多疑，在漫长的年月里，难免不会发生冲突。因为刘据与江充等大臣的矛盾，引起父子争端，逼的刘据起兵反抗，兵败自杀。事后汉武帝非常后悔，因为他冤杀了太子。

为早日登基太子弑父，因为实在等不及了

有的太子等不及父皇传位，权力欲膨胀，很有可能办出弑父夺位的蠢事来。最有名的有两个人，一个是南北朝时期刘宋王朝的刘劭，他当太子当了二十多年，父皇刘义隆对他不满欲废了他，刘劭不甘心就此失去皇位，联合另一位兄弟刘浚起兵杀向皇宫，将正在商议废立太子的宋文帝刘义隆残忍地杀死，刘劭本来是合法的皇太子，杀死父亲后自立为帝。不过他的急不可待并不能得到人们的认同，仅仅当了三个月皇帝，就被另一位兄弟刘骏“讨逆”杀死，史书上也不承认他是皇帝，称他为“元凶”。

另一位就是大名鼎鼎的隋炀帝杨广，他使用阴谋诡计让父皇和母后联合废掉了大哥杨勇，成为隋朝的皇太子。但杨坚临终前，却发现了杨广的本来面目，试图废掉杨广，重新启用杨勇。杨广哪里甘心失去皇位，对父皇动了杀机，弑父上位。

眼红太子之位，其他皇子不顾规矩明抢

虽然继承太子有明文规定，但由于皇位对人的诱惑太大了，所以其他皇子往往不甘心，对皇太子之位起觊觎之心的不在少数。最有名的当属唐太宗李世民。本来唐高宗李渊的太子是李建成，李世民是二皇子，但李世民觉得他的军功高，拥护者众，对皇太子之位发起了挑战。在哥三个的皇位继承人争夺战中，李世民以突然发动“玄武门之变”杀死大哥李建成和三弟李元吉而胜利。李世民不但杀死了大哥建成与三弟元吉，还连带诛灭了他们的所有儿子，靠血腥的政变当上了皇太子。李渊被迫禅位给了这个强势的二儿子。

还有一个故事大家都很熟悉，就是曹操的两个儿子曹丕与曹植争夺皇位的故事，后来曹丕成功夺位，逼迫曹植七步成诗，否则杀之。曹植果然才高八斗，七步之内作诗一首：“煮豆燃豆萁，豆在釜中泣。本是同根生，相煎何太急。”曹植的诗说出了所有皇子们的心声，但历史的残酷在于，为了皇太子之位，这样的悲剧持续不断地上演。

金色玫瑰：古代帝王的爱情

在许多人眼里，皇帝是没有“爱情”的，因为皇帝“三宫六院七十二嫔妃，三千佳丽”，有高达数万的嫔妃宫女，拥有的女人太多了，怎么会“爱情专一”？所谓的“在天愿作比翼鸟，在地愿为连理枝”，只不过是皇帝对于某个妃子的“专宠”罢了。而且，皇帝对于嫔妃的“专宠”，会随着嫔妃的年老色衰而淡化。不过，这是我们普通人理解的“爱情”，实际上，皇家的爱情，与普通人大有不同，要依据当时的历史环境来分析，而不能脱离历史环境，用现在的眼光看古人。依据当时的历史环境看待爱情，才是正确的历史唯物主义观点。

皇后对于皇帝的爱情，就是辅佐他做一个好皇帝

在古代，实行的是一夫一妻多妾制，对于男人，是允许有多个女人的，只要你有那个能力。而对于女人，自从汉武帝实行“罢黜百家，独尊儒术”始，基本上就全面接受了儒家的观点，要求女人“从一而终”。皇帝是普天之下权力最大的男人，有多个妻妾便成为很正常的事，实行一夫一妻制，是中华民国以后的事情，这便是当时的历史环境。

因此，皇后对于皇帝的爱情，被要求具有“唯一性”。表现出来的“爱情”，便是不但自己做个“贤内助”，还要掌管好后宫，当好其他嫔妃们的“领导”，让其他的嫔妃们也要守规矩，共同当好皇帝的“贤内助”。

古代有许多皇后当好“贤内助”的例子。汉武大帝的皇后卫子夫，便是一名不错的“贤内助”，其弟弟卫青成为汉武帝扫平匈奴的得力助手和前线统帅；唐太宗的贤后长孙皇后，也是一样，多次劝谏唐太宗听取群臣的合理建议，如果不是长孙皇后贤德，恐怕唐太宗也没有那么宽广的胸襟，弄不好一气之下就把贤臣魏征“赐死”了。贞观之治的功劳簿上，至少有一半是长孙皇后的功劳。

明太祖朱元璋的皇后马皇后，更是一位贤后，从朱元璋打江山到坐天下，一直在默默付出。朱元璋被上司郭子兴下令关押，吃不上饭的时候，马皇后将热饼藏在胸口偷偷给朱元璋送去，因此皮肤被刚出炉的烧饼烫伤。在朱元璋打天下的岁月里，马皇后一直追随朱元璋南征北战，精心辅佐朱元璋，稳定后方。她亲手为将士缝衣做鞋，鼓励将士，抚慰眷属。还把自己的金帛全都拿出来犒赏士兵，帮助朱元璋稳定军心。

朱元璋称帝后，马皇后更是表现出贤良的一面，多次保护朝中贤良的大臣，因此受到举朝称颂。朱元璋开创了“洪武之治”，与马皇后的贤良是分不开的；永乐大帝朱棣也娶了一位贤妻徐皇后，徐皇后是大将军徐达的女儿，她文武全才，在朱棣“靖难之役”时，曾率北平军民击退了朝廷的李景隆部队强攻，是花木兰、穆桂英式的巾帼英雄。朱棣称帝后，徐皇后多次奉劝朱棣广纳谏言，休养生息，减少杀戮，为朱棣开创“永乐盛世”做出巨大贡献。

作为一国之母，皇后的感情不同于小家碧玉，她们将自己的命运与皇帝的命运和“国运”紧紧联系在一起。这就是她们在封建社会的爱情观。

皇帝对于皇后的爱情，就是维护她不可动摇的地位

作为皇帝而言，注重感情的皇帝，他们的爱情表达往往以另一种方式体现。普通人郎才女貌，厮守一生。但皇帝首先关注的是国运，其

次是维护皇后不可动摇的地位。皇帝拥有三宫六院七十二妃，三千佳丽很正常，这是由当时的历史环境和皇帝的社会地位决定的。但皇帝也是人，对待这些后宫女人，重视程度是不一样的。皇帝娶更多的女人，一是为了生理的需要，这是由男人的本性决定的；二是为了传宗接代，开枝散叶，增加皇族子孙的需要。普通的嫔妃，由于色艺超众，受到皇帝的宠爱，但可能只限于性。而皇帝对于皇后的感情，则是永恒的精神寄托。

李世民对于长孙皇后的感情，从长孙皇后去世后的表现可见一斑。李世民将长孙皇后视为“嘉偶”“良佐”，长孙皇后去世后入葬元宫，李世民“待死如生”，在元宫外的栈道上修建起舍，命宫人居住其中如侍奉活人一般侍奉长孙皇后；他还在宫中建起“层观”，以便于眺望昭陵，因此产生了一个“望陵毁观”的成语。李世民虽有众多的后宫佳丽，但对长孙皇后的感情却久久不能忘怀，用情之深，令人深为感叹；朱元璋对于马皇后的感情，丝毫不逊色于李世民于长孙皇后，马皇后去世后，朱元璋下令终身不再立后；朱棣对待徐皇后，超过乃父，不但终身不再立后，而且将徐皇后陵墓的规格，修得超过了部分帝王。俗话说伴君如伴虎，但不管是李世民、朱元璋还是朱棣，却对于皇后丝毫没有“虎”威，有的只是柔肠。没有哪个美丽的妃子，在这些皇后生前，威胁到她们的地位。

帝王的爱情，怎一个“矛盾”了得

谈起帝王的爱情，不能不提一下唐玄宗，他对于杨贵妃宠爱有加，没有她便寝食不安，似乎可以说是深情了。但唐玄宗也是后宫女人最多的皇帝之一，据一份资料表明他的后宫佳丽多达四万之众。这么多的女人陪护，说他只爱杨贵妃一个，任谁，谁都不信。

帝王的爱情，其实是世界上最矛盾的感情。一方面，不管是唐玄宗，还是汉武帝、唐太宗、明太祖、明成祖等大帝，他们确实是爱他们的皇后的；但另一方面，他们又拿出一部分精力，用于与其他嫔妃生育子女。这种矛盾表明，世界上既有一对一的爱情，也存在一对多的感情。不可否认的是，这些感情都是真实的。不能因为皇帝有几个妃子，就认为他们用情虚假不真。电视剧中的“韦小宝”有七个老婆，但他对这七个老婆的感情都是真的。

现在的一夫一妻制是社会的进步，同时也是从道德层面和法律层面，维护整个社会健康有序发展的需要。但古代社会并非如此，在这一方面，不能用现代社会的价值去评判古人的行为。历史上也有一夫一妻制的帝王，比如明朝的明孝宗与张皇后，但这只是帝王中的个例。绝大多数的古代皇帝都拥有众多妃嫔。

皇帝的婚姻问题在古代不仅是皇帝个人的情感问题，更是国家的政治问题。明孝宗的后宫只有张皇后一人，这在今天受到许多人的赞扬，但在古代，这反而为明孝宗招致了批评。皇帝专宠一人，妃嫔过少，子嗣不旺，这些在当时看来，都不利于朝政的稳定。

帝王的爱情怎一个“矛盾”了得，但这个矛盾却正是反映了人性的真实。

后宫佳话简史：皇帝有多少老婆？

古代皇帝都有多少个老婆，史书并无明确记载，只能从零星的史籍中作出推测与判断。这个“老婆”是指有名分的妻妾，还是指皇帝随时有权力处置的宫中女人？要知道。对于皇帝来说，普天之下莫非王土，率土之滨莫非王臣，皇帝的权力基本上是超越法律的，因为他说的话是金口玉言。每朝每代，皇帝对于女人的占有，数目是不同的。同一个朝代，也根据每一个皇帝的性格，对于女人的占有数量也大相径庭。

皇帝该占有多少个女人？规定来自《周礼》

古代基本上是一夫一妻多妾制社会，有能力的男人可以娶一个妻子多个妾室。皇帝是最有权力的男人，自然可以娶得更多。民间一般所说，皇帝拥有的妻妾数目，是“三宫六院七十二嫔妃”，实际上正史并没有这个说法。这个说法来自民间的曲解传播。实际上，按《周礼》说法，“王者立后，三夫人，九嫔，二十七世妇，八十一女御妻，以备内职焉”。这里面的“王”，是指周天子级别的。一般的诸侯，按《周礼》，只允许有九个老婆，也即一妻八妾。《周礼》是三千年前周公旦制定的，适用于周朝。

而“皇帝”是秦始皇以后才有的名称。皇帝应该有多少个老婆呢？我们知道，打天下一般用霸道，治天下一般用王道。《周礼》后来被尊为儒家经典，而儒家是治理天下最好的思想工具。特别是汉武帝“罢黜百家，独尊儒术”后，《周礼》便成为治理国家的理论根据。而“周天子”应该占有多少女人，就为皇帝所借鉴。按照《周礼》的规定，皇帝占有一百二十一个女人，也即一个妻子，一百二十个妾室，是合乎法律规定的。唐朝的后宫制度，就基本上以《周礼》为架构：一个皇后；三夫人即三个正一品夫人，贵妃、淑妃、德妃；九嫔是指昭仪、昭容、昭媛、修仪、修容、修媛、充仪、充容、充媛，正二品嫔妃；二十七世妇是指婕妤九人、美人九人、才人九人，其中婕妤正三品，美人正四品，才人正五品，所以我们看武则天仅仅是唐太宗的才人，正五品嫔妃；八十一御妻是指正六品的宝林二十七人，正七品的御女二十七人，正八品的彩女二十七人。

但《周礼》的规定，并不会被所有的皇帝遵从，他们只是将《周礼》的规定作为参照罢了。其实早在周朝后期的春秋战国时期，就已经礼乐崩坏了。管仲曾说过“九妃六嫔，陈妾数千；食必粱肉，衣必文绣”，墨子也说“当今之君，其畜私也。大国拘女累千，小国累百”。从管仲与墨子的言论看，周天子与大国诸侯们早就不遵守《周礼》的规定，后宫已经上千乃至几千女人了。而秦始皇之后的皇帝们，更是没有必要听从《周礼》的硬性规定，而是按照自己的意愿规定妻妾的数目和名称、品位。

皇帝对于女人尽可能多地占有，为显“英雄”本色

人脱胎于动物，拥有动物的野性一面。大多数雄性动物对于雌性动物的追求是没有数量限制的。奥斯卡•王尔德说过：“世界上的一切事物都关乎性，除了性本身，性只关乎权力。”皇帝拥有了全国最大的权力，自然不想被束缚，所以他要显示“英雄”本色，拥有越来越多的女人。皇帝充填后宫，占有数量巨大的女人，不仅是因为生理欲望，更是为了炫耀自己无穷的权力。

中国历史上第一个皇帝秦始皇到底拥有多少个女人？史载秦始皇每灭一国，就在咸阳盖一所类似那个国家国都的房子，将那个国家的后宫美女充进去，乃至“后宫列女万余人，气上冲于天”，一万多人是有的。

汉高祖刘邦初建汉朝，动了慈善之心，没有杀害这些亡国之女，而是把她们全部充入后宫，差不多也有几千人吧，刘邦的子孙汉武大帝，除了拥有雄才大略以外，对美女的追求也是无极限，史载“汉武帝后宫数万人，外讨戎夷，内兴宫室”；三国时代吴国的末代皇帝孙皓，治国无能，后宫嫔妃倒是不少，大臣贺邵给他的谏书写道：“今国无一年之储，家无经月之畜，而后宫之中坐食者万有余人，内有离旷之怨，外有损耗之费，使库廪空于无用，市民饥于糟糠。”后宫一万多人，到亡国时，司马炎收了他五千多。晋国的开国皇帝司马炎，后宫也有一万多女人，乃至坐着羊车，羊车在哪停住，就在哪里过夜。到了南北朝时，后赵皇帝石虎破了皇帝拥有女人的纪录，虏十万女人充入后宫。这个数字可说是前无古人，后无来者，无人打破。

唐朝时后宫拥有人数最多的，是唐玄宗李隆基，这位号称与杨贵妃“在天愿作比翼鸟，在地愿为连理枝”的多情种子，后宫拥有四万女人。“玄宗承平，财用富足，志大事奢，不爱惜赏赐爵位。开元、天宝中，官嫔大率至四万。”太平天国的洪秀全，才打下半壁江山，后宫就有了成千上万的女人。

很多皇帝“三千佳丽”甚至更多，乃至到了不知夜里哪里休息的地步。但并不是所有皇帝都是这样的。有的皇帝没有嫔妃，比如那些幼儿皇帝；有的皇帝只有几个嫔妃，数目大大少于《周礼》规定的121名。也有的实行“一夫一妻制”，像民间老百姓一样厮守到老，成为皇帝中的“情痴”。

元钦，首开帝王一夫一妻先河

元钦，是南北朝时期西魏王朝第二位皇帝。这是个苦命的皇帝，因为西魏的开国皇帝，他的老爸元宝炬是个傀儡。开国皇帝是傀儡的事情，也就是南北朝时期那个乱世才会出现。东魏与西魏，是由北魏王朝的两个权臣各自拥立皇帝形成的。东魏由权臣高欢拥立，西魏由权臣宇文泰拥立。这两个王朝，皇帝都不能自主，而由权臣当政。

元钦是西魏王朝开国皇帝元宝炬的皇太子。为了更好地控制皇帝，宇文泰不惜下了“血本”，把自己的长女嫁给了元钦。元钦继位以后，宇文氏便成了宇文皇后。宇文泰将女儿嫁给傀儡皇帝，和三国时期曹操将女儿嫁给汉献帝如出一辙，只不过是政治联姻的手段而已。

虽然是政治联姻，目的不纯，但元钦与宇文皇后竟然情深似海，就像当年汉献帝与曹皇后一样。元钦与宇文皇后的感情，甚至超越了汉献帝与曹皇后。

为了报答宇文皇后的一片深情，元钦竟然下令不置嫔妃，由此开了帝王之家一夫一妻制的先河。元钦虽然是傀儡皇帝，但在多立嫔妃这一方面还是允许的，元钦不置嫔妃，完全是自愿行为。

宇文皇后虽然与元钦感情好，但她夹在权臣父亲与傀儡皇帝之间，是很难做人的。为了权力，元钦与宇文泰势如水火，乃至闹到了元钦欲联合大臣诛杀国丈宇文泰的地步。哪知道事情败露，宇文泰先下手为强，诛杀了“叛臣”，毒死了皇帝。

宇文泰敢于弑君，杀掉了自己的女婿。宇文皇后面对父亲与丈夫之间的人间惨剧，无从选择，殉情自尽。宇文皇后殉情是一个悲剧，娥皇、女英殉情于大舜，宇文氏殉情于元钦，都成为古代皇后钟情于帝王的绝唱。

元钦驾崩后被谥为废帝，但他与宇文皇后的感情，经过了历史的考验，没有被“废”掉。历史上至今还流传着元钦与宇文皇后这对苦命鸳鸯的悲情故事。

杨坚，痛失“晚节”的开国皇帝

隋朝的开国皇帝杨坚，在人生中大部分时间，是实行一夫一妻制的。这其中的原因，一部分是由于他与独孤皇后的感情确实不错，另一部分是由于独孤皇后对他感情方面的制约，使他不得不为之。

独孤皇后是历史上最贤明的皇后之一，她十四岁就嫁给了杨坚，且对杨坚爱得情深意切，死去活来。杨坚也与独孤氏相爱颇深，对其发誓，誓无异生之子。杨坚确实一生没有与其他嫔妃生孩子，而且在独孤皇后生前，也鲜有亲近其他嫔妃的机会。杨坚创立了“开皇之治”，还被突厥人尊为“圣人可汗”，实际上有一半功劳是独孤皇后的。独孤皇后与杨坚并称“二圣”，拥有一半的朝政决策权，举国上下也都称赞独孤皇后的贤明，并没有“牝鸡司晨”之类的骂名出现。

但杨坚毕竟是个皇帝，是个男人，皇帝富有四海，还开创了“开皇之治”那样的盛世，拥有几个女人是理所应当的事。杨坚虽然对独孤氏有感情，但难免对其他女人起色心。

有一次，杨坚“出轨”了，与一个宫女发生了关系，但被独孤氏发现了，为了杜绝这种现象的发生，独孤氏毅然将该宫女处死，气得杨坚“离家出走”，不当这个没有“自由”的皇帝了。最后还是被大臣们劝着才回来。

独孤氏死后，杨坚一方面非常伤心，但另一方面，他终于没有人监督了，获得了“自由”，开始与其他嫔妃纵情声色。不过这种“性福”生活好景不长，杨坚就驾崩了。杨坚的一生，大部分时间坚持一夫一妻制。他在独孤氏去世后才“晚年失节”。

朱祐樘，一生只爱张皇后一个人

明朝的第九位皇帝朱佑樘，是明朝不多的好皇帝之一。明朝的皇帝，大多性情古怪，干出许多出格的事，但明孝宗朱佑樘却是个例外。朱佑樘不但国家治理得好，而且感情专一，一生只钟情于张皇后一人，不纳嫔妃，成为皇帝之中典范级别的人物。

朱佑樘之所以能做到钟情张皇后，与他的悲惨身世有关。朱佑樘的父亲，是明宪宗朱见深，朱见深是个奇葩的皇帝，他虽然嫔妃众多，但只钟情于大他十九岁的老宫女万氏。因为万氏从小就照顾他，使他对万氏有了依赖性。可惜的是，万氏并不是一个好女人，她为了获得皇帝的专宠，大肆迫害其他嫔妃，第一任皇后吴皇后，就是在与她争斗失败后被打入冷宫。朱佑樘的亲生母亲，是一个普通的宫女纪氏，与朱见深发生了“一夜情”，就幸运地怀孕了。但对于纪氏而言，这是她噩梦的开始。万氏知道纪氏的事情后，千方百计地迫害纪氏的孩子。朱佑樘是在宫女与太监的保护下才勉强保住了性命，而他的母亲被万氏活活害死了。

长大以后的朱佑樘受到了这事件的强烈刺激，因此他娶了张皇后后，决心不再娶其他女人，而把精力都用于治理国家之上。当然，张皇后是一个美丽贤淑的女人，也确实值得朱佑樘用一生去爱。二人相濡以沫，夫唱妇随，成为典范。朱佑樘开创了“弘治中兴”盛世，同时也成为历史上最受欢迎的一夫一妻制皇帝而名留青史。

到了末代皇帝溥仪时，所谓的“三宫六院七十二妃”已名存实亡，皇帝只有两三个嫔妃，且淑妃文秀敢于主动提出与皇帝“离婚”，成为后宫中最“离经叛道”之举，同时也预示着清朝的灭亡。

后宫简史：女权的桎梏

嫔妃，是皇帝妻妾的统称。听评书，常说皇帝是“三宫六院七十二嫔妃”。看电视剧，后宫美女如云，三千佳丽，里面既有跌宕起伏的爱情故事，又有勾心斗角的后宫争斗。实际上，后宫有多少嫔妃，各个朝代是不一样的。多时真的有几万名，少时也就三两个，大相径庭。真实的后宫生活，不为外人道也，我们只得从书籍中和逻辑上追寻蛛丝马迹，推理出后宫到底是一种什么样的生活。

绝大部分嫔妃寂寞一生

看电视剧看多了，觉得后宫中美女如云，花枝招展，是一个绝美的去处。实际上，皇宫大院真正的男人就一个，那就是皇帝，其他不是太监就是嫔妃宫女。这几十个女人和成百上千乃至上万个女人，都围绕着一个男人转，这个男人再有雄风，也不可能雨露均沾，很多嫔妃虽然进了皇宫，但却一辈子无缘见到皇帝，更别提与皇帝肌肤相亲了。所以，她们虽然名义上结了婚，成了皇帝的嫔妃，实际上在皇宫里是“守活寡”。

宫女不同于嫔妃，民间常说的皇帝“三宫六院七十二嫔妃，三千佳丽”，三宫六院七十二嫔妃指的是皇帝的妻妾，而三千佳丽则指的是宫女。宫女的数量，各朝各代都是不同的，三千佳丽只是一个虚数，三国时吴王孙皓，有宫女五六千名，晋朝的开国皇帝司马炎，则增长到一万多名。而唐高祖李渊，一次性就放出宫女三千名，唐玄宗李隆基时期的宫女数量高达四万多名。南北朝时的石虎，充斥后宫的宫女竟然高达十万，破了历史的纪录。

宫女的来源，或是奴隶，或是罪臣家属，或是战俘，或是民间选来的秀女，不一而足。一旦进宫成了宫女，就彻底失去了人身自由，作为宫中的下人，不是每个人都有机会见到皇帝的，而宫中唯一的男人就是皇帝。宫女们大多处于十三四岁至二十五岁之间，正值青春豆蔻的年龄，孤独寂寞便成为生命的主题，因此得了抑郁症便成为常事。

宫女们的生活，也并不是锦衣玉食，因为身份低下，她们吃的用的都非常普通，除非遇到“主子”的赏赐。日复一日小心翼翼地伺候，晚上仰望星空，思念家人，泪眼度日，便是她们的日常生活。

当然，也有偶遇皇帝青睐的。宫女们虽然不是皇帝的嫔妃，但却能获得皇帝临幸的机会。碰到皇帝或许是好事，如果怀了孕或可升级为嫔妃，但如果碰到爱吃醋的娘娘则有了性命之危。历史上常出现宫女因为与皇帝的“私情”而受迫害的惨事。

此外，只要进了皇宫，是不允许探亲的，她们一辈子回不了家，即便有幸家人来探亲，也只是女眷进来一下，男人是不允许进皇宫的。深宅大院，每天面对同样的高墙、同样的天空、同样的伙食，除了枯燥无味还有什么？一般的嫔妃的“工资”并不多，不够打赏太监的。皇宫里面是有制度的，不允许嫔妃之间互相串门，几个人凑一桌打打麻将更不可能。如果有文艺细胞的，练练琴棋书画倒是可以的。所以如果有心，这里面或许会出现几个艺术家。

因为身份的关系，嫔妃们不可能与别人私通。如果与侍卫有了私情，被发现后是要杀头的。当然，与太监暧昧又不能解决问题，宫女们有许多与太监结成“假夫妻”，名曰“对食”，但这也只是聊以解闷罢了。

为了排解孤独与寂寞，嫔妃们只有一个办法，那就是千方百计吸引皇帝的注意，期望能够侍寝皇帝，受到皇帝的宠爱。但这样的概率太低了，所以集三千宠爱于一身的嫔妃，我们能听到的名字，只有陈阿娇、李夫人、赵飞燕、杨贵妃等极少数人，大多数嫔妃都沉寂在历史的长河中，连个名字也没有留下。

制度森严，不懂规矩会害命

宫中的制度是非常森严的，不是想怎么样就怎么样的，那是个没有自由的地方，无论什么样性格的人，到了皇宫，也得变成唯命是从的工具，这是一个压抑人性的所在。

做宫女的首个要求就得做到“行不回头，笑不露齿”，而不能像我们日常一样，想回头就回头，想打招呼就打招呼，想大声喧哗喊叫就大声喊叫，这在宫中是绝对不允许的。最重要的一点是，心中有多大的委屈，也要表现出笑吟吟的样子，因为这样才能带来喜气。“有苦强往肚中咽，有泪要往肚中流”，便是宫女日常生活的写照。宫女的七情六欲被高度压抑，就连面目表情也要照“主子”喜欢的脸色行事，不得有违规矩。

如果坏了规矩，宫女面临的就是严厉的责罚了。挨打受骂是常有的事。除了挨板子外，宫内还有“墩锁”“提铃”“板着”等刑罚，严重的还会被立即杖毙，死后火化，连个尸首也落不下。所以我们看到许多宫女不敢大声说话，这是习惯使然。如何坐着、如何说话，甚至如何睡觉，都有规矩，他们整天生活在战战兢兢之中，危如累卵。

试想，一个美丽的少女，整天生活在伴君如伴虎的环境中，过着度日如年的日子，不得病才怪。许多宫女在宫中得了病，却不能得到有效的治疗。因为那些太医是伺候主子的，宫女们并无福享受太医治病的待遇。许多宫女因为在宫中生活久了，得了“血郁”之症，终身不能生育。

结局不妙，有的竟然沦落青楼

因为宫女们过着昏天黑地的不幸生活，所以有的宫女就铤而走险。宋太宗时期，一个宫女翻墙逃跑后被抓回，还好宋太宗仁慈，听了大臣刘承规的建议，将该宫女偷送出宫当了尼姑，而用一副猪心猪肝代替她受刑，用以震慑其他宫女。唐中宗李显时期，出现了数千宫女集体逃亡的事件，后不了了之。明朝嘉靖年间，宫女杨金英等人不堪压迫，竟然试图杀害皇帝，终因胆小经验不足而失败，皇帝虽然没有被杀死但差点被吓死，等待着杨金英等宫女的，自然是付出生命的代价。

大部分宫女结局是不幸的，“一入深宫里，年年不见春”，孤独终老是她们唯一的归宿，丧身荒冢成为最终的结果。大多数宫女一旦进宫便再未踏出宫门半步，死后丧身“野狐落”“宫人斜”等宫女墓地。到了清朝，一般的宫女是连墓地也没有的，她们的尸灰只能被扔到枯井中去。有的宫女死得很冤，史载她们的埋身之处经常有灵异事情出现，“墙固垒垒，碑亦林立……每于风雨之夜，或现形，或作声，幽魂不散。”当然，史载也是根据传闻，但从一个侧面表现了她们生前生活的凄苦。据说很多宫女临终前留下的遗言最多的是将她们的棺材埋得浅一点，好早日投胎。她们的愿望是如此卑微，连蝼蚁都不如。

当然，宫女们在二十岁之后，也有不少被放出的。虽然听凭自行嫁娶，但宫女们并不能都得配如意郎君，为了谋生，有的宫女沦落青楼。

关于宫女们的悲惨生活，史上流传最广的是“红叶题诗”的故事。诗人王建曰：上阳花木不曾秋，洛水穿宫处处流，画阁红楼宫女笑，玉箫金管路人愁；诗人顾况曰：花落深宫莺亦悲，上阳宫女断肠时，帝城不禁东流水，叶上题诗欲寄谁；另外，某宫女的诗“一入深宫里，年年不见春，聊题一片叶，寄与有情人”至今流传，述说着宫女们的孤独寂寞的宫中生活……

真实的宫廷争斗比电视剧还残酷

普通人的宫廷知识，大多是从影视剧中得到的，比如《还珠格格》《如懿传》《甄嬛传》等。在电视剧中，嫔妃们锦衣玉食，花枝招展，好像吃了饭没有事干，就专门你争我斗，互相吃醋似的。实际上，后宫中有争斗不假，但绝不是像电视剧中那个样子。后宫中的嫔妃，是不允许随便串个门子拉帮结派的，这是宫廷大忌。嫔妃们领的银子也有限，大多数的嫔妃过的是青灯古佛的日子，或者闲余赏花赏草喝喝茶什么的，无趣得很。

比如清朝的慈禧与慈安太后，电视剧中将慈安太后表现得很窝囊，没有主见。实际上，慈安太后才是嫡系太后，掌握最高权力，慈禧要跟她请安的。但慈禧与慈安是暗斗，最后慈安突然死亡，最大的受益者就是慈禧，所以传闻是慈禧害死了慈安。但慈禧如何害死慈安的，正史并无记载，只是野史传闻。或毒死，或慈安生病治疗不对症而死。幕后的主使者都指向了慈禧。至于争宠，必然引起斗争，大多是暗斗。这在汉、唐、南北朝的皇宫生活中斗争尤为厉害。

真实的宫廷斗争比电视剧描写的剧情还厉害，嫔妃们的斗争，既有感情的因素，又有政治的需要。我们熟知的汉高祖刘邦，他的正宫皇后吕雉与戚夫人的斗争，就是一个残酷的例子。刘邦宠爱戚夫人，打算立戚夫人的儿子刘如意为太子，这就动了吕后的奶酪。为了斗倒戚夫人，保住儿子刘盈的皇位继承权，吕后请出了“商山四皓”，使刘邦都没有办法如愿。刘邦死后，吕后报复戚夫人，将其手足都剁去、舌头割掉、双眼弄瞎，做成了“人彘”，其残忍程度令人发指，连他儿子汉惠帝都看不下去了，竟然惊吓过度而患病。

唐朝的武则天比吕后有过之而不及，为了消灭对手，她竟然残忍地杀死自己的亲生女儿安定思公主，嫁祸王皇后和萧淑妃，成功地使李治废王立武，当上了皇后。汉安帝的皇后阎皇后，本来已经当上皇后了，但她没有生出皇子，另一名妃子李氏生下皇子刘保，阎皇后不顾皇脉相传，竟然鸩杀李氏，废掉刘保的太子之位。还有南唐后主李煜宠爱的小周后，后宫嫔妃多被她害死。历史上因为争宠、为儿子争皇位而出人命的后宫事变屡见不鲜，足见宫廷斗争的残酷。

后宫生活是男权社会的极端表现

在长达几千年的奴隶社会和封建社会里，女人的社会地位很低，即便当了皇后，实际上也只是男人的附属品，后宫生活是男权社会的极端表现。在中国古代的某些时期，还曾经存在立子杀母的现象，即儿子被立为太子，就要赐死母亲，这是汉武帝发明的。本来母以子贵，却要面临死亡的召唤，可悲不可悲呢？而且皇帝死了，还有殉葬制度，嫔妃们面临陪皇帝老儿去死的巨大风险。争来争去有什么价值呢？

即便侥幸被皇帝临幸，嫔妃们怀不怀孕也是没有自由的，皇帝如果让其怀孕就说一个“留”字，皇帝如果不让其怀孕就说一个“不留”，太监就会采取措施，让皇帝临幸的嫔妃不能怀孕，虽然这种避孕方法比较原始，但控制着嫔妃的生育权。

嫔妃们能不能得到皇帝临幸，全靠皇帝翻牌决定，她们没有丝毫的决定权，有时皇帝兴起，竟然用羊车决定，一只羊走到哪个嫔妃门前，就临幸哪个嫔妃。为了皇帝性事方便，有的皇帝甚至让嫔妃们不穿内衣。表面上嫁到皇宫是人生的荣耀，实际上和走进监狱差不多。像唐明皇与杨贵妃的千古爱情故事，凤毛麟角。而且这个故事的结局并不美妙，杨贵妃最后还是死于非命，连唐明皇也救不了她。

选妃简史：海选与多轮淘汰

在古代，当上皇帝可说是一个男人最“幸福”的事，为了当皇帝可说是伴随着“血雨腥风”。除了“普天之下，莫非王土，率土之滨，莫非王臣”的最高权力外，“三宫六院七十二嫔妃”“三千佳丽”也会带给皇帝莫大的“性福”，那么，皇帝是如何挑选妃子的？是否像《还珠格格》《甄嬛传》等电视剧中那样的剧情一样？其实，很多事实被编剧和导演们误导了。

各朝各代皇帝的审美标准不同

人们都把美女形容为“沉鱼落雁、闭月羞花”。现代的美女标准，其实与古代是不相同的。电视里面妖艳的美女形象，并不见得适合所有朝代。因为历史环境不同，会造就不同的审美标准。各朝各代的标准，有时会大相径庭。

虽然没有太多的资料证实五千年中国帝王们的审美标准，但一些成语或故事，可见当时的审美情况。

“硕人其颀，衣锦絅衣”，“硕”是大，“颀”是长，先秦时代以高大丰满为美。“楚王好细腰，宫中多饿死”，说的是春秋战国时期，楚国的国君以细腰为美，现代的“小蛮腰”型身材，大概就是从那时候流传下来的。膀大腰圆的女子，面容多么娇美，在楚王这也得淘汰。

“杏脸桃腮，峨眉凤眼，体若春柳，步出莲花”是战国时期七雄们的标准，和现代的审美差不太多。“环肥燕瘦”，说的是唐朝以丰腴为美，杨贵妃就是个典型。汉朝以瘦小苗条为美，赵飞燕和赵合德就是典范。五代十国时期，陈后主李煜最爱好的是“三寸金莲”，所以女人们争相裹小脚，那些大脚女人第一关就会惨遭淘汰。“汉瘦小娇，唐白胖妖，元高达骚”，元朝的皇帝爱好身材高大者，那些娇小玲珑江南女子，就过不了元皇帝这一关。

在古代的典籍中，描述不同朝代的女子，会用不同的审美词汇，这些词汇其实就是那个时代的“潮流”“时尚”。秦汉“端庄颀硕”，魏晋“逸雅绝伦”，明朝“德才兼备”，清朝“门第出身”，各有各的时代特点。值得注意的是，皇帝的选美标准会大大地影响当时的时尚潮流。

当皇妃的“过五关斩六将”

皇帝的眼光很挑剔，一个民间的普通女子当选皇妃，用“过五关斩六将”来形容一点也不为过。野史传说，汉桓帝曾派女官吴姁到大将军梁商家为其女儿女莹“裸检”，从身材、走路姿态、是否有痣、是否处女、是否有痔疮乃至肚脐眼、阴部、肛门等隐秘之处都做了全面检查，经证实没有瑕疵后才被选为皇后。当然汉桓帝是个昏君，但从这一记载可推测当时皇宫选妃的严苛。

年龄对于秀女也是个硬性要求。各朝各代也不尽相同，东汉十三岁至二十岁，三国十五六岁，北齐十四岁至二十岁，明朝朱元璋要求十五岁至二十岁以下，其他皇帝又有更改，最小的可到十一岁。典籍对明朝和清朝选妃情况记载得比较详细。

天启皇帝朱由校的皇后张氏就出身平民家庭，靠选美当上了皇后。天启元年二月，时年十五岁的张氏选美入宫，当时参加选美的秀女多达数千人之多，张氏经过重重选拔，最终击败所有对手，四月被册立为皇后。

清朝的选妃更为严格。除了和前朝一样的选美标准外，清朝还规定，后宫从妃嫔到宫女，必须从旗人中挑选。不但外貌、身材、声音、肤色等有要求，还要“试以绣锦、执帚一切技艺，并观其仪行当否”，加上了“德”的考察。既要长得美，性格好，还要兼备品德高尚，可谓“完人”。可见当个皇妃真不容易。不过，这么严格的选拔制度也有走眼的时候，慈禧太后不就是千里挑一选出来的皇妃吗？

皇帝一见钟情，可破一切规矩

当然，制度归制度，皇帝还是有至高无上的权力的。皇帝看上的，一见钟情，即便有这样那样的原因，也可一锤定音，将他相中的女子定为嫔妃。普天之下，莫非王土，何况王土上的女人？

所以我们在历史上看到过许多特例，是不用这么麻烦地甄选的。商纣王的宠妃妲己，就是帝辛征伐有苏氏部落时带回的战利品，属于一见钟情抢回来的；而吴王夫差的宠妃西施，是越王勾践送给吴王的礼物，也不用参加选拔；唐玄宗李隆基，看中了儿子寿王李瑁的媳妇，不顾人伦，强抢儿媳妇入宫，她就是杨贵妃；曹操与儿子曹丕，看中了同一个女人，最后曹丕得手，气得曹操够呛。氏族社会时的一些游牧民族更是存在抢婚的习俗。古代父子抢妻、兄弟为一个女人大打出手的比比皆是，可见权力的效力之大。情人眼里出西施，只要一眼看中，所有的规矩便不是规矩。

妃子们或许并不那么美

在我们心目中，经过这么严格的筛选，妃子们一定都美得不得了。但事实上也并不如此。尤其是清朝，离我们最近的一个王朝，有一些画像和相片留世，这些千挑万选出来的妃子，按我们现代的眼光，一点也不漂亮，这是怎么一回事呢？

或许真正的事实，会颠覆我们的观念。清朝皇室除了注重血统以外，还注重以“德”选妃，选妃时还必须着旗装，严禁时装。所以我们看到选出的一些妃子，容貌一般。或许还有因为长相太过妖艳而惨遭淘汰者。要是像电视剧中打扮这么妖艳的女子，在清朝不见得吃香，会被看作“红颜祸水”型被淘汰下去，而长相普通却知情达理、血统高贵的女子就会上位。

野史相传，清朝的同治帝，守着后宫三千佳丽，却还要私会青楼女子，乃至最后丧命。这种记载虽不可信，但也说明，当时的人就知道，皇宫里的妃子并没有青楼女子长得漂亮。

所谓的“德行”，是清朝的标准。守着一个个规规矩矩的呆板女子，提不起同治帝的兴趣，只能偷偷出去找乐子去了。另外一个例子是北宋的风流皇帝宋徽宗，守着三宫六院不去“泡”，偏偏去偷会李师师。宋朝时选的妃子什么样子，我们不得而知，但肯定不能吸引宋徽宗，因而反被李师师这样的烟花女子夺了皇帝之爱。

看起来，家家有本难念的经，即便是皇家，皇帝也有皇帝的苦衷，只是不为外人所知罢了。

殉葬简史：汉代禁止，明朝重启

殉葬制度是至少六千年前开始就有的惨无人道的制度，高度显示了人与人之间的不平等。有权力的人死了，却拿活人去殉葬。活人殉葬到秦始皇死后达到高潮，汉时虽偶尔有之，但最终被废。时光越千年，到了明朝时，这一惨无人道的制度竟然死灰复燃，被朱元璋“复活”了。到底是什么原因使朱元璋做出这一规定，背后的真相又到底如何呢？

殉葬制度是权力者为所欲为的高度表现

殉葬制度开始于什么时候，目前已经不可考了。但考古发现早在六千年前的大汶口文化遗址中就有殉葬遗骨，商朝更有大量的殉葬遗迹，说明至少原始社会的三皇五帝时代就有殉葬，三千五百多年前的商朝已相当流行了。殉葬制度的理论根据是“封建迷信”，人们认为人死了会进入另一个世界，权力者生前使奴唤仆，死了也想享受这种殊荣，所以他要杀死生前候他的奴仆和女人，死了让他们继续为其使唤。因为严重的地位差距，殉葬者无力反抗，只能随这些权力者进入棺木。有的先被杀而后埋，有的甚至被活埋。《墨子·节丧》一书中详细介绍了殉葬的人数：“天子杀殉，众者数十，寡者数人；将军、大夫杀殉，众者数十，寡者数人。”

值得一提的是秦始皇，秦始皇这位千古一帝，是个“长生不老迷”，除了统一六国，他浪费最大精力的，大概也就是研究怎么长生不老了，最后被徐福骗了三千童男童女寻找不死药，出海一去不复返了。秦始皇的长生不老计划失败了，他还是死了，但死后殉葬的人数也创造了当时的纪录。秦二世挺“孝敬”他老爸的，秦始皇去世后下令“先帝后宫非有子者，出焉不宜，皆令从死”，后世估算包括殉死的工匠在内得有万人之多。大概秦二世最了解他老爸的心思，让这些人陪死，到地下继续接受他的统治去了。

诸葛亮发明的馒头其实是代替人殉

民间传说，馒头是诸葛亮发明的。三国时期，诸葛亮南渡泸水，擒获孟获，平定了西南。诸葛亮收兵回成都时要渡过泸水，此时沪水波滔汹涌、风大浪急，蜀兵难渡。孟获提建议说，用七七四十九颗人头祭奠河神，方可渡过。孟获的建议，说明在三国时期的西南夷地区，还有用活人殉葬的传统。诸葛亮不忍，用面团制成人的头颅模样扔到河里，风浪乃止。这就是馒头的由来。所以馒头原名叫“蛮头”，指南蛮的头颅，很血腥吧。因为太血腥了，所以后人改为“馒头”。诸葛亮用馒头代替活人“人殉”，既解决了殉死问题，又避免了流血残杀，可谓仁慈智圣。

朱元璋用嫔妃殉死的三大原因

从汉朝到明朝一千多年间，虽然官方制止了人殉制度，但人殉现象并未完全杜绝，还偶有发生。没想到朱元璋登基称帝后，大开历史倒车，重启了人殉制度。朱元璋并不是明朝第一个享受人殉者，最早享用人殉者，是朱元璋的次子朱樉。朱樉因病死亡，两个妃子为其殉葬，这两个妃子一个是河南王王保保之妹，一个是宁河王邓愈之女。王妃与邓妃殉葬，首开明朝人殉恶例。

朱元璋死后，有四十余妃随之殉葬，其以下的明成祖朱棣、明仁宗朱高炽、景泰帝朱祁钰及朱明王朝的王爷们，都有活人为其殉葬。直到明英宗朱祁镇去世前不忍才废止。

朱元璋为何再开这样的恶例呢？分析大概有三大原因：一是明朝沿用元朝制度，元朝是实行殉葬制度的，史载成吉思汗死后，“挑选四十名出身于异密和那颜家族的女儿，用珠玉、首饰、美袍打扮，穿上贵重衣服，与良马一道，被打发去陪伴成吉思汗之灵”，而朱元璋只是“元规明随”罢了；二是朱元璋为了宫廷秘密考虑，一杀得以封口；三是朱元璋也有死后另一世界思想，让这些人到地下陪着他。

殉葬制度悲惨异常，但也有以身愿殉者

殉葬制度太残忍了。史籍记载着明成祖朱棣驾崩后，其三十名嫔妃殉葬时的惨景，“哭声震殿阁”，一个来自朝鲜的嫔妃韩氏，下跪请求让她回家，不允。韩氏向她的乳母哭喊“娘，吾去；娘，吾去”，喊声未绝而吊死，现在听起来都觉辛酸。

明朝初期至中期死了几个皇帝，却有几百个嫔妃为他们殉了葬。

殉葬制度这么惨烈，但也不乏主动请求殉葬者，这些人可说是轻生死重“忠义”了。唐太宗李世民驾崩后，两个少数民族将领阿史那杜尔和契苾何力请求殉葬，以表忠心，但被唐高宗李治制止了；唐武宗李炎驾崩后，其宠爱的王才人自请殉葬，自杀后得偿所愿。男人为忠，女人为情，算是给帝王家添了点有情的“暖色”。

明朝的嫔妃虽然殉葬，但还不同夏商周时期的殉死。她们死后，朝廷会给她们一些殊荣，对本人“追赠谥号，表彰其行”，可以因殉葬而“名留青史”，亲属呢，可以得到一些实惠，封个可以世袭的官职，被称为“朝天女户”，这比商周时的奴隶白白死亡，总算有了一些“用生命换来的回报”。《明宫词》有诗叹曰：“掖廷供奉已多年，恩泽常忧雨露偏。龙驭上宾初进爵，可怜女户尽朝天。”

驸马简史：被奴才，甚至丧命

驸马本是官职名，汉代有“驸马都尉”的官职，掌管帝王随从车辆马匹。因为皇帝的女婿常做这个官，因此后世称公主的丈夫为驸马。按农村的常理来说，一个姑爷半个儿，丈母娘疼女婿，就等于疼闺女。普通人都这样，何况是帝王家，所以按常理推测，当皇帝的女婿得有多幸福，既娶了美娇娘，又攀上了龙凤枝，貌似一夜之间权势、地位、金钱、美女都有了。但情况恰恰相反，历史上的驸马们并不都是很如意，有的甚至搭上了性命。

河间刘三嘏：因为当了驸马丧了命

要说民间最著名的驸马，人们熟知的，应该是《包公案》里的驸马爷陈世美。陈世美为了当驸马，伪造家世，隐瞒妻儿，以状元兼驸马的身份谋得荣华富贵。不过，这份富贵并不长久，很快其妻秦香莲找上门来，告到铁面无私的包拯相爷那里，包青天经过审理属实，龙子王孙也不饶，铡了陈世美。这驸马当的，权势地位、金钱美女来得快，去得也快，连自己宝贵的生命也搭上了，还落个千古骂名。

但驸马陈世美与秦香莲的故事是编造的，历史上并无此事，状元公和驸马爷也没有陈世美这一号。真实的历史上，还真的有驸马爷被杀的事，故事也发生在北宋年间，有个叫刘三嘏的人，是河北河间人。这个刘三嘏，考中了辽朝的进士，被辽圣宗招为驸马。不过，他与辽国公主却“三观不合”，竟然“逃婚”到宋朝。更倒霉的是，宋朝那时是辽国的手下败将，要年年进贡，岁岁来朝的，岂敢收留辽国的驸马爷避难？因此跑了的驸马爷被宋朝抓住送回去了，结果可想而知，公主也没有给驸马求情，刘三嘏被判处死刑。刘三嘏有一首《自陈诗》留世，诗曰：“虽惭涔勺赴沧溟，仰诉丹衷不为名。寅分星辰将降祸，兑方疆宇即交兵。春秋大义唯观衅，王者雄狮但有征。救得燕民归旧主，免于戎肤自称兄。”从诗上看，刘三嘏显系才子一枚，没想到“身在辽国心在宋”，却没有关公的勇猛和曹操的大度，成为史上最悲催的驸马。

美男何戢，当了驸马却带了三十顶绿帽

南北朝时期的宋朝何戢，是有名的才子兼大帅哥，而且出身名门望族。这么好的条件，该娶哪家闺秀呢？宋孝武帝正好为最宠爱的公主刘楚玉择婿，何戢便第一时间入了他的法眼。刘楚玉被封为山阴公主，如果单从长相上来看，倒也不亏了何戢。刘楚玉貌若西施，有“皇族第一美人”之称，何戢与她可谓金童玉女，正相般配。

倒霉的是，刘楚玉并非良家闺秀，而是皇室公主。这位长相美丽、性格开放的公主，并不满足得到何戢这一个大帅哥，而想着像皇帝一样也拥有“三宫六院七十二帅哥”。当时的吏部郎褚渊同样以貌美著称，与何戢齐名。刘楚玉请求皇帝将褚渊赏给她服侍她十天，皇帝刘子业是刘楚玉的弟弟，对姐姐的要求无不遵从，立即下旨命令褚渊进入公主府服侍公主十天，公开给何戢戴绿帽。没想到的是，这个褚渊很有气节，誓死不从，在公主府住了十天，整天与何戢住在一起，两个大帅哥反倒成了好朋友。刘楚玉无奈，只好放走了褚渊。为补偿姐姐的要求，皇帝给刘楚玉配备了三十名大帅哥，一下子给何戢带了三十顶绿帽子。据野史，刘楚玉与刘子业虽为姐弟，实为情人，进宫乱伦为平常事。

何戢虽遭如此污辱，但他并没有报复刘楚玉。所谓人在做天在看，

刘楚玉的叔父刘彧当了皇帝后，将这个亲侄女予以赐死，理由是“淫乱纵慝，义绝人经”。而何戢忍到了刘楚玉被处死，又娶了个小妾，生了女儿何婧英，而何婧英后来成为皇帝萧昭业的皇后。何戢竟然由驸马荣升国丈。不过，这个国丈是死后的殊荣，他三十六岁就病死了，作为名门望族的帅哥才子，娶妻刘楚玉，戴帽三十顶，不气死才怪。

裴巽：因外遇被公主剥去一块头皮

唐朝公主的权势很大，在感情上对自己很宽松，想找情夫就找情夫，但对驸马要求就很严格了，容不得驸马有外遇。一般的驸马娶了公主，也不敢有那个胆。但事情也往往有例外，唐朝的裴巽就有了外遇，而且被公主发现了，因此付出了惨重的代价。

裴巽是生活在唐高宗至唐玄宗时期的一名优秀人才，因为太优秀，所以被皇帝青眼相中，被授予银青光禄大夫、国子监祭酒、上柱国、魏郡开国公、驸马都尉等。不但在政府担任高官，而且先后娶了两任公主，第一个公主是唐中宗李显的女儿宜城公主。宜城公主病逝后，当时执政的唐睿宗又把女儿薛国公主嫁给了他。试想，如果不是相貌出众，文才惊人，两任皇帝怎会这样待他。

唐朝是个开放时代，估计裴巽和李白那些人一样属于风流才子型，因此偷偷有了外遇。事发后宜城公主处罚裴巽的方式很特别，将裴巽的额头割下一块头皮，将裴巽的情妇身上割下一块皮互换之。女人到底是女人，裴巽的情妇不堪其辱自缢身亡，而裴巽因为额头上有外遇的记号，其他妇女就是再喜欢他，也不敢招惹他了。虽然如此，但在唐朝那个时代裴巽并不为羞，在宜城公主死后又娶了薛国公主，可见当时的开放程度，比现在毫不逊色，有过之而无不及。

明清，当了驸马等于当了公主的奴才

明朝和清朝的驸马，也相当悲催。《明史·志第三十一·礼九》

载："驸马黎明于府门外月台四拜，云至三月后，则上堂、上门、上影壁，行礼如前。始视膳于公主前，公主饮食于上，驸马侍立于旁。"谁娶了皇帝的女儿，每天和上朝一样，一点没有夫妻的样子。违抗公主的命令，如同抗旨，犯杀头之罪，伺候公主，如同侍候主子。娶了这样的公主，每天过得战战兢兢的，哪有半点天伦之乐，鱼水之欢。

清朝的驸马还不如明朝呢，大清的律例规定公主与驸马不能同住，要想同住，驸马必须等公主宣召。而公主宣召驸马也得找个合适的理由，不是随随便便就可以宣召的，而且宣召并不是自己去叫，而是通过太监、宫女这些下人传达，还要给他们赏赐钱。结了婚却像牛郎、织女一样过日子，还得顾及君臣之情，这样的婚姻哪有丝毫幸福可言？因为制度严格，驸马有外遇则有性命之危，娶了公主哪是幸运，是不幸的开始！

宦官简史：皇权专制下的过度补偿

宦官，又称太监，也称阉人、阉宦、内臣等。宦官制度长达三千多年，早在殷商时期就有记载。宦官有对皇帝忠心耿耿者，有野心膨胀拥有巨大权力者，有建功立业为国家立下不朽功勋者，不一而足。

宦官干政，是用权力欲、财产欲对身体缺失的补报

宦官群体是一个很特别的群体，他们因为被阉割而失去男性功能，被世人嘲笑为不男不女之人。他们渴望成为男人，却因为“去了势”而不能成为男人。他们是一个没有“性福”的群体，终身成为皇帝的附庸而苟活于世，所以凡是宦官骨子里都具有一种“自卑”感，急需用其他方式来补报，以证明活着的尊严。

所以我们看到，一旦有时机，宦官们会用其他方式来“出人头地”。蔡伦发明了“蔡侯纸”，郑和下西洋宣扬国威，这些都是正能量的宦官存在。但更多的表现，是利用在宫中接近皇帝的先天优势干预朝政，攫取权力和财产，史上出现了大量的宦官，走上了这条不归路。

秦朝的赵高，便是史上第一个有名的干预朝政的宦官，秦始皇时期，他潜伏在宫中不敢动手，等到秦始皇驾崩，他竟然敢私改圣旨，与李斯合谋立胡亥为帝，赐死大公子扶苏和边将蒙恬，且在朝廷“指鹿为马”，不可一世，最后被“秦三世”子婴用计杀死。后汉三国时期以

张让为首的“十常侍”，获取了巨大的权势，汉灵帝称张让为“父”，为了消灭张让等“十常侍”，大将军何进引董卓率军进入首都，导致了东汉的衰落。唐朝的宦官更过分，唐代后期，好几位皇帝的废立都是宦官操控的，宦官李辅国对唐代宗说：“大家但内里坐，外事听老奴处分。”基本上皇帝反成了傀儡。唐朝亡于藩镇割据与宦官乱国。

宋朝的宦官干政现象并不严重，但童贯却是一个奇葩。童贯辅助大奸臣蔡京当了宰相，蔡京投桃报李，推荐童贯为西北监军，领枢密院事，掌兵权二十年。他还是“爵位最高的宦官”，唯一被册封为王的宦官，同时是史上第一位代表国家出使的宦官。获得如此殊荣的童贯却并不是一个将帅之才，正因为宋徽宗乱用人，才导致北宋亡国。

明朝的宦官乱国现象比比皆是，宦官王振，给明英宗朱祁镇出馊主意，鼓动他率军亲征瓦剌，目的主要是显摆自己，想建立所谓的“丰功伟绩”，结果不但皇帝被俘，明朝差点亡国，自己也被明将樊忠锤杀。另一名宦官刘瑾，权倾朝野，制造了大量的冤案。出身流氓混混的宦官魏忠贤，与皇帝的乳母客氏形成对食关系后，成为一人之下，亿万人之上的“九千岁”，这个文盲掌握了巨大权势，竟然形成国内“只知有忠贤，而不知有皇上”的局面，崇祯帝虽然除去了魏忠贤，但还是无法阻挡亡国。

清朝的安德海、李莲英、小德张之流，虽然没有像汉朝、唐朝、明朝那样权倾朝野祸国殃民，但却利用慈禧对他们的信任，攫取巨额财富。从先秦到清末，这些宦官们或为了权力，或为了财富，演绎出不少故事。他们是一个值得同情的群体，同时也是一个让人们憎恨的群体。纠其缘由，自身的遭遇和缺陷心理变态、自卑，所以以其他方式弥补，是最重要的原因之一。

宦官依附于皇室，不可避免裹挟于宫廷争斗

宦官与皇室的关系，是人身依附的关系。没有皇室，就没有宦官这个群体。清末溥仪皇帝遣散宦官，宦官制度就灭亡了。宦官们生活在内

宫，虽然皇室严令不准宦官干政，但因为“近水楼台”，不可避免地裹挟于内宫的争斗。

最有名的宦官蔡伦，是一个很聪明的宦官，本来是一个伟大的科学家资质，发明了“蔡侯纸”，麦克·哈特在“影响人类历史进程的一百名人”中将其排在第七位，但他的悲剧在于掺和进内宫争斗之中。蔡伦曾受窦后指使，参与迫害汉安帝的祖母宋贵人，事发后服毒自杀。一位大发明家，就这样死在宫廷争斗之中。

在明朝，本来明太祖严令宦官干政，但明成祖夺了侄子建文帝的江山，在朝廷中形成两大派。一派支持建文帝，另一派支持明成祖。所以明成祖朝是血腥的，他大肆屠杀拥护建文帝的大臣，那信任谁呢，不得已信任宦官。我们从郑和下西洋可以看出，郑和是明成祖最信任的人，让他率领强大的船队出海，宣扬国威。自明成祖突破明太祖规定的“宦官不可干政”铁律后，后面的皇帝一个个都突破了这个铁律，东厂、西厂、锦衣卫成为凌驾于朝臣之上的宦官集团所在，也成为皇帝最信任的一个团体。所以论规模，明朝的宦官规模最大，以集团的力量参与宫廷争斗，是从明朝开始的。

所以，宦官在一定的历史条件下，就是皇帝的一条枪，皇帝指向哪里，打向哪里。因为宦官与皇帝及其他皇宫人员朝夕相处，不可避免地参与进宫廷争斗之中，东汉、唐朝、明朝莫不如此。对宦官管控最好的是清朝，基本上近三百年宦官不得参政，只是到了清末，才出现了安德海、李莲英、小德张之流，但这几个人，也并没有深度地干预朝政。

皇家的禁令，禁不住孤家寡人与“宦官”交朋友

历朝历代的开国皇帝，都明令禁止太监干政，但这条禁令却并不能得到完美地执行。究其原因，大抵是因为皇帝“高处不胜寒”，在心理上，皇帝确实是“孤家寡人”，没有几个值得信任的朋友。朝廷大臣不是一条心，分不清哪个是忠臣，哪个是奸臣，哪个是乱臣。外戚势力

吧，弄不好就要篡位夺权，像王莽一样的人物隐在身边。大将们吧，军功在身，搞不好就来个黄袍加身。皇帝的生活，表面排场，实际上内心孤独。而净身的宦官，在他们内心孤独的时候，便是一个值得信赖的群体。朝夕相处，颇有一种“远亲不如近邻”的感觉。而且他们净了身，表面上无欲无求。

在东汉，除了光武帝及明、章二帝外，随后继位的皇帝大多是小皇帝，小皇帝没有执政的能力，所以小皇帝的妈及舅舅登上历史舞台，这就是外戚干政。等小皇帝长大了，外戚不肯还权，小皇帝又想亲政，而朝臣们大多被外戚收买或威胁，长大了的小皇帝依靠谁呢？只能是宦官。所以我们纵观整个东汉，就是一部外戚势力与宦官势力的斗争史。事情发展到东汉末年，以张让为代表的宦官势力发展到顶峰，而以何进为代表的外戚势力想消灭宦官势力，反因为机谋泄露被张让等人提前杀死。后来袁绍率兵冲向内宫，这才将宦官们一网打尽，结束了宦官专政，但却造成了军阀割据的混乱局面。

在唐朝，李世民开了一个坏头，杀兄灭弟，逼父亲让出江山。李世民的内心怎样，注定是孤独的。在李世民之后，宦官们登上历史舞台，最有名的是高力士，唐玄宗最信任的宦官，他对唐玄宗是忠心的。后来发展到唐代宗时期的李辅国，他利用唐代宗对他的信任，总揽朝政。和李辅国同样的，唐朝仇士良、程元振、鱼怀恩、俱文珍、田令孜等一个赛过一个，皇帝视他们为“亲人”，他们却坏了唐朝的江山。唐朝两大弊端，一是藩镇割据，一是宦官乱国。公元901年，朱温杀尽长安宫中的宦官八百余人，宦官势力是铲除了，但唐朝也被朱温取代了。

从历史上看，宦官与皇帝，是一种既有“亲情”又有矛盾的存在。皇帝信任宦官，但宦官如果心理变态，胡乱干预朝政，是会直接导致亡国的。明朝最后一个著名的宦官魏忠贤是个文盲，明熹宗非常信任他，整个朝廷却被他弄得乱七八糟的，“奄宦之祸，历汉、唐、宋而相寻无已，然未有若有明之为烈也”。崇祯帝虽然最后铲除了魏忠贤势力，但他已经无力回天了。

古代科举简史：从考场到官场

每逢六月七八日，又到一年高考时。中国人把高考形容为“跃龙门”，在大学生“包分配”的年代，尤其对农家子弟来说，这个比喻可说恰如其分。在古代，其实也是有“高考”的，而且古代“高考”比现在规格高得多，最后一关，由皇帝亲自主持考试，名曰殿试，第一名，名曰“状元”。现在的高考状元，哪有古代状元“含金量”高？说起古代“高考”，得从孔子说起。

孔子是古代“高考”的“理论鼻祖”

有人说，古代“高考”跟孔子有什么关系？孔子可以说是古代“高考”的“理论鼻祖”。大家都知道孔子的学生们将老师孔子的言论结成集子，名曰《论语》，其中有孔子弟子子夏的一句话，叫作“学而优则仕”，后人理解为学习好了就要去当官，“学好文武艺，货卖帝王家”。学习到什么水平，总得有个考核的标准，最公平的方法就是考试，后来的“高考”就是根据孔子这一理论产生的。

在孔子以前，是没有“高考”的，官吏的产生，是通过“世卿、世禄”制度。而且，这个世卿、世禄是可以继承的。上一辈为公卿，下一辈仍是，父死子继。那个时候血统很重要，生在贵族之家，注定成为贵族；生在奴隶平民之家，基本上永远不得翻身。

到了战国以后，这种落后的官吏选用制度逐渐被各国废除，秦汉时候，世卿世禄制度被先进的察举制、皇帝征召制、公府与州郡辟除制、大臣举荐制等取代，尤其是察举制，由下向上推荐人才的制度，盛行一时，为国家选拔了不少品德优良、才华横溢的人才。后汉三国时期，察举制被更为先进的九品中正制取代，这种制度流行了二三百年，弊端明显，被隋朝的隋文帝废除，规定采用考试方法选拔官吏，就是后来科举制度的前身。

科举制度是一项伟大的发明，由于科举制度的实行，古代“高考”正式进入人们的视野。而科举制度的理论基础，就来自于孔子“学而优则仕”的智慧。皇帝打算通过考试，网罗全国人才为之所用。从这个意义来说，孔子是古代高考的“理论鼻祖”。

隋文帝父子，中国高考的“实践鼻祖”

隋朝的隋文帝、隋炀帝父子，是古代“科举制度”的始创者，他们完成了孔子“学而优则仕”理论与实践的结合。隋文帝是一个雄才大略的皇帝，他代周建隋灭陈，在中国动乱三四百年后再次完成大一统，在位二十四年励精图治，“开皇之治”是中国历史上有名的盛世之一，四方夷狄宾服，尊称他为“圣人可汗”。

隋文帝在教育上的伟大贡献，是他规定采用考试方法选拔官吏。打破了“九品中正制”造成的“上品无寒门，下品无士族”局面。隋文帝用分科考试的方法选拔官员，设立不同科目进行考试，并命令各州每年向朝廷推荐贡士三人，此举让下层寒士看到了通过考试改换门庭的希望。

隋文帝死后，他的儿子隋炀帝杨广进一步完善了科举制度。杨广在历史上被称为“暴君”，桀纣一样的人物，但隋炀帝虽然残暴，却也在许多方面很有作为，他开通的京杭大运河，和万里长城一样是千秋伟业，现在人们还在受益。他三征高句丽，目的是开疆拓土，解除国家安全威胁，这并没有错，只不过隋炀帝好大喜功，横征暴敛，不恤百姓，最终全都失败了。隋炀帝在教育上的重大贡献，是他在父亲设“志行修谨”“清平干济”二科，初创科举制的基础上进一步发展完善，以“孝悌有闻、德行敦厚、结义可称、操履清洁、强毅正直、执宪不饶、学业优敏、文才秀美、才堪将略、膂力骄壮”十科举人，试策取士。隋炀帝本身就是一个诗人，并不是一个不学无术的笨蛋。

隋炀帝虽然是隋朝的亡国之君，但隋文帝、隋炀帝父子开创的科举制度，却被唐朝及以后的所有封建王朝所继承，堪称古代“高考”的鼻祖。

武则天与陈靖，推动古代“高考”“封卷制度”

在古代“高考”的历史上，不能不提起武则天与陈靖这两个人物。科举的推广，激发了寒门学子们的考试热情，但什么时代都有试图投机取巧者，一些有钱有势的贵族家庭，为了取得好成绩，通过试卷舞弊、买通考官作弊等现象时有发生，这样朝廷费很大力气，却招来一些没有真才实学的人。武则天在位时，为了防止学子们的作弊现象与考官的舞弊现象，发明了“糊名法”，传旨命令考试时把试卷卷首的考生名字糊起来，解决了考生与考官通过辨认学生名字作弊的问题。武则天是现代高考封卷制度的鼻祖。但武则天的糊名法并没有得到广泛推广。直到宋代之时，大臣陈靖向宋太宗提出糊名建议，宋太宗纳谏，才正式使糊名考试成为制度流传。

宋太祖时期，赵匡胤亲自主持殿试，只要卷子合格，谁先交卷就钦定谁为状元。这个习惯造成学子们只重速度不重文章质量的现象，这样选出的状元，往往不见得是真的人才，只是才思敏捷而已。

陈靖是福建莆田人，他上书宋太宗，建议在科举考试中实行武则天时期的“糊名考试”，得到了宋太宗的批准。糊名考试虽好，但在当时也遭到不少名臣的反对，比如那位“先天下之忧而忧，后天下之乐而乐”的范仲淹就反对，反对的理由是恐怕糊上了名字，录取了文章虽好，但品行低下的人。但这个担忧的理由并没有被哪个皇帝采纳。因为古代“高考”考的是文化，不是品德。后来为了防止考官依靠辨认笔迹作弊，又发明了“誊录法”。把考生的试卷重新再写一遍再加评判，这个办法就更公平了。

古代“高考”“加分”，催生书法家的诞生

现代高考，有许多加分现象，比如学科竞赛获奖者加分，体育、艺术特长生加分，烈士子女加分，边远地区照顾加分，少数民族生加分，归侨子女加分等。古代也有加分现象，同样水平的文章，字写得好的“加分”，被优先录取。

古代没有钢笔，都是用毛笔书写，加上“高考加分”政策，刺激了考生练字的积极性。一份字迹工整的试卷，确实会给考官第一个好印象，这就好比相亲，颜值很重要。试卷的字体工整程度，就相当于一个人的颜值。我们看到，从隋唐发明科举制这种古代“高考”形式，直到清末废除科举，涌现出七百多名文武状元，近十一万进士，数百万举人，同时也涌现出一大批书法大家。

这些书法家不是专为练书法而练书法，而是参加“高考”自然产生的。宋代的书法四大家苏、黄、米、蔡，就都是古代科举考试中的佼佼者。科举考试不仅选拔出范仲淹、苏轼、文天祥这样的名臣，也选拔出了蔡京与秦桧这样的大奸臣。当初范仲淹反对“糊名法”，就是因为考虑糊名法会录取像秦桧这样才华出众但品德低下的人。“方向错了，知识越多越反动”，秦桧为这句名言做了注脚。

八股文为古代“高考”敲响丧钟

本来因为科举考试的发明，为朝廷选拔了许多优秀的人才，使孔夫子“学而优则仕”思想得到极好的贯彻执行。但科举考试发展到明清时

期，却因为八股文的出现使古代“高考”走入末路。八股文过度强调句子的长短、字的繁简、声调高低、字数多少、平仄对仗等规定，不允许学子自由发挥，禁锢了思想。最后的结果，录取一些只会纸上谈兵摇头晃脑的腐儒，同时也扭转了学子们的学习方向，使得科举考试不但不使社会进步，反而成了历史的退步。中国之所以没有与时俱进与世界同步发展，八股取士是重要的原因之一。

清朝的思想大家顾炎武对八股取士的古代“高考”深恶痛绝，认为“八股之害等同焚书，败坏人才甚于咸阳之郊”，把八股取士的古代“高考”比类秦始皇的焚书坑儒。清代康熙大帝也发现了八股取士的弊端，一度取消八股取士，但苦于没有更好的方法选拔人才，又在大臣的建议下恢复之。

历史的洪流到了光绪年间后，古代科举考试走到尽头。1904年，最后一届科举考试，河北肃宁的刘春霖被慈禧太后钦定为状元。民国之后，大学开始在中国普及，新的人才选拔制度开始在中国生根……

武则天开创了武举考试

武则天是中国历史上第一位女皇帝，同时也是第一位开创武举考试的人。从武则天开科取士，到清末最后一位武状元诞生，共产生了293位武状元。武则天姓武，开创了武举考试，莫不是天意造化。习武的人应该记住这个日子，公元702年，习武之人可以公开进入国家的殿堂参加考试，武举考试由兵部主持，考试科目包括长垛、马射、步射、平射、翘关、负重等，以上过关，还有其他一些筛选办法，取“躯干雄伟、应对详明、有统兵才干及可为将者”，如果是文人参加武举考试，则取“身高六尺以上、年在四十以下、强勇可以统人者”。所以要想取得武状元，武艺高强是一方面，长得帅、头脑清楚、口齿伶俐、年轻、有统兵才干也是重要的一方面。

两度拜相、军功第一的武状元——郭子仪

历史上最牛的武状元，当属唐朝的郭子仪。唐朝因“安史之乱”，差点亡了国。也正为如此，乱世出英雄，造就出了郭子仪、李光弼等盖世英雄。郭子仪对于唐朝有再造之功，最后做到了太尉、中书令、代国公、汾阳郡王等高官，他是武状元中唯一两度拜相的人。郭子仪不但平定“安史之乱”有大功于唐，而且两退吐蕃、两复长安、说服回纥、威服叛将，唐代宗曾说过，“郭令公要是想当皇帝的话，天下就不是我们家的了”。

郭子仪还是少有的得以善终的武将，史书评价他“功盖天下而主不疑，位极人臣而众不嫉，穷奢极欲而人不非之”，在唐朝廷有崇高的威望，闻他之名，少数民族部落往往不战而退。郭子仪能做到这一点，并不是单纯靠着武功高强、军事强大，而是以德服人。我们熟知的《打金枝》就是演绎他的儿子郭暖与升平公主的家庭趣事。夫妻二人口角，郭暖竟然失口说出“你仗着父亲是皇帝吗？我父亲不稀罕当皇帝”这样的混账话，在那个时代是诛九族之罪，但唐代宗对前来告罪的郭子仪说：不痴不聋，不做阿家阿翁，子女夫妻间的事，不用理他。郭子仪并未因为皇帝的宽恕而罢休，还是杖打了郭暖几十棍才拉倒。

武状元们都做什么工作？末代状元挺扎心

历史上有近三百位武状元，按理说他们都是杰出的人才，但考中状元后，其人生经历往往令人唏嘘。郑冠，唐朝人，中国历史上唯一一位文武双科状元，可谓文武全才式的人物，只做了个户部郎中，既无德行、功勋传世，也无一言半语示人，只知其书法不错，但也并非大家；朱虎臣，南宋孝宗时代人，九岁就当了武状元，射十箭有九箭射中目标，并精通《孙子兵法》《诸葛八阵图》等兵书战策，可谓神童，但这个神童只当了个承信郎，武臣官阶五十三阶，第五十二阶为承信郎，可

见并未受到重用，这位史上最年轻的武状元，再无先进事迹传世。

值得一提的是西夏的李遵顼，他是西夏皇室，却参加了武举考试，并获得了状元。史称李遵顼“端重明粹，少力学，长博通群书，工隶篆”，有两下子，这位西夏的武状元，后来当了皇帝，就是西夏国第八位皇帝神宗皇帝。李遵顼虽然是中国历史上唯一的状元皇帝，却并不是一个能治理好国家的好皇帝，在他治理下的西夏附蒙攻金，民不聊生，到他孙子这一辈就亡了国。

元朝不设武举。明朝时重设武举，声名最大的武状元当属许泰，整个大明近三百年，有资料可查的武状元共有52名，许泰是考取武状元后最受重用、官职最高的一个，他被明孝宗朱佑樘收为义子，赐姓朱，官封左都督、安边伯，正一品大员。许泰也曾在平定农民起义中立下战功，但他为人心胸狭窄，嫉妒、排挤王阳明，夺取王阳明战功，最终被弹劾当死，虽未被处斩，但死在发配戍所，未得善终。

乾隆朝还有一位武状元，是近三百位武状元中的佼佼者，他名叫马全，第一次参加武举考试，中了探花，后改名又一次参加武举，中了状元，成为史上科举考试中的奇葩。乾隆帝并没有定他假名之罪，先是重用他为“头等侍卫”，后又提拔他为江西南昌镇总兵、江苏苏松镇总兵、江南提督、甘肃提督、四川提督等职，后在参加平叛中马革裹尸，英勇牺牲。马全因此成为武状元中与郭子仪一样受到重用且立有重大军功的人。

值得一提的清朝皇帝光绪帝，是位非常想有所作为的皇帝，他在位时开设武举，产生了宋鸿图、佟在棠、黄培松、杨廷弼、宋占魁、李梦说、张宪周、卞赓、张鸿翥、武国栋、张三甲等十数位武状元，可谓“武星璀璨”，可惜这些武状元并未为他所重用，末代武状元张三甲考取状元当年回家省亲，未来得及报效国家，就因病而亡，令人不胜唏嘘。

考试简史：有考试，就有作弊

考试，是衡量人才最公平的方式之一。人是否有才华，总得有个标准才好确定，考试，便是从中发现人才、选拔人才的最佳方式。在隋唐以前，国家选拔人才，实行荐举制、九品中正制等各种不同的方法，最后造成的结果，便是形成阶层固化，贵族永远是贵族，不管水平高低；寒门永远是寒门，本事再大也没用。隋文帝与隋炀帝父子发明了科举考试，为寒门之人发挥才能找到了出路。客观上促进了人才的合理流动。

但有考试，就有作弊，自古皆然。从有考试这一天起，五花八门的作弊手段就登上历史舞台。作弊虽然犯法，但也彰显了作弊者的“小聪明”。只不过这“聪明”没用在正道上而已。

夹带，是最常用的作弊方法

夹带，是自古皆有的作弊方法，即把考试资料想方设法带进考场，作为考试时的参考。也或许，赶对了劲，带进去的资料中，就有某道题的答案。某收藏家收藏了清朝道光年间的一个作弊工具，该作弊工具9卷本，长4.5厘米，宽3.8厘米，厚0.5厘米，竟然有十多万字，字才一毫米，牛角刻版印刷的，也不知道这位使用者的眼力得有多好，这么小的字也能看得见。某次拍卖会还展出了一件清末的“作弊坎肩”，四书五经都抄在了上面，四万多字，字也仅三四毫米大。令人诧异的是，坎肩上的字是用毛笔写的，这得什么功力才能创作出这么完美的作弊工具。

坎肩不用说了，穿着就进去了，字在里面。其他作弊工具，带进去的方法有很多，有的藏在鞋垫里面，有的藏在衣服夹层里面，有的隐在文房四宝里面，有的隐在蜡烛里面，有的藏在食品之中，有的放在考篮夹层里，有的专门定制双层帽子，有的专门缝制带屉靴子，有的甚至藏在肛门里带进，也有的干脆将参考资料写在身体某一部位。当然，道高一尺，魔高一丈，监考官们也不傻，会想各种方法监视考生。其中先让考生洗澡，然后换成统一考试服，是非常好的防夹带方法。当然，考生们为了将夹带送进去，会采用贿赂办法，负责搜检的皂隶只要得到几锭银子，也就睁一只眼闭一只眼，高喊搜过无事了。

贿赂，是最高明的作弊手段

夹带容易被发现，只要被发现，轻者取消考试身份，丧失人生转机，重者打板子、流放甚至死刑。在古代作弊，是冒着很大风险的。但为了功名，许多人挺身试险。有权有势有钱者，采取更有效的办法，便是贿赂考官。只要打通了考官的关节，或偷出试题，造成试题泄密；或在考卷上留下记号，考官心有灵犀直接“中标”；或约定暗号，考试中睁一只眼闭一只眼，协同作弊；有的买通考官后，考官胆大妄为，竟然将考生试卷名字互换，造成张三考中，李四登科的恶果。

贿赂虽然是最有效的作弊手段，但承担的风险也最大。一旦被朝廷查实，不但作弊者要承担责任，考官也会因为犯罪被判刑。

雍正皇帝是一位对考试作弊深恶痛绝者，打击贪官污吏也最心狠，那时候规定无论是考官还是考生，凡是交通作弊、采名受贿、听情关节者，一旦审实，斩立决！咸丰八年著名的“科场舞弊案”，整个考场的考官经查证无一人干净，咸丰大怒，担任主考官的军机大臣柏葰等四人被处死，七人被革职，数十人遭降职；嘉庆年间解元傅进贤被查实是贿赂布政使署的吏役“狸猫换太子”张冠李戴得来，嘉庆帝大怒，傅进贤与串通作弊的吏役全部问斩。为了功名把命都丢了，得不偿失，但这么严厉的制裁也挡不住作弊的脚步。

代考，欺负照相技术未发明

另一种作弊方法是代考。古代考生进考场，也是有“准考证”的。“准考证”上有考生的户籍地、外貌、家人等信息。监考官根据准考证件甚至考生口音“验明正身”。画像也不现实，也画不了那么逼真。成千上万的学子，验明正身仅仅凭监考官的一双肉眼和头脑的判断，这就给了代考者机会。化妆、易容、贿赂等方法，都可轻易使监考官“网开一面”。

古代产生了专业的代考者。这些代考者文才出众，但却屡试不中，因此以代考为生。奇怪的是，经他代考的人却屡屡得中，不能说不是考试中的奇葩。之所以能够代考，是因为古代没有发明照相技术，“准考证”上不贴相片，这就给考试者和代考者带来作弊的机会。一些富贵人家，为了确保高榜得中，除了贿赂主考官以外，还同时聘请代考者为纨绔子弟们代考，以确保一击即中。

代考者在唐朝最兴旺，有“入试非正身，十有三四；赴官非正身，十有二三”的说法。百分之三四十的人竟然是代考得中的，百分之二三十的官员，竟然是冒牌货，就像《西游记》中杀死唐僧他老爸的刘洪一样。

“高科技”，在作弊技术上也有发明

为了功名，古代“高科技”也派上用场。不要以为古代就没有“高科技”，要知道中国是“四大发明”的国度。和许多伟大的发明找不到版权人一样，作弊也出现了没有版权人的“伟大发明”。

第一种发明叫“银盐显影”，我想这一定是一位“化学家”发明的。其方法是用盐水在衣服里写字，表面上看什么也没有，但用蜡烛一

烘烤，字迹再现。这种绝妙的方法，用在江湖上和军事上传递情报，我想也是不错的方法。至于其中的奥妙，只有用化学反应来解释。

另一种发明叫“隐形墨+胶水作弊法”。所谓隐形墨，是一种叫墨鱼墨的东西，这是一种蛋白质，书写后半年时间内字迹会分解消失。在这种墨里加入一种透明鱼骨胶，提前半年在衣服上写好，墨迹分解看不出来后可变成“无字天书”，等到考试时，汗水恢复透明胶的胶性，在衣服上再撒上一些灰尘，字迹重现，就可以打小抄了。这种“隐形墨+胶水作弊法”和“银盐显影”道理差不太多，都是利用化学反应。

这些“高科技”的作弊方式，现代人都不见得想得出来，但在古代已屡见不鲜。许多高中的举人，当官后却是个庸才废物，因为他并没有真才实学，而是通过作弊蒙混过关的。

神秘，至今仍未解密的作弊方法

古代还有一些作弊方法，至今仍未解密。比如大才子温庭筠，温庭筠出身于没落的贵族家庭，是初唐宰相温彦博的后人。温庭筠才华横溢，文采风流，是举世闻名的大才子，但他参加科举，却屡次落榜，始终不中，郁郁不得志。温庭筠科举不第主要有两个原因，一是因为当时的科举考试还有外貌这一关，温庭筠虽然才华出众，但相貌丑陋，不符合标准；二来是因为温庭筠性格桀骜不驯，屡屡讽刺权贵，因此受到打压，所以不中。这两条原因里，第一条只是借口，第二条才是真正原因。正因为屡试不第，所以温庭筠决定报复社会，便无偿为别人当枪手代考，通过这个方法来给科考捣乱。于是主考官与温庭筠的“斗法”开始了。

考官们知道温庭筠经常“代考”，但就是抓不住他的把柄。有一次主考官为了防止温庭筠代考作弊，把他的座位安排在主考官的眼皮底下——主考办门口。盯着你难道也会代考吗？令人吃惊的是，温庭筠下笔千言，一挥而就，提前退场，本以为这次没有代考，但结果却令考官们傻眼，史载他这次为八个人代了考，有如神奇的魔术一般。至于如何代考的，史上并无记载，所以至今他的作弊方法都是历史之谜。

在作弊方法上，不得不服古人的智慧，连现代人都望尘莫及。这些聪明才智，可惜没有用在点子上。随着科举考试被废除，许多作弊方法失传，作弊工具也成为“文物”，我们只能从故纸堆中找到一些资料，了解古代考生的一些基本情况而已。

招聘简史：中国古代选拔人才制度

中华文明五千年传承历史，各朝各代选拔人才的方法是不同的。不同的人才选拔方法，适应于当时的历史环境。当这种方法不适应王朝的统治时，新的人才选拔方法便会应运而生。从三皇五帝到清朝末年，中国古代人才的选拔方式大致经历了世官制、世卿世禄制、帝王直接发现制、推荐自荐制、军功事功提拔制、乡举里选制、察举制、九品中正制、科举制等多种方法，维持了那个时代相对的统治稳定。

先秦：以世官制为主的多种人才发现机制

中华文明的曙光，是从三皇五帝时代开始的。我们熟知的，尧发现舜是个人才，不传子而传舜，舜发现禹是个人才，不传子而传禹。这就是历史上著名的“禅让制”。

在那个时代并没有形成成熟的人才选拔机制，完全靠帝王和大臣发现人才，考察人才，任用人才。舜是被大臣们推荐给尧的，尧经过很长时间的考察，并不惜将两个女儿嫁给他，通过姻亲零距离接触的方式进行考察，最后才确定传位给舜；而禹与舜本来是有仇的，因为舜以禹的父亲鲧治水不力而杀了他。但舜并不因此而不重用禹，反而继续用禹治水，并在禹治水成功的情况下禅让给他，这是何等的胸怀。虽是传说，缺乏史料和考古证据，但这些故事反映了那个时代选拔人才的方式。

从禹建立夏朝，经历夏朝、商朝、周朝，近两千年的时间，选拔人才形成了制度，这个制度就是“世官制”和“世卿世禄制”。

那么，为什么会实行这个制度呢？因为这三个朝代国家维护统治，实行的诸侯分封制。打下江山的开国帝王，分封同姓宗室和开国功臣，让他们管理一块地域和人民，天子为王，诸侯的爵位为公、侯、伯、子、男，而诸侯再分封贵族，不管是天子分封诸侯，还是诸侯分封大臣，这些贵族们都是可以世袭的。这就是世官制和世卿世禄制。

世官制就是贵族世代为官，但儿子世袭的职务并不见得是父辈的职务。世卿世禄制是世代为官，儿子的爵位、官职、待遇与父辈相同。周朝创国之初，曾经分封七十多个诸侯，完全采用这种方法。这种方法在很长一段时间内，给贵族们吃了一颗定心丸，使他们效忠天子，有效地维护了帝王的统治。夏朝四百多年，商朝近六百年，周朝长达近八百年，证明这种方法在当时的历史环境下是行之有效的。

当然，世官制和世卿世禄制断绝了寒门的入仕机会，出身为奴隶，终生为奴隶，永远没有出头的机会。所以到了春秋战国时代，世官制和世卿世禄制日益显示出它的弊端。

虽然世官制和世卿世禄制是当时选拔人才做官的主流，但国家也并不完全依靠这种方法，一些寒门人才也是有机会出头的，只不过概率很低罢了。其中最鲜明的例子，是天子有权力从寒门发现并重用人才，比如伊尹只是个奴隶，职业是个厨师，却被商汤发现重用为相。傅说也是个犯罪后被罚做苦工的奴隶，职业是瓦匠，武丁用他为相，还实现了商朝的中兴。姜子牙一生落魄，就是个做啥买卖都赔的普通人，在渭水河边钓鱼解闷，周文王发现他是个人才，用他为相，结果姜子牙辅佐其打下了八百年的周朝江山。管仲也出身不好，还与齐桓公有一箭之仇，但在鲍叔牙的推荐下，齐桓公还是大度地任他为相，结果管仲辅佐齐桓公成为春秋五霸第一霸。所以说，虽然世官制和世卿世禄制关闭了寒门的入仕渠道，但天子或诸侯有直接用人的权力，碰到贤明的帝王，寒门还是有希望出头的。

寒门出头的另一条渠道是推荐自荐制，这虽然不是主流，但也不是没有希望。一些高级官吏，因为能直接接触天子或诸侯，是有向其推荐人才的特权的。春秋战国时期的一些流亡到外国的“客卿”，大多走的就是通过高级官员推荐的道路，哪怕等个一年两年也在所不惜。比如商鞅到秦国，就是找的秦孝公身边的宦官关系。吴起到楚国求官，是找的楚国大臣的关系。苏秦最后能佩挂六国相印，也是找的关系得到了燕王的信任。当然，大多数的寒士找不到关系，最后一招只能“毛遂自荐”了。毛遂就是通过勇于自荐立功，出人头地的。

周朝还有一种“乡举里选”制度，作为世官制与世卿世禄制的补充。生活在基层的周朝官员“乡大夫”，通过三年一次的“大比”考核发现平民中的人才，向朝廷举荐。于是，这些平民中的“贤者”“能者”便有了用武之地。当然，如果乡大夫作弊，也是朝廷无可奈何之事。而且，这条渠道并非朝廷任用官员的主流，脱颖而出的人才少之又少。

作为诸侯王和诸侯王以下的高级官吏，为了适应时代的需要，春秋战国时期为了发现人才还发明了一种制度——“养士制”，一些人才通过给高级官吏当“门客”的方式实现自己的抱负。“门客”是一种人才储备，最有名的战国四君子齐国孟尝君田文、魏国信陵君魏无忌、赵国平原君赵胜、楚国春申君黄歇都养着几千个“士”作为人才储备，就连鸡鸣狗盗之徒在关键时刻都派上了用场。

秦国：军功事功提拔制使秦国一家独大

在人才选拔制度设计上，值得一提的是商鞅变法，如何选拔优秀人才，也是商鞅变法的主要课题之一。

商鞅确实是个了不起的制度设计发明家，从那时起就懂得“实践是检验真理的唯一标准”这个道理，他率先在秦国设计并实施了军功事功提拔制，变法的法令规定："斩一首者爵一级，欲为官者为五十石之官，斩二首者爵二级，欲为官者为百石之官。官爵之迁与斩首之功相称也。"商鞅把秦国的爵位从最低的公士到最高的列侯设置二十个级别，分别为一级公士、二上造、三簪袅、四不更、五大夫、六官大夫、七公大夫、八公乘、九五大夫、十左庶长、十一右庶长、十二左更、十三中更、十四右更、十五少上造、十六大良造、十七驷车庶长、十八大庶长、十九关内侯、二十彻侯，而获得这些由低到高的爵位，是要靠在战场上杀敌实现的。为什么秦国的军队被称为虎狼之师？因为他们看到敌人就像老虎和狼看到猎物一样，多杀一个人，意味着升官发财梦早一日实现啊！今天是奴隶，多杀敌人，多立军功，可能一夜之间便完成身份的改变。

其实在秦国的商鞅变法之前，其他各国都在变法，申不害在韩国变法、吴起在楚国变法、李悝在魏国变法，"食有劳而禄有功，使有能而赏必行"，跟六国比起来，秦国变法还算晚的。但六国的变法，哪一国也没有秦国变法力度大。商鞅也因为变法付出了血的代价，他自己最后作茧自缚，被五马分尸。但商鞅虽死，法条犹在，军功事功提拔制使秦国迅速发展壮大，综合国力超过了其他任何一个国家。最后远交近攻，分化瓦解，实现了统一华夏的国家战略。

不能不说，与其他各国比较起来，秦国的人才储备是最强大的，而且愿意在秦国效力的大多是"外国人"，包括丞相吕不韦、李斯等人。秦国的名将更是超过了其他各国，如王翦父子、蒙毅、蒙恬、李信等，都是不世出的将才。他们的爵位都是建立在敌人累累白骨基础上的，长平之战活埋赵军四十五万，虽然残暴，但根据商鞅定下的法令，那得立多大的军功。

两汉：察举制和征辟制并举任用人才

到了刘邦建立西汉，没有了战国时代的兼并战争，秦国的军功事功制"不合时宜"，于是汉高祖刘邦首开"察举制"先河。两汉时代选拔人才，大多采用察举制与征辟制。

察举制也叫“选举制”，是一种自下而上发现人才的制度。而发现人才的“伯乐”，则是州、郡等地方官。“征辟制”则相反，是一种自上而下征用人才的制度，分为中央长官征辟和地方长官征辟两种。所谓征辟，就是征召名望显赫的人士出来做官，天子直接聘用你，叫“征”，地方官聘用你，叫“辟”。

在汉朝，官员发现人才并举荐人才，是他的为官职能之一。什么样的人叫人才呢？我们常听演义评书中讲“举孝廉”，具有孝与廉德行的人，便是后备人才。汉惠帝与吕后曾诏举“孝弟力田”，所谓的孝悌力田，就是具有孝悌的德行和能努力耕作，这便是人才选拔的标准；汉文帝曾下诏“举贤良方正能直言极谏者”，把正直敢说话也作为人才的选拔标准之一；汉武帝曾下诏“举茂才”，茂才就是秀才，优秀的人才。

由地方官员推荐的人才，朝廷并不是直接任命为官员的，还要通过“考试”，考试的科目由天子定，或由丞相、御史二府及九卿策试，考试地点位于太常寺或公车司马署等处。

察举制突出的是“考试资格”，这就给一些官员作弊埋下伏笔。寒门学子表面上是有被举荐资格的，但在实际操作中，贪官污吏们没有得到好处，谁会主动举荐你为官？他们近水楼台先得月，率先举荐的所谓“人才”，其实大多为他们的宗族势力或三亲六故。碰到贤明的帝王还好，碰到昏庸的天子和腐败的大臣，则“举秀才，不知书；举孝廉，父别居；寒素洁白浊如泥，高第良将怯如鸡”，营私舞弊现象比比皆是。后汉三国时期的袁绍、袁术兄弟“四世三公”，正是赤裸裸地官官相护写照，像刘备、关羽、张飞、诸葛亮那种底层的人才，只能靠一刀一枪打下江山。

虽然如此，从战国“乡举里选”制度发展而来的两汉察举制，不可否认为汉朝发现人才做出了巨大贡献，保证了两汉四百年江山的相对稳定。

魏晋南北朝：九品中正制“好心办坏事”

到了三国时期，魏国的曹丕发现了察举制和征辟制不足以实现“抢夺”人才的需要。吏部尚书陈群上书要求改变人才选拔方法，并提出了实行“九品中正制”的建议，被魏文帝采纳。

要说陈群确实是魏国一位杰出的组织管理人才，所谓的九品中正制，实际上是对察举制的放言改良。察举制将推荐人才的大权完全给了州郡长官，专权则易带来腐败。而九品中正制在这一权限之外，添加了地方群众舆论和公共意见。

中正，是一种官职的名称，品评人才的官职名称就叫“中正”，蒋中正的名字可能就来源于此。不偏左不偏右谓之中，中正其实就是公正。朝廷规定地方州郡推举一名在中央任职，且德名俱高者为“大中正”，“大中正”再推举“小中正”。然后由这些推举出来的“中正”官向地方发放“人才调查表”，将隐藏在民间的人才列入表中。表中的人才分为九等，即“上上、上中、上下、中上、中中、中下、下上、下中、下下”，谓之九品。朝廷选拔人才，就根据这“九品”人才量用。

按照朝廷的设想，九品中正制依靠一张表格，可以将全国的人才“一网打尽”，但令陈群和曹丕想不到的是，如果大中正和小中正们并不“中正”，这可如何是好？如果填表人营私舞弊，又能如何？陈群与曹丕的本意是发现人才，量才使用人才，上面的政策是好的，但到了下面执行就走了样，靠填一张表并不是十分靠谱。寒门学子表现再好，如果不送礼也不会被评为上品，世族子弟表现再不好，如果上面有人，评个上品也就分分钟的事。

九品中正制就像现在考试的道德评语，可操作空间太大了，最后腐败到了“上品无寒门，下品无士族”的地步，完全违背了朝廷的本意。初期实行时还有一些成效，但发展到南北朝时期，九品中正制已扭曲到令人无法忍受的地步，世族已在国家统治中占据了绝对的统治地位，寒门学子几乎没有任何上升空间，不但不是历史的进步，反而不如春秋战国时代的人才选拔了。社会迫切需要人才选拔制度的革新。

隋唐宋元明清：长达千年的科举制是伟大的发明

隋文帝是中国历史上不亚于汉武帝、唐太宗的千古一帝，圣人可汗，他在人才选拔方面做出的突出贡献，就是发明了科举制。而他的儿子隋炀帝杨广，也并非像人们想象的那样一无是处。

在人才选拔方面，杨广对于科举制的发展，居功至伟。隋朝虽然二世而亡，但杨坚、杨广父子建立发展起来的科举制，却在世界历史上占据重要一席。科举制发明后，唐宋元明清长达一千多年延续这个人才选拔制度，世界上选拔人才的不少制度，包括现在中国的大学制度，都有科举制的影子。

科举制打破了门阀和世族对于人才选拔的垄断，给寒门学子打开了一扇窗，相对实现了教育考试公平。首先是考试资格上，人人都可参加。为防舞弊现象的发生，朝廷还陆续实行了“糊名”“誊录”等制度，杜绝营私舞弊。

虽然科举制实行中也难免有腐败现象发生，但至少实现了程序上的公正。历史上也出现了不少寒门状元。课文中的“范进中举”，正是寒门考试取得功名后的现实写照。又比如包公铡美案中的陈世美，他就是出身寒门，最后考中了状元。科举制发明后，儒家提出的“学而优则仕”才得以彻底地实现，“学得文武艺，货卖帝王家”的渠道疏通，也客观上减少了寒门学子们的“秀才造反”。从这一角度看，科举也可称为“科学地举荐人才”，至少从很长的一段历史时期来看大大推进了人才领域的社会进步。

但是，当历史进入到工业革命之后，中国的科举制无论从选拔制度上还是考试内容上，都落后于世界上其他先进国家，当其他国家建立现代大学制度培养和选拔人才时，中国还延用千年前的科举制度，考试八股文章选拔人才，便是大大地僵化了。科举制寿终正寝之日，成为古代与近现代的分水岭。

工资小史：古代官吏的俸禄

俸禄，就是古代政府按规定给予各级官吏每年或每月的工资报酬。古代的官吏，为国家服务，国家自然要给他们发放工资津贴。不过与现在不同的是，现在的公务员以现金或转账的方式，也有一些实物上的补助津贴，而古代没有现在这么方便，每个朝代都根据当时历史环境的不同，制定相应的俸禄发放方式与相应的薪酬发放标准。

给块地，那里面会长出财富

最早的俸禄发放方法，是夏商周到春秋时期长达两千年的“田邑制”，中国古代是一个农业大国，从三皇五帝到清末长达五千年的历史里，始终把农业放在最重要的位置上。“士、农、工、商”，农民的社会地位仅次于士大夫。夏商周时代实行邦国诸侯制度，天子分封天下，许多官员都被分封或大或小的田地城郭，田里不管种什么，总会长出财富来。除了上交国家政府，剩下的就是自己的。官越大，分封的田地城郭越大，长出的财富就越多。而且，古代的爵位是可以世袭的，一代传一代，贵族们世代当官，享受那一方土地的贡养。

“大国之师，一旅之田”，占有土地实际是最稳妥的获得收入的办法。至于给多少土地，每个时期是不同的。姜子牙被封齐国，齐国的全部土地就归姜子牙管理占有了，孟尝君“封万户于薛”，薛地的税收除了上交政府外就都是自己的了，至于其他官员，孟子曾记载他那个时代“君十卿禄，卿禄四大夫，大夫倍上士，上士倍中士，中士倍下士”，各自在自己的地盘上获得财富。

发粮食，肚子吃饱了好好工作

发展到春秋战国时代，田邑制开始向“谷禄制”过渡。那个时候天下大乱，诸侯聘用了许多官员，官员下面又聘用“门客”，一级又一级，不够级别的官员不可能都给田邑，那么给什么呢？农业大国，给粮食是最实惠的。起初以“斗”计量，后来以“石”计量，还有用“斛”计量的。

秦和西汉时代，将“谷禄制”完善起来。秦朝还实行“年薪制”，那个时候叫“岁俸”。当然，发放粟米不等于只吃不穿，或者不买其他东西了，粟米可以交换布帛等其他生活用品。那个时候也有钱币，钱币可以用来交换其他等值的生活用品。国君也可能赏赐大臣们金钱、实物。不过这些赏赐是偶然的，不是常态。而且，低级的官员是无法得到皇帝的直接赏赐的。

到了西汉，俸禄制已经非常完善，以相国、丞相、太尉、御史大夫、奉常、博士、郎中令、卫尉、任尉、治粟内史等官秩大小作为发放工资的标准，由国家统一发放粟米。最低的佐史年俸为九十六石，折合到现在年薪为五千多元钱，属于低工资的范畴。西汉的整体工资不高，汉代的名臣张汤被抄家，“家产不过五百金，皆所在，得奉赐，无它赢”。发放的工资几乎是“月月光”，抄出来的家产，无非是皇帝赏赐结余而已。

粮钱各半，有吃有花报效朝廷

到东汉时，大概觉得只发粮食，官员的生活不方便，改为钱粮各半制，即一半粮食一半铜钱。这样既有吃的，又有花的。值得一提的是，东汉的末代皇帝汉献帝有一项发明，他把公田按官员的俸禄等级赐给官员，让其自己去收取赋税获得收入，称为“职田”。这项制度也是逼出来的，汉献帝自己被军阀挟持，朝不保夕，只得从权改变统治策略。不过这项制度被后代借鉴，一直维持到明朝朱元璋时期才作废，长达千年。

钱粮各半制度一直维持到唐朝中期，唐朝官员的俸禄分为职田、禄米、钱货三种。根据官职的大小，分职田多少、禄米几何、钱货若干。虽然分了职田，这些官员也不可能自己去种，他们有两种方法，一种是转包出去获取利润，这就是最早的土地流转；一种是雇佣农民种植，这些农民被称为“雇农”，他们除了身体之外什么都没有，靠出卖劳力为生。

当然，也并不是所有的朝代都以粮米计算，其中也有的朝代以帛计算，如南北朝时期的北齐。

给钱就行，钱能买来所需要的一切

自唐朝中期以后，钱粮各半制度逐渐向完全发钱转化，俸料钱所占比例慢慢超过了实物，越来越多了。唐朝因为经济发达，官员的工资也越来越多，包括禄米、人力、职田、月杂给、常规实物待遇和特殊实物待遇等，工资支付方式便越来越以货币支付方式为主。到了宋代，发明了纸币“交子”，基本上发放工资完全使用纸币了。纸币方便快捷，解决了铜钱携带不便的弊端。

宋代官员的薪水为历朝之最，月薪最高竟达四十万文，包拯那么清廉的官员，也是千万富翁。除了发银票外，还有名目繁多的服装、禄粟、茶酒厨料、薪炭、盐、随从衣粮、马匹刍粟、添支、职钱、公使钱及恩赏等福利，所以生活在宋朝的官员是最美的。元朝只发纸币，所以俸银又叫俸钞。令元朝官员叫苦不迭的是，那时候通货膨胀比较厉害，发了纸币往往很快贬值。到了明朝，由于朱元璋是苦出身，所以给官员们定的薪资是史上最低，贪污五十两以上还要处以剥皮之刑，所以明朝的清廉官员日子过得很辛苦，大清官海瑞去世时，连出殡都没钱，还是同僚们凑钱给他发送。朱元璋私访宏文馆学士罗复仁宅院，这个堂堂的大学士，租住在一个破烂的民房里，像个民工一样正在刷墙。

清朝官员的工资水平比明朝官员有了很大进步，工资分为俸银、禄米以及养廉银，其中外官的养廉钱甚至高于正常发的俸银。养廉银的发明并没有把清朝的官员都变成清官，大贪官和珅就是个鲜明的例子。

从夏商周到清末，官员的工资制度发生了天翻地覆的变化。从发田，到发米，到钱米并用，直到最后完全以货币支付，也从一方面见证了中国古代官吏俸禄的发展历程。

住房分配小史：古代怎么解决官员的住房问题？

在古代，除了温饱之外房子问题是个不怎么好解决的大问题，唐朝诗人杜甫就吟出了“安得广厦千万间，大庇天下寒士俱欢颜”的诗句。可见古代的寒士们也是住房紧张。杜甫其实是个寒士的代表。杜甫虽然是朝廷官员，任职过左拾遗、检校工部员外郎，左拾遗专司给皇帝提意见、工部是掌管工程的，但他却没有本事给自己安排个好住处，住的是茅草房子，大风一刮就容易把房顶掀了，因此有了《茅屋为秋风所破歌》这样的千古绝唱。杜甫没有住上好房子，其他官员呢？除了贪官污吏和一些位高权重的勋贵大员们，很多官员也好不到哪里去。

官员办公有“公房”住，但并不是永久性

古代官员的住房是否由国家包管，并没有一部中国古代房地产史明确记载，我们只能从支离破碎的历史典籍中寻求答案。关于住房问题，古代一般是给官员分配住宅的，称为“官舍”。官衙是官员办公的地方也是官员居住的地方。

北宋的苏辙，曾经遭贬，史载朝廷“不许居官舍，遂僦民屋”。僦是租赁的意思，苏辙遭贬谪，朝廷不允许他居住官舍，他只好去租民房住。另一名官员和苏辙有着同样的遭遇，大清官寇准也遭贬了，没等到

他租房子呢，老百姓抢着给他建房子，“百姓闻之，竟荷瓦木，不督而会，公宇立成”，老百姓知道寇准贬到他们那个地方来了，高兴得不得了，各家各户捐瓦的捐瓦，捐砖的捐砖，捐木头的捐木头，没有谁组织，都自发地出义务工给他建房子，房子很快就建成了。从苏辙与寇准的遭贬经历，从反面证明北宋时朝廷对于官员是分配房子住的。

至于私宅，除了因为功劳大皇帝赏赐住宅外，一般是自费的。有的官员因为清廉，建不起房子只能租房子住。我们听评书，杨家将有功劳，皇帝就赏赐银两，建起了天波杨府。作为官员，最幸运的就是皇帝赏给房子，国家拨钱给盖，但并不是所有官员都有杨家这样的待遇。

唐朝的副宰相卢怀慎，他住的什么房子呢？“器用屋宇，极其俭陋”“卧于弊箦单席，门无帘箔，每风雨至，则以席敝焉”；另一位贤相姚崇，在旅馆租了一间房子，因为房子质量太差，起居失调而生病，最后皇帝都看不下去了，替他建了一座宅子，才免去了无房住的苦恼。那为什么这些官员不住“官舍”呢？因为除了他自己外，还有一家子人呢，所谓的官舍，其实就相当于单身宿舍，一般在官衙附近。官舍不大，如果一家人搬进来，挤挤闹闹的，自然不如有私宅方便。北宋的大将刘福，一辈子不肯建私宅，就一家子挤官舍住，结果等他死了，官舍退还国家，其子孙面临无房可住的尴尬局面。

当然，每朝每代的官员住房制度不同，但除了衙门和官舍是国有分配的，其他都是自己解决。秦朝实行的是“谷禄制”，国家给官员发的工资就是粮食，并不是金钱银两；从西晋开始好了一点，可以给官员分配官田；到唐朝分田成为制度。不过别扭的是，皇帝分的田地，往往和官员任职的地方不是一个地方，在任职的地方建房子殊为不便。而且官员在哪里任职，并不确定，随时听候朝廷调遣，所以官员们也懒得在分配的田地上建房子。建了房子调走了那得多亏啊。当然，贪官不在房子困难户之列，有钱了可以建多座住宅，成为古代“房哥”，但也要冒着国家反腐败被杀头的风险。

退休后自己解决住房，难题要自己扛

如果看古代的住房制度，官员们可说是苦哈哈。但官员们真的那么苦吗？也不尽然。未实行科举制之前，官员一般是从豪门士族提拔上去的，他们并非出自寒门，家中本来就有房子，不缺房子。很多官员在当地同时又是土豪地主，使奴唤婢，像《红楼梦》里的贾、薛、史、王四大家，怎么会缺房子住？刘姥姥才缺房子住呢！隋唐时期实行科举制后，出现了寒门学子上位的情况，这些寒门可能家里很穷，朝廷又不分房子住，所以才会遭遇囧境。

但真正的窘境是官员退休以后，或者因为犯罪被辞后。当官时，至少有薪俸，有官舍，凑合着住公房或租得起房子，但不当官后，这些待遇就没有了。薪俸减半，官舍及所有公家办公用品统统收回，留待下一任官员居住使用，住房问题就得自己解决了。如果本来就是豪族大家，那不存在住房问题，回老家居住即可，不缺房。但如果是清官寒门，问题就来了，像杜甫那样的，只能回家住草房，和普通老百姓一样，饥寒交迫了。《包公案》里的陈世美为什么抛弃秦香莲，可能是再也不想回到过去的苦日子了，当个驸马把所有问题都解决了，如果还是秦香莲当老婆，再是个清官，像他们家那种情况，退休后照样受苦受罪。这并不是替陈世美忘恩负义开脱，而是当时的客观情况。明朝的清官海瑞，死后连出殡费都出不起，还是朋友们帮他料理后事。

买断官房，私有化住房古代已有先例

古代为了解决住房问题，各朝各代的官员们也是“八仙过海，各显其能”。第一是买地建房，靠毕生积蓄为自己造个窝，这是一大部分官员的办法。第二是套购官舍，把之前居住过的公家房子买下来，转公为私。北宋时国家实际上也变相鼓励官员们买房，因为国家常常通过招标的方式卖公家房，如果官员们买得起，就可以将原来居住的官舍买下来。第三是集资买房，这从明朝开始就有了先例，最有名的是南京国子监祭酒谢铎，带领三十名属下集资购房，另一名礼部右侍郎兼国子监祭酒林瀚，捐出了十年的工资收入为属下盖房。虽然暂时困难一点，但集资建房可以一劳永逸地解决住房问题，不失为解决住房问题的好办法。

吃穿住行，住一直是人类社会存在的刚性需求。古代皇帝为了制约官员腐败，在房子问题上动了不少脑筋，但无论皇帝如何制约官员，贪官污吏和世家大族也不会为房子问题发愁，最终最发愁的是清官。

世家大族可以继承祖业，居住祖上的房子，翻新祖上的房子，在祖业上盖新房子，而且随着他的事业发展，祖业会越来越大，盖的房子也会越来越多；而贪官污吏们不差钱，不管朝廷如何制约，或买地建房，或买朝廷的“二手房”，只要手里有钱，尽可以建起豪宅大院，尽享富贵奢华。

最难过的是像杜甫那样的寒门士子，手里没钱，又不贪，国家对于住房又抓得紧，只能被迫一辈子租房子住，或是住在简陋的祖宅里，所以一代诗圣为天下寒士发声：“什么时候得到宽敞明亮的房子千千万万间啊，让天下寒士们都能住上遮风挡雨的好房子。”但这个严重的住房问题，两千多年的皇帝也没有给解决掉。

酷吏简史：古代皇帝治理天下为何爱重用酷吏？

提起酷吏，最难忘的是“请君入瓮”的故事，说的是武则天时代两个最著名的酷吏的故事。武则天最重用的两个酷吏，一个叫周兴，一个叫来俊臣。周兴被人举报谋反，武则天让来俊臣审判周兴，这两个酷吏本是同事，经常交流审判经验和技巧，这次轮到一个审判另一个，这可难倒了来俊臣。于是他想了一个办法，摆上酒宴请周兴吃饭，假装向周兴请教审判犯人的“绝招”。周兴得意扬扬地向来俊臣介绍了一个瓮烤犯人的办法，来俊臣很高兴，马上弄来一个大瓮，大火点燃，请周兴进去。结果周兴不待瓮烤，就跪下招供了。

武则天最重用周兴与来俊臣，却用这么残忍的审判方法，赤裸裸地说明，酷吏只是皇帝统治天下的工具，没有丝毫的君臣恩情。那么，为什么皇帝爱用酷吏呢？用仁臣以德治国不是更好吗？

酷吏揭开了皇帝外儒内法的真谛

秦朝之所以强盛，不是采用了孔子以德治国的治国方略，也不是采用墨家的非攻兼爱，而是采用了商鞅、李斯的法家思想治国。诸子百家之中，法家和兵家思想是战国时期最有效的治国思想，故被许多诸侯采用。秦国是法家、兵家思想治国贯彻实施最好的诸侯国，故能扫平六国，一统华夏。

汉朝取代了秦朝，称秦朝为“暴秦”。但汉朝弃用了秦朝的治国方略了吗？表面上弃用了，不管是采用“无为而治”的黄老之术，还是“罢黜百家，独尊儒术”，都给人一种以德治国的感觉。但实际上，汉朝是“汉家自有制度，本以霸王道杂之”，用儒家的仁政礼教之说布于外，而以法家的刑名法术之学藏于内。在执行“外儒内法”的方略上，重用酷吏便成了最有效的选择。

汉朝的酷吏是最多最有名的。汉朝十大酷吏，有侯封、郅都、张汤、赵禹、宁成、义纵、减宣、杜周、周阳由、王温舒，个个都是皇帝的“能干之臣”，为大汉四百年做出了“巨大贡献”。与讲法律、讲原则的仁臣比起来，酷吏在特定时期更有利于贯彻执行皇帝的意志。

酷吏是皇帝意志最坚决的执行者

虽然封建王朝外儒内法，但真正的法律，并不像现在所讲的“依法治国”。皇帝是最高统治者，他所说的每一句话，不管对不对，都是“法律”，而且是“最高法”，神圣不可侵犯的。如果你敢跟皇帝讲“理”，那你就是“违法”，犯了抗旨不遵的大罪，不单自己死，而且会灭三族或九族的。所以在皇帝那里无理可讲，他的念头便是最大的理。

现在说起来，这样太荒唐了。所以我们看到，历史上有许多昏君、暴君。明君虽有，但数量远远没有昏君、暴君多。这么荒唐的事情需要执行，谁来执行？靠讲原则的儒学大师们执行，是最不得力的。因为他们爱较真，爱讲理，爱拿出圣人说的话。明君可以听贤臣讲理，但哪有那么多明君呢？这个时候酷吏就闪亮登场了，他们不是唯法是尊，而是唯皇帝的旨意是尊。

《酷吏列传》里所说的酷吏杜周，有一段话最有代表性。是这么说的：“上所欲挤者，因而陷之；上所欲释者，久系待问而微见其冤狱。”意思是：“皇帝想排挤的，酷吏就诬陷他，用严酷的刑罚让他招供，屈打成招的比比皆是，小罪重罚的比比皆是；皇帝想释放的，即便有罪，也要想办法采用拖的办法，大事化小、小事化了。一切以皇帝的好恶定夺。”据说有一个人请教酷吏杜周，“君为天子决平，不循三尺法，专以人主意指为狱。狱者固如是乎？”你身为官员，是为皇帝判案维护社会公平正义的，不遵循现成的法律，而以皇帝好恶行事，难道就这样当官判案吗？杜周是怎么回答的呢？杜周说：“前朝皇帝说的话成为法律，本朝皇帝说的话也是法律，我现在是以本朝的法律行事，还在乎前朝的法律吗？”典型的实用主义，权大于法，现世现用哲学。但恰恰是这样的人，才是皇帝心目中的“忠臣”。正像秦桧与岳飞，大家认为岳飞是忠臣，但皇帝心目中秦桧才是。因为秦桧执行皇帝的议和路线，而岳飞却逆皇帝旨意而行，主张抗战。

酷吏在特定时代发挥更好的统治作用

有一句话“存在就是合理的”，酷吏的存在，适应了那个时代的需要。比如说从秦朝过渡到汉朝后，皇帝利用酷吏以暴制暴，打击豪强，同时也严厉打击了社会上的“二流子”“混混”。地方上的“土皇帝”，是连官员都看不上的，但他们最怕酷吏。因为酷吏铁血无情，动辄诛其九族，用朝廷的力量让这些“土皇帝”坐不稳。不但地方上豪强怕“酷吏”，就连强悍的匈奴都怕酷吏。

汉朝有许多用酷吏治理地方的故事，比如汉景帝时期的郅都，用严酷的办法打击豪强，镇住了地方，史载经过他的治理，“郡中不拾遗”。当他就任雁门太守时，匈奴闻其名惊恐万分，竟然下令全军后撤，远离雁门。到郅都死了，很长时间都不敢靠近雁门郡。汉武帝时期的酷吏义纵，担任河内郡都尉，把郡内穰氏等豪强举族诛杀，也是达到了“道不拾遗”的地步。

汉朝与唐朝的酷吏不同，汉朝的酷吏多清官，比如酷吏张汤，死后家里只有皇帝赏赐的五百金，出殡很寒酸。而唐朝的酷吏一个比一个贪婪，吃了原告吃被告。这也从一个方面证明汉、唐的国情不同。但不管是哪朝哪代，皇帝都将酷吏作为他执政的最强硬棋子，原因就是酷吏对皇帝的绝对“忠诚”和对违反皇帝意志之人的绝对残忍。

顾命大臣简史：皇帝驾崩时的权力争夺

所谓顾命大臣，是指帝王驾崩前，因为继位的太子年少，而托以治国重任的大臣。有一句诗是这样说的，“周公吐哺，天下归心”。周公，便是中国历史上第一位顾命大臣。但太子总会长大，所以代为摄政的顾命大臣，最后总要还政于长大后的天子，进行权力的交接。如果权力交接不畅，或者君臣生疑，矛盾激化，就会围绕着权力而产生斗争。或者天子被废，或者顾命大臣被贬被杀，演绎出波澜壮阔的故事。

鞠躬尽瘁，最符合先皇对顾命大臣的期待

周公旦，也叫姬旦，是历史上第一位顾命大臣。周武王短寿，打下殷商江山几年后就驾崩了。本来他想将江山传给弟弟周公旦，因为周公旦这个人太贤德了，比年幼的儿子姬诵更适合当天子。但周公旦拒不接受，于是周武王托孤给周公旦，“我子即你子，希望你辅佐他治理天下”。周公旦辅佐年幼的周成王，史载“一年救乱，两年克殷，三年践奄，四年建侯卫，五年营成周，六年制礼作乐，七年致政成王”，周公旦对于周朝江山的稳固，可以说起到至关重要的作用，周武王可说是没有看错人。

但就是这样，周成王还是对周公旦产生怀疑，听信周公旦造成谋逆的谗言，周公旦为了避祸，逃到楚地。后来周成王认识到自己的错误，请回了周公旦，消除了误解。周公旦最后得以善终，历史上第一位顾命大臣，得到了良好的结局。

历史上第二位顾命大臣是周成王姬诵给儿子姬钊留下的召公奭和毕公高，这二位贤臣和周公旦一样，辅佐周康王姬钊实现了“成康之治”，也得以善终。可见姬诵也生了一双慧眼，相中的这二位顾命大臣不辱使命。

我们熟知的最有名的顾命大臣，当属三国时期先主刘备白帝城托孤的贤臣诸葛亮，刘备去世时，刘禅年幼，于是将江山和儿子托付给诸葛亮。而诸葛亮为了完成先主的兴复汉室大业，可谓鞠躬尽瘁，死而后已。可惜他保的刘禅是个扶不起来的阿斗。诸葛亮是累死在战场上的，但总算是善终。刘备也算是托孤托对人了。

殃及家族，顾命大臣生前想不到的灾祸

和周公旦、召公奭、毕公高、诸葛亮相比，西汉王朝霍光辅政的成就丝毫不逊色于几位前辈。汉武大帝驾崩前，因为儿子刘弗陵岁数小，将江山及儿子托付给了四位辅政大臣：霍去病的同父异母弟霍光、车骑将军金日磾、左将军上官桀、御史大夫桑弘羊，其中以霍光为首。令汉武帝没想到的是，这四位辅政大臣竟然心不齐，左将军上官桀和御史大夫桑弘羊为了夺取权力，竟然联合燕王旦和长公主发动叛乱，他们的异心被年幼的汉昭帝刘弗陵识破，霍光先发制人，将叛乱消灭在萌芽之中，左将军上官桀和御史大夫桑弘羊这二位辅政大臣被族诛。昭帝驾崩后，霍光继续承担了辅政的使命，先是立汉武帝的孙子刘贺为帝，但刘贺荒淫无道，霍光废了他，改立汉武帝的曾孙刘询。敢废立皇帝，霍光是史上第一人。

霍光虽然敢废立皇帝，但他却是个大大的忠臣，因为他没有生异心，将刘家江山篡夺到霍家门上。而且在霍光摄政期间，匡国家、安社稷，使汉朝稳步向前发展，有名的“昭宣之治”实际是霍光辅佐两位皇

帝开创的。上至皇帝，下至朝臣，都知道霍光是个忠臣。但即便如此，霍光因为拥有巨大的权力，他扶上来的皇帝汉宣帝刘询也感到“芒刺在背”。他对霍光不是亲近，而是敬畏，是害怕。因为霍光行过废立之事，所以刘询害怕哪一天，霍光也把自己废了。刘询怕到什么程度呢？霍光还政于刘询时，刘询不接受这个江山，直到熬到霍光去世，才得以亲政。

霍光和周公旦、召公奭、毕公高、诸葛亮等贤臣一样，是得以善终的，但令霍光想不到的是，他巨大的威望给后人带来了无穷的祸患。霍光去世后，霍氏家族试图继续维持霍光生前的权力和地位，但这是汉宣帝刘询不能容忍的，汉宣帝逐步剥夺霍家权力，霍家为了权力而造反，失败后被族诛。霍光可谓生前风光，死后遭殃的典范。

或贬或杀，顾命大臣是个风险很大的角色

和周公旦、召公奭、毕公高、诸葛亮、霍光这些人比起来，大多数顾命大臣可没有这么幸运了。因为权力的诱惑，新皇一般长大成人后，对于之前顾命大臣的摄政往往不能忘怀。如果新皇心胸狭窄，他会对顾命大臣采取极端措施，杀杀他们曾经的威风，这样顾命大臣的噩运就来了。

南北朝时，宋武帝刘裕驾崩前，遗命中书令傅亮、领军将军谢晦、镇北将军檀道济和司空徐羡之为顾命大臣辅政。这几位辅政大臣一心为国，效法霍光，废杀了宋少帝刘义符，立贤明的刘义隆为帝，是为宋文帝。不过，他们可是看走了眼，宋文帝比宋少帝贤明不假，但心胸一点也不大。当几位辅政大臣还政于宋文帝后，宋文帝马上对几位辅政大臣下了毒手，因为他容不得大臣可以废立皇帝并且胆敢杀之。于是徐羡之逃亡未果自刎而死，傅亮逃亡未果被杀，谢晦举兵反抗失败被杀，檀道济更惨，和他的八个儿子都被斩首。

像宋武帝四位顾命大臣一样不幸的，历史上有许多，李仁罕是后蜀

皇帝孟知祥给儿子留下的顾命大臣，因功高震主被杀；史弘肇是后汉高祖刘知远给儿子留下的顾命大臣，被后汉隐帝诛杀夷族；苏克萨哈是顺治皇帝给康熙大帝留下的顾命大臣，在与鳌拜的政治斗争中被处死并诛九族，而同为顾命大臣的鳌拜被康熙皇帝用计生擒，活活气死在狱中。咸丰皇帝给儿子留下的顾命八大臣命运更惨，与两宫太后争权夺利，还没来得及“顾命”，就被一窝端，“载垣、端华均着加恩赐令自尽”“肃顺着加恩改为斩立决”，穆荫被流放，匡源、杜翰、焦祐瀛三人被革职。

相对于被杀的顾命大臣，被贬的顾命大臣，算是命运好得多了。唐太宗给儿子李治留下了两名顾命大臣褚遂良和长孙无忌，结果这二人碰到了政治对手武则天，尽心辅佐李治也没有得到好下场，被武则天贬到边远地区受罪去了。两位三朝功臣，最后都死在了流放之地，长孙无忌的家族还受到了株连，有的被杀。而明穆宗给儿子万历皇帝留下的顾命大臣张居正、高拱、高仪，情况也没有好到哪里去，张居正得以善终，但他的命运和霍光一样，儿孙受到株连，家属饿死的饿死，流放的流放；高拱和高仪都被贬到家中“闲住”，郁闷病死。这算结果很不错了。

为子谋国，最阴险、最成功的顾命大臣

历史上最成功的顾命大臣，除了周公旦、召公奭、毕公高、诸葛亮外，就得算司马懿了。三国时期魏、蜀、吴都有顾命大臣，蜀国的诸葛亮、吴国的诸葛恪、魏国的曹爽与司马懿。诸葛恪的命运很不好，被夷灭三族；曹爽的命运更差，被司马懿发动高平陵之变冠以谋反罪夷平三族。诸葛亮累死在五丈原，儿子和孙子都战死疆场。唯独司马懿，韬光养晦，深怀野心，最后他的孙子竟然取魏而代之，成为晋国的开国皇帝。

司马懿可说是史上最聪明的野心家，最阴险、最成功的顾命大臣。

早在曹操时代时，曹操就看出了司马懿的才华，同时也看出了司马懿的可怕之处，预言司马懿将对曹家不利。但因为司马懿有才华不忍杀之。

司马懿聪明的地方在于，面对曹操、曹丕、曹叡这样的雄主，他装得很像，表现得很忠诚，所以三曹虽然对司马懿有疑虑之心，但不得不用其才。特别是在曹叡时代，司马懿是唯一能够抗衡蜀国诸葛亮的人，曹叡只能对他又用又防。

司马懿的阴险之处在于，他内心里并不忠于魏国，而是在时时刻刻寻找时机。发动高平陵之变，就是他寻找的最佳时机。他阴养的三千甲士派上了用场，终于真正树立了他在魏国的绝对地位。

司马懿不但自己掌握权势，还在自己活着时培养儿子接班，终于形成了“司马昭之心，路人皆知”之势。后来几个曹氏皇帝，成了司马家的傀儡。最终司马炎重走曹丕之路，夺走曹家江山……

党争简史：古代的皇权与党争

在中国历史上，曾经形成过几次重大的“党争”，东汉有“党锢之祸”，唐朝有“牛李党争”，北宋有“新旧党争”，明朝有“淮西、浙东党争”，清朝有“明珠与索额图党争”。这几次“党争”原因不同，结果不同，对于朝廷的影响也大大不同。

东汉党锢，敲响了汉朝灭亡的丧钟

东汉的党锢之祸，是从反对宦官专权引发的。我们知道，东汉自从“光武中兴”和“明章之治”后，接下来继位的皇帝都是“小皇帝”，故而外戚专权现象非常严重，最厉害的外戚当属窦宪兄弟与大将军梁冀，梁冀甚至敢对皇帝下手，被称为“跋扈将军”。为了对付外戚，长大了的皇帝利用太监夺取权力，而当太监帮助皇帝“夺权”成功后，朝廷又从外戚专权转到太监干政上来。太监干政，任人唯亲，当时流传着“举秀才，不知书；察孝廉，父别居；寒素清白浊如泥，高第良将怯如鸡”的歌谣。东汉有两大祸水，外戚与太监，轮番上阵，大大削弱了朝廷的公信力。为了反对宦官干政，一些正直的朝廷官员以及太学生，勇敢地与太监们进行了斗争。

其实东汉时期，这些反对宦官干政的朝廷官员并未结党谋私。所谓的“党锢之祸”，是太监们强加到这些朝廷官员身上的罪名。当时最有名的几个大臣，公开与阉宦势力作斗争。最有名的大臣是司隶校尉李膺，他不惧宦官张让权势，率人将藏在张让家里的张让弟弟张蒴强行带走，明正典刑。张蒴是县令，同时也是一名贪污勒索、残杀怀孕妇女的罪犯；李膺办的第二件大快人心的事，是冒着违反皇帝大赦令的危险，斩杀了方士张成的儿子。而张成与大宦官侯览、张让狼狈为奸，张成的儿子是一个故意杀人犯。

和李膺一样与宦官作斗争的，还有太尉陈蕃、司空刘茂、槐里侯窦武、太仆卿杜密、御史中丞陈翔、名士陈寔、名士范滂、太学生郭泰、太学生贾彪等人。为了打击朝臣势力与太学生的联合，张让等宦官在皇帝面前诬陷李膺等人“养太学游士，交结诸郡生徒，更相驱驰，共为部党，诽讪朝廷，疑乱风俗”，汉桓帝是个昏君，下令把李膺等二百多名“党人”关进监牢。这就是东汉时期的第一次“党锢之祸”。这些朝臣后来被大赦，但“禁锢终身，不准为官”，彻底消失于政治舞台。

汉灵帝是比汉桓帝更混蛋的皇帝，他继位后，宦官势力更加猖獗，窦武、陈蕃被害，六七朝臣被囚监、杀戮或流放，有的被株连五族，是为第二次“党锢之祸”。自此，东汉王朝的朝中精英被杀之殆尽，宦官势力绑架了朝廷。历史进入“十常侍作乱”时代。这为东汉王朝敲响了丧钟。为了解决宦官势力，外戚何进邀军阀董卓进京，袁绍进宫诛杀宦官，此后，曹操、孙权、刘备陆续崛起，历史进入后汉三国时代。

牛李党争，使唐朝走上了下坡路

牛李党争最初发生在唐宪宗李纯执政时期，“牛”是指以牛僧儒为首的官僚集团，“李”是指以李德裕为首的官僚集团。事情的起因是，牛僧儒、李宗闵、皇甫湜等士人参加科举考试，“指陈时政之失，无所避”，而这时的丞相名叫李吉甫，也就是李德裕的父亲。士子说丞相的不是，自然引起丞相父子的记恨。俗话说宰相肚里能撑船，但李吉甫和李德裕父子没有那肚量。于是本期科举不但牛僧儒等人未考上，就连欣赏他们的主考官也被罢免了。

但风水轮流传，牛僧儒有朝一日也当了宰相，于是他报当年之仇，将李德裕排挤出朝。这样，以牛僧儒为首结为一党，以李德裕为首结为一党，进行了长达四十年的斗争。这两个“党派”不分是非，凡是你认为对的，我就坚决反对。就连几任皇帝也无可奈何，发出“去河北贼非难，去此朋党实难”的哀叹。

客观地说，不管是牛党还是李党，都是有一定才能的，所以能为朝廷所用。但他们的德行又都一般，都属于睚眦必报型。李德裕的父亲是宰相，所以以他为首的官僚集团反对科举，认为朝廷官员应从士族里面提拔；而牛僧儒是科举出身，有真才实学的，所以认为提拔官员应从科举士子中选出。从这一方面看，牛僧儒这一方是对的。但对待藩镇的态度上，李德裕主张用兵，消灭造成国家分裂的祸源，而牛僧儒等人则反对用兵，姑息放任。从这一方面看，李德裕的眼光是英明的。在对待吐蕃的问题上，李德裕主张积极防御，且多次用兵击败吐蕃，而牛僧儒则妇人之见，主张罢兵。在对待佛教问题上，李德裕主张禁佛，而牛僧儒则持相反态度。

牛李二党，对待朝政大事，本着一己之私的态度，而不从国家的大局利益思考问题，这大大削弱了唐朝廷的执政能力。牛李党争是藩镇割据、宦官干政之外，唐朝走入下坡路的另一个重要原因。

新旧党争，使北宋变法归于失败

北宋时期有两次变法，一次是范仲淹的“庆历新政”，一次是著名的王安石变法。前者是宋仁宗支持，范仲淹主导的变法，措施是“答手诏条陈十事”。因为变法触及既得利益者的利益，所以遭到不少朝臣的反刈，其中最重要的反对派是宰相夏竦、监察御史梁坚等人。变法派则有范仲淹、富弼、王拱辰、欧阳修、余靖等人。朋党之争使变法措施的执行力大打折扣，而范仲淹、富弼、王拱辰等人的辞职更使变法无法推行下去。身为宰相的夏竦竟然诬蔑范仲淹等人的变法是欲行“伊、霍之事”，这可是掉脑袋的罪名，使人不寒而栗。因此范仲淹主导的所谓“庆历新政”，因为朝廷意见不和，宋仁宗没有大力推行而有始无终。

接下来是王安石变法。不得不说，王安石是比范仲淹勇气更大的变法急先锋，有着“天变不足畏，祖宗不足法，人言不足恤”的勇气，且还有着宋神宗的撑腰，但反对变法的朝臣力量也很强大，有名臣司马光、韩维、文彦博、欧阳修、富弼、韩琦、范缜、苏轼等。哪一个拿出来都是和王安石同重量级的，变法遇到的阻力不是一般大。王安石的变法派阵营，包括吕惠卿、章惇、曾布、蔡卞、吕嘉问、蔡京、李定、邓绾、薛向等人，有的当时就被认为是小人，有的被认为是奸臣。两相比较，王安石用人不淑，再加上宋神宗左右摇摆，最后变法也归于失败。两次变法的失败，使北宋陷入了亡国的危机，最终遭遇了“靖康之耻”。

淮西、浙东党争，被朱元璋巧妙利用

明朝的党争一直存在。朱元璋开国时代有以李善长、胡惟庸为首的淮西党与以刘伯温为首的浙东党之争，明朝中期有以严嵩父子为首的“严党”与以徐阶、高拱、夏言、仇鸾、沈炼、杨继盛为代表的“清流党”之争，明朝末期党争更加严重，党派林立，有以顾宪成、李三才、左光斗、邹元标、赵南星为代表的“东林党”，以沈一贯、方从哲、姚宗文为首的“浙党”，以官应震、吴亮嗣、黄彦士为首的“楚党”，以亓诗教、周永春为代表的“齐党”，以国子监祭酒汤宾尹为首的“宣党”，以顾天峻为首的“昆党”，以王国、王图兄弟为代表的“秦党”，以宦官魏忠贤为首的“阉党”。这些所谓的党系，并非有共同的信仰，而是有共同的利益，于是他们结党营私，并非为国家谋、为朝廷谋，而是为自己这一个小圈子的利益而谋。

可以说，朋党之争削弱了明朝的执政力量，最终使明朝政府成为一个

没有执行力的政府，导致被农民军和清军共同灭亡。朋党之争碰到朱元璋这样的皇帝，各打五十大板，借助胡惟庸案和蓝玉案，基本上将淮西党诛杀殆尽，数万人被屠杀。而浙东党的代表人物刘伯温虽然急流勇退，但是也难逃抑郁而终的下场。朱元璋巧妙地利用朋党矛盾，大搞平衡战术，使其两败俱伤。不过，嘉靖皇帝、万历皇帝及以后的天启皇帝、崇祯皇帝可没有朱元璋那么英明，这几位皇帝面对朋党之争，可说是束手无策，最后连皇帝都指挥不动这些朝臣们，东林党人要不就是投降做了叛徒，要不然就是“无事袖手谈心性，临危一死报君王”。

明珠与索额图党争，康熙借以巩固皇权

清朝时也有朋党之争，最鲜明的例子就是康熙时期的几个辅政大臣们。康熙有四位辅政大臣，索尼、鳌拜、苏克沙哈、遏必隆，这几位大臣并不是齐心为国，而是各怀鬼胎，形成党派势力，为自己谋权力。鳌拜想一家独大，独揽朝纲，孝庄皇后便联合索尼斗鳌拜，苏克沙哈和鳌拜也有争主考官的利益之争。而明珠与索尼的儿子索额图，也为了自己在朝中的权力地位，既有合作又有矛盾。

康熙大帝是一名有雄才大略的皇帝，他之所以能在少年时就挫败权臣鳌拜，正是利用这些朝廷大臣们的朋党之争，夺回了皇帝的实权并巩固了皇权。康熙一生，生擒鳌拜、平定三藩、收复台湾、亲征噶尔丹、保卫雅克萨，可说是功绩很大。并非是他有三头六臂，而是因为他有一颗睿智的头脑，能够利用权臣们各自的私心，大搞平衡战术，借力打力，从而实现掌控皇权的目的。从这一方面讲，康熙与朱元璋、朱棣是一个层次上的皇帝，要知道，只要有朝廷就会有矛盾，而巧妙地化解矛盾，利用矛盾，便是驭人之术，统治之术。

退休简史：古代官员退休告老还乡制度

退休，在当今是一件很正常的事情，男人六十岁、女人五十五岁，就可以在家安享天年了。虽然还存在有待健全之处，但比古代不知强了多少倍。要知道，在古代很长很长的时间，是没有退休制度的。直至有了，也有很长很长时间是没有退休工资的。现代人享受的退休待遇，是长达五千年的历史一步一步发展而来的。

七十才退休，但在古代那是“古来稀”

其实退休这码事，早在两千五百多年前的春秋时就有了，只不过那时候不叫“退休”这个词，叫“致仕”“致事”“致政”等词罢了，《春秋公羊传》就记载着“退而致仕”，啥叫“致仕”呢？“还禄位于君”，把权力交还给君王。从这一层意义上讲，只有官员才有“退休”一说的，因为只有官员才有资格将权力交还给君王，其他阶层是不存在这种情况的，所以也就无退休一说。

古代多大岁数才允许退休？《礼记·曲礼》做了规定：“大夫七十而致事。”也就是说，官员七十岁了才允许退休。七十是个什么概念呢？“人生七十古来稀”，七十在古代是“古稀”之年，能活到这个岁数的人太少了。学者林万孝在《我国历代人平均寿命和预期寿命》一文中估算：周、秦约为二十岁，汉代二十二岁，唐代二十七岁，宋代三十岁，清代三十三岁；杜甫作诗《羌村三首》说“晚岁迫偷生”，其实他作这诗时才四十六岁，就自称是“晚岁”了；而另一位大文学家苏东坡，写“老夫聊发少年狂”时，这个“老夫”也只不过三十八岁而已。当然，如果不算上婴儿的夭折率和战争的因素，按《人口论纲要》文献估算，古人平均寿命能达到六十岁左右。“六十花甲子”，民间传说如果人活到六十岁还没有去世，要被埋进“活坟”的。虽是传说，但也从侧面证明古人寿命很短。

七十岁退休，按现在中国人的平均年龄算，也是太晚了，没有几个人能享受得到，即使享受到的，也享受不了几年。所以古代的官员，很大一部分人是“终身制”，没有熬到这个岁数就故去了。

既然《礼记》上做了规定，在汉朝直到元朝长达千余年的时间里，朝廷都遵循了这个规定。到了明清两朝，大概觉得七十这个岁数太高了，天子仁慈，将官员的退休年龄降了下来，“文武官六十以上者，皆听致仕”。六十岁退休，和现在一样了，比较合理。级别小的官员，退休年龄还可以提前，如清朝规定“参将为五十四岁，都司守备四十八岁，千总、把总四十五岁”可以退休。按当时的平均寿命，这个退休年龄是相对比较合理了。

韩愈首提“退休”，宋人待遇最好

“退休”这个词语，并不是现代人发明的。早在一千三百多年前的唐朝，大文学家韩愈在《复志赋（并序）》一文中就说到“退休于居，作《复志赋》”，这是文献记载的关于“退休”一词的最早记录。韩愈“发明”了退休一词后，后人用之，渐渐流行开来。《宋史・韩贽传》有“退休十五年，谢绝人事，读书赋诗以自娱”的语句，这比韩愈晚了几百年了。

关于退休的待遇，各朝各代是大不相同的。比如汉代，岁数达到七十岁，官员达到一定级别（年薪两千石以上）的，退休后可领取在任时俸禄的30%作为退休金。低于这个条件是没有退休工资的。年薪两千石是个什么概念，汉代的“太守”就年薪两千石，相当于现在的省部级干部。本来七十就“古来稀”了，级别上再卡到省部级，古代的官员又少，所以能享受到退休待遇的干部并不多。

唐朝人实行差别化退休工资待遇制：功臣元勋是第一级，经皇帝特批退休后享受全薪，与在职时相同，只是没有权位；五品官以上退休官员给“半俸”；六品官以下退休后是没有退休金的，“唐致仕官，非有特敕，例不给俸”，但为了解决他们的生活问题，可以给一定数量的土地作为补偿。到了明朝，贫民出身的开国皇帝朱元璋对于官员特别抠，一般情况下是不给退休官员发放“退休金”的，但免除退休官员的赋税和徭役。如果经过调查发现退休官员家里实在太穷揭不开锅的话，“有司月给米二石，终其身”，算是个养老补贴吧。清朝和明朝差不太多，所以为了以后的养老考虑，在职时官员拼命地“贪”，“三年清知府，十万雪花银”，你不给我养老，我自己想办法。当然这得冒着杀头危险了。

相对来说，退休官员待遇最好的是宋朝，宋神宗以后允许官员带职退休，退了和没退差不多，除了没有了实权，待遇不变。而且为了鼓励退休，官员退休时皆晋升一级，而且退休后仍有加衔晋级、参与朝政的权利。宋朝重文轻武，是文人的黄金时代，经济又高度发达，国家等于将官员们“富养”起来，这种待遇和现代差不太多了，如果可以穿越的话，大多数文人还是渴望穿越到宋朝的。

古人能熬到退休是“三生有幸”的事

俗话说“伴君如伴虎”，古代当官，生命风险其实是挺大的，如果伺候了半辈子皇帝，侥幸不死熬到退休，那也是人生幸事一件。对于大臣来说，退休有点像“逃跑”，功业已建，激流勇退是明智的选择。如果该退不退，惹得皇帝动怒，反为不美，弄不好带来杀身之祸；而对于疑心重的皇帝来说，大臣们知道很多皇家秘密，一旦不在眼前了，有点不好把控的意思，所以大臣们退休归家，有点“放虎归山”的意味。虽然这“虎”老了，但还是要随时监控，以防生事。

所以大臣们申请退休，有一个名词叫“乞骸骨”。因为大臣做官，等于将身体卖给皇家了，退休了，交还了权力，乞求皇帝将自己这一把老骨头还给自己，能埋在老家。

大臣可以“乞骸骨”，但最终能否退休，还是天子说了算。如果天子觉得你还有用，不准退休，只能活到老干到老了。汉代著名经学家张禹多次申请退休，皇帝就是不准。有病太医给你看，不准退休就是唯一的理由。

宋朝时大臣申请退休皇帝不允的事更是时有发生，两朝元老向敏中到了法定退休年龄七十岁仍不准退，七十二岁死在宰相任上，老臣孙固“强起视事”，七十五岁死在任上，老臣孙沔七十一岁仍然被委以“重任”，终于忍受不了长途跋涉之苦死在赴任途中。一方面说明这些大臣被皇帝所倚重，另一方面也说明了大臣一旦为官，便失去了人身自由。

和不准退休的官员相反的是，一些不被看重的官员，朝廷希望他们早早退休，甚至勒令退休腾地方。明孝宗专门下诏“自愿告退官员，不分年岁，俱令致仕”，想不当官，立即批准。清朝规定“其年老有疾，恋职不去而被议者，则勒令休致”，强行“退休”还不给退休金。还有仁慈的皇帝，特许一些大臣以身体健康的原因提前退休，唐朝大臣李靖就是因为身体的原因被批准六十四岁退休的。还有一种情况是，建功立业以后激流勇退，像越国的大臣范蠡，在帮助勾践复国后，官封上将军，但他没有享受最高人臣的待遇，而是选择了不要“退休金”离开朝廷，更名改姓当了个商人，成为儒商的鼻祖。

古人退休有“致仕悬车”的说法，如果能熬到顺利“退休”，安享晚年，不管“退休金”多少，对于官员来说，都是“三生有幸”的好事。因为古人讲“养儿防老”，老了主要靠后代，而不是朝廷的俸禄。当然，对于一些功将名臣，贤明的皇帝会额外地赏赐他们，让他们安享晚年。

古代变法简史：猜中开头，却猜不中结局

中国历史上，自战国初期李悝变法成功，出现了多次变法。所谓变法，其实就是改变以前僵化的、阻碍社会发展进步的制度。史上最著名的有春秋管仲变法，战国魏国李悝变法，随后楚国的吴起变法，齐国邹忌的变法，韩国的申不害变法，秦国的商鞅变法，汉朝的晁错削藩变法，桑弘羊的盐铁官营措施，新朝的王莽变法，唐朝的王叔文变法，宋朝的范仲淹庆历新政变法、王安石变法，明朝的张居正变法，清末新政与戊戌变法。变法总要付出代价，部分变法者甚至搭上了生命，为变法而死，如楚国的吴起、秦国的商鞅、汉朝的晁错、新朝的王莽、清末以谭嗣同为代表的“戊戌六君子”等。为什么历代变法者大多没有好下场？让我们试分析一下。

变法触动了既得利益者的利益，被挟私报复

凡是变法，必定触动既得利益者的利益，想对现有的社会资源重新分配。断了既得利益者的财路，总会在适当的时机，遭到这些人的阻止与报复。

吴起曾担任楚国的令尹，也就是后来的丞相、总理，在楚国进行大刀阔斧的变法，其中最重要的变法措施是“封君的贵族，已传三代的取消爵禄；停止对疏远贵族的按例供给，将国内贵族充实到地广人稀

的偏远之处”以及“淘汰并裁减无关紧要的官员，削减官吏俸禄，将节约的财富用于强兵”，这是两条最直接断财路的措施，引起了楚国贵族的极大不满，楚悼王驾崩后，楚国贵族们发兵对付吴起，这个战国“军神”，被这些贵族乱箭射死。

秦国的商鞅，下场与吴起如出一辙。商鞅变法是历史上最成功的变法之一，他让秦国富国强兵，秦国军队变成虎狼之师，秦国成为超级大国。但同时也极大地损害了秦国贵族们的个人利益，秦国贵族们对商鞅恨之入骨。等秦孝公一死，他们疯狂地反扑。商鞅跑无可跑，无奈发兵反抗，失败后被五马分尸。商鞅成就了秦国，却最终害了自己。秦国的强大，实际上是建立在商鞅的鲜血上的，他用自己的鲜血，成就了战国时秦国由弱变强的神话。

清末的戊戌变法，是清朝的有识之士学习西方科技、文化、制度的变法，列强用枪炮打开了中国的大门，让有识之士们警醒，开始睁眼看世界。但以慈禧太后为代表的保守派，仍然故步自封，他们容不得“蛮夷之邦”挑战“天朝”地位，但打又打不过人家，只好假装同意变法。因此清末的变法，是在一种非常矛盾的社会环境中开始的。当变法直接危害到一些保守派的官位和权力时，他们开始反扑，软禁皇帝、捕杀变法者。谭嗣同等六君子为了警醒国人，走上了断头台。他们是近代中国变法的先驱，是最可尊敬的中国真正的脊梁。可以说，没有谭嗣同等人的鲜血引导，就没有后来革命者们的前仆后继。

变法如同治病，疗效不好，变法者要承担责任

其实所谓的变法，如同治病。社会有病了，制度有病了，社会发展缓慢了，就需要“医国圣手”实行变法。变法者水平有高有低，对于当时的社会环境诊断与“用药”都有所不同。有时用“猛药”，刺激性太大，会遭到疯狂的反扑，结果反而适得其反。疗效不好者，变法者当然要承担责任，甚至付出生命的代价。

历史上有两场变法，就是急功近利变法的例证。实践是检验真理的唯一标准，历史已经证明了这一点。第一个变法是王莽的变法，不得不说，王莽建立新朝，确实是朝臣们将他推上去的，而不是他自己处心积虑上去的。说王莽是野心家，也并不确切。但王莽的变法，确实也超前了，他所采取的办法，和当代的社会主义改革有许多异曲同工之处，但时间上却提前了一千八百多年。王莽的变法，与那个时候的社会环境并不相融，因此遭到了从上到下的强烈反对，朝臣贵族们反，底层的老百姓也造了反，不但没有促进社会生产力的发展，反而造成战火连天，新朝一世而亡。

第二个变法，就是历史上评价很高的王安石变法。王安石变法，在变法的当时，就分成了两个阵营，当时的名臣司马光、苏东坡，我们非常认可的大文豪，实际上跟王安石不是一个阵营，是反对派。王安石的变法，在当时就遭到了贵族们的强烈反对，以司马光为首的朝臣们也强烈反对他，如果不是宋神宗支持，这个变法不可能进行。王安石变法在短时期内确实收到一定的成效，但时间长了，因为上面的政策并不能如其当初所想贯彻执行，或者执行的走了样，在民间口碑也并不好，王安石甚至被称为“奸臣”、拗相公，最终并没有达到富国强兵的目的，王安石的变法也最终宣告失败。而对于变法的失败，王安石是需要承担一定的责任的，他过激的性格和手段注定了变法的失败，虽然他的初衷是好的，他本人也是个清官。王安石虽然得以病逝善终，但他所倡导的变法，随着宋神宗与他本人的去世，归于尘土，并没有执行下去。

变法者失去靠山，成为危及自身安全的主因

中国长达两千多年的封建社会中，天子的话是金口玉言，一言九鼎。所以任何变法，都要依靠天子。有天子做靠山，可以克服很多困难。失去了天子这个靠山，不但变法的措施难以执行，本人的人身安全也会得不到保障。

我们看到历史上变法者的悲剧，大多是在靠山倒了后才失势的。商鞅深得秦孝公的信任，才使秦国的变法在重重压力下得以进行。秦孝公对商鞅的信任超出了常态，甚至一度想把王位传给商鞅。这样的信任是刘备对关羽、张飞、诸葛亮都难以做到的。但随着秦孝公的逝世，继位的秦惠文王一反其父对商鞅的信任态度，与守旧的贵族们开始制裁商鞅。失去秦孝公保护的商鞅最后被五马分尸而死；楚国的吴起变法，也是受到楚悼王的支持才得以进行，楚悼王驾崩后，吴起即便是“战神”，没有了楚悼王的保护也变成了待宰的羔羊，被守旧的贵族们乱箭射死。

最值得一提的是清末的戊戌变法，康有为、梁启超、谭嗣同等人的总后台是光绪皇帝，在光绪皇帝的支持下，戊戌变法取得了一定的成就。但光绪皇帝虽为天子，却惧怕母后慈禧，而慈禧才是拥有实权的人。当变法触及以慈禧、荣禄为代表的守旧势力时，历史的天平倒向了守旧一方，就连原来支持变法的袁世凯也倒转枪口，投降了守旧派。当光绪皇帝被慈禧太后软禁于瀛台后，康有为、梁启超、谭嗣同等人立即失去了保护伞，康、梁逃亡，谭嗣同决心用鲜血为变法祭旗，菜市口发生六君子被斩事件，使变法成为清末最大一出悲剧。

从这些变法者的经历来看，在封建王朝这样的历史环境下，天子就是变法的最大的后台，天子倒台意味着变法失败，变法者会随着变法的失败而被贬或亡身。

变法者是各方矛盾的核心焦点，最易成为变法的牺牲品

变法者变法虽然是为了朝廷的长治久安、富国强兵，但变法者也只是天子需要的一个棋子。当这个棋子威胁到天子的利益时，天子会弃车保帅，变法者很可能被弃用，成为变法的牺牲品。

因为变法是对原来的利益再分配，所以变法者必然会成为各方势力发生矛盾的核心焦点，最鲜明的一个例子，是汉朝的晁错，他是汉文帝

和汉景帝两朝重臣，汉文帝时担任太常掌故、太子舍人、博士、太子家令，汉景帝时担任内史、御史大夫。晁错是一名很有学问的理论家和实践家，不但著有《言兵事疏》《守边劝农疏》《论贵粟疏》《贤良对策》等著作，还积极地将这些富国强兵的理论付诸实践。鲁迅称赞晁错“西汉鸿文，沾溉后人，其泽甚远”，但当他劝皇帝“削藩”的谏议逼反了吴王刘濞为首的七国诸侯时，汉景帝害怕了，竟然听从了袁盎的计谋，屈从于七王“请诛晁错，以清君侧”的举兵口号。晁错在不知情的情况下，被腰斩于东市。

晁错是史上最冤枉的变法者，他是不明不白地被当成弃子冤杀的。这也是汉景帝人生的污点之一。从冤杀晁错一事可以看出天子的无情，他会为了自己的利益，冤杀哪怕他本来就很认同的忠臣。汉景帝杀晁错，宋高宗杀岳飞，一文一武含冤而死，反衬了君王的无情。

为什么会屡次出现变法者被贬被杀的悲剧呢？从文化传承上看，中国有两大文化传承基因，一是道家，一是儒家。儒家主张“复古”，认为周公那时候的制度最棒；而道家主张“无为”，一切看淡。这两大基因都缺少变法的传承因素。所以每次变法在一开始都会疾风暴雨，但最后成功的却很少，变法者也往往付出巨大惨痛的代价。

诸子百家简史：大乱时代的百家争鸣

春秋战国时期是中国历史发展进程中的“大乱”时代，这一时代长达五百五十年之久。本来西周王朝是个大一统的王朝，实行的是诸侯分封制管理办法，但西周末年，由于周幽王的昏庸无道，周朝失去了对天下诸侯的实际统治执行力，各诸侯将西周分裂成多个大小不一的国家，为了争夺土地与人口，这些国家互相征战兼并，老百姓苦不堪言。所谓“春秋无义战”，其实战国更无“义战”，发生战争的原因就是诸侯们赤裸裸地抢地盘，只不过有时碍于道义上的脸面，而寻找一个发动战争的借口罢了。所谓“乱世出英雄”“诸子百家”横空出世，纷纷提出各自的“救世之道”，大乱之世，竟然形成了空前的思想繁荣局面。

法家：合乎时宜

诸子百家，其实最著名的，是诸子十家：道家、儒家、法家、墨家、兵家、纵横家、名家、农家、杂家、小说家，而在历史舞台上最活跃的，是道家、儒家、法家、墨家、兵家、纵横家和杂家，他们各抒己见，周游列国游说君王们采纳他们的政治主张，其中法家提出的思想因为“合乎时宜”，多被各诸侯王采用。其中管仲在齐国为相，辅佐齐桓公“尊王攘夷”，变法图强，成为春秋第一霸；子产在郑国将刑法铸在金属鼎上，使郑国成为春秋初期最有影响力的诸侯之一；李悝在魏国受到重用，“尽地力之教”，使魏国成为战国初期最强大的国家之一；吴起不但是“兵神”级人物，还是法家的杰出代表，他在楚国“明法审令”，使楚国成为当时能与强秦匹敌的大国；申不害在韩国“内修政教，外应诸侯”，使韩国在强国夹缝中得以生存，令诸侯不敢小觑；商鞅更是在秦孝公的支持下实施变法，使秦国成为战国时期最强大的国家，为嬴政统一全国打下良好基础。法家的集大成者韩非子虽然死在了秦国的监狱，死在了李斯的嫉贤妒能下，但其思想被李斯继承并在秦国实践，李斯因此成为商鞅之后秦国的法家代表，帮助嬴政统一了全国。

在其他诸子百家极力向各诸侯王推销他们的政治主张不被采用时，法家牢牢占据了春秋战国时期各诸侯国的政治舞台。春秋战国时期的法家代表除韩非子被陷害未受重用外，其他法家代表人物管仲、子产、李悝、申不害、吴起、商鞅、李斯皆受重用，并在各自的诸侯国实行变法图强。为什么法家在春秋战国时期最受重用，因为他们提出的政治主张符合当时大乱的政治环境，“以法治国”可以使国家在短时间内得以强大，在弱肉强食的乱世环境中先生存下来。“因时立法，因事制礼”成为法家的重要特点，法家的“法、术、势”理论根据各国的国情，在不同的诸侯国中得以应用，并取得了各自不同的效果。最终重用法家的秦国统一了天下，法家成为战国时期最成功的学术流派。

儒家：笑到最后

儒家是诸子百家中最有影响力的一个学术流派，同时也因为汉武帝“罢黜百家，独尊儒术”而笑到最后。孔子作为儒家鼻祖，其实在当时就非常有影响力，是宗师级人物。细想一想，孔子为官时间并不长，最高的官职也只是鲁国的大司寇，还没当多久，他一生的大部分时间里，只是一个学术流派的代表，充其量是个著名的学者、教授，但他拥有的资源，却是“弟子三千，贤者七十二”。三千人是个什么概念，何况里面还有当时的“中国首富”子贡、勇士子路这样的杰出人物。孔子带着他的一部分弟子周游列国，但并没有哪个诸侯王任他为相，采纳他的政治主张。孔子之后的孟子、荀子等大家，和孔子一样也只是个学者，遭遇和孔子大同小异，在政治上并不得志。其思想虽然影响深远，但在当时完全可以用“落魄”来形容，累累若丧家之犬。

孔孟之道为什么不受重用，因为不合时宜。当时是大乱之世，强调什么“礼”，什么“仁”以及“三纲五常”是没有市场的。诸侯想的是如何富国强兵，不被其他国家兼并，孔子那一套对诸侯王来说，恰恰是“道德枷锁”，谁会想给自己套上“道德枷锁”呢？但儒家学说在当时也有用处，就是给别人套上“道德枷锁”，作为发动战争的借口。

儒家学说虽然是乱世不被采用，但在大一统的王朝里，却是最好的统治工具。所以到了汉武帝时候，经过儒者董仲舒提出后，立即被皇帝采用，成为影响中国长达两千年的思想工具，直到现在还产生广泛影响。孔子大概也不会想到，他在死后能留下这么大的名声，超过春秋战国时期名声的百倍千倍。

道家：中国哲学之根基

道家因为信奉“无为无不为”哲学，不管是创始人老子，还是随后重要传承人庄子以及庚桑楚、关尹、列御寇、杨朱等人，并没有像孔子、孟子、墨子那样周游列国推广他们的学说。所以道家在春秋战国时期，是一个挺另类的群体。他们应被归于“隐士”一类，不管是在深山还是在闹市修行。

虽然道家在春秋战国时期的思想是“不争”，但道家哲学却因为其深邃的思想而被许多学者誉为中国哲学之根基，没有哪个门派敢小觑道家。有的君王也想用道家代表人物为相，比如楚国曾想聘用庄子，但庄子拒绝了楚王的要求。道家的创始人老子，也只是个“图书馆馆长”，并没有在政治舞台上纵横驰骋。在那个大乱之世能够活得好好的，处事不惊，从一个侧面说明道家的高明之处。道家的老子、庄子是那个时代的“圣人”级人物，不管外面如何乱，我自心静如水。所以孔子将老子比喻成“龙”。但可以想象，在大乱之世，诸侯们是不会采用道家思想治国的，毕竟诸侯王们都是“俗人”，哪会“无欲无求”？如果“无为而治”，很可能第一个被灭国。因为周边都是虎狼，哪能容许这样的国家出现。何况贪婪的诸侯王们，也修不成这样的心态。道家思想不被君王采用，是包括老子在内的“圣人”深以为憾的。老子虽然想得开，但他西出函谷关，是带着深深的遗憾走的。

但道家的思想，却在汉朝初期得到应用。汉朝建国以后，迫切需要休养生息，“无为而治”，尽量少扰民便派上用场。黄老哲学被汉初的帝王接受，并产生了著名的“文景之治”。

墨家：维和部队

墨家是春秋战国时期最活跃的一个学术流派，“非儒即墨”是史书对墨家当时活跃度的极高评价，但遗憾的是，墨家思想并未被各诸侯国的君王们采用，所以墨家发展成一个理论与实践相结合的民间组织。孔子只是学生多，但并未形成组织。其他流派虽各有代表人物，但也都是“单兵作战”，没有哪个流派像墨家一样，“服役百八十人，皆可使赴火蹈刃，死不旋踵”，形成组织实践他们的理论。

墨家思想包括兼爱、尚贤、尚同、非攻、非命、尚力、节用、节葬、非乐、天志、明鬼等，充满了现代社会的光辉。兼爱思想不就是博爱思想吗？尚力思想竟然认为“赖其力者生，不赖其力者不生”，和现代“不劳动者不得食”异曲同工；尚贤不就是“任人唯贤”吗？这种平等思想直接冲击了当时的宗法世袭制；尚同则闪耀着“人人平等”思想的光环；节用、节葬不就是“移风易俗”吗？非命不就是“人定胜天”的革命乐观主义精神吗？非攻不就是爱好和平，派维和部队制止不义之战吗？假使中国过早地采用墨子的思想，而不是儒家思想，很有可能使历史的走向发生改变。

但历史不容假设，墨子思想虽然影响很大，但并未在政治上受到各诸侯国重视。作为一个民间组织，墨子门派起到了民间“维和部队”的作用，并制止了不少战争。但秦始皇统一中国以后，墨子的思想被弃，湮灭在历史长河中。

兵家：将星闪耀

和法家、道家、儒家、墨家等学术门派比，兵家是在大乱之世应势而生，研究如何取得战争胜利的一家。“国之大事，在祀与戎”，兵家的思想，是“以战止战”，靠取得战争的胜利来“救世”。和法家一样，兵家因为“合乎时宜”，成为各国抢夺的人才。如果说法家是诸侯王们依靠的文才，兵家则是诸侯王们依靠的武将，诸侯国的强大莫不伴随着兵家攻城陷阵的身影。

春秋战国时期是将星闪耀的年代，自兵家鼻祖姜子牙以后，孙武、伍子胥、先轸、司马穰苴、孙膑、吴起、尉缭、公孙鞅、廉颇、田单、乐毅、庞煖、王廖、兒良、魏无忌、赵奢、李牧、白起、王翦、蒙恬乃至秦末汉初的张良、韩信，都是不世出的将才。其中孙武、孙膑、尉缭、司马穰苴、吴起等人不但能打，还创作出了影响深远的军事理论，《司马法》《孙子兵法》《孙膑兵法》《吴子兵法》《尉缭子兵法》成为后世传承的经典著作。不管是春秋五霸，还是战国七雄，都因为拥有不世出的将才而称霸诸侯。名将之间的对决，令人叹为观止。后世将兵家分为兵权谋家、兵形势家、兵阴阳家和兵技巧家，这些名将，各有特色，在各自的国家为“保家卫国”或“开疆拓土”做出了巨大的贡献。

兵家虽然是战争中的“主角”，但兵家的思想出发点并不是为了发动战争，兵家甚至不主张战争。战争是“术”，是为政治服务的。战争的胜利，达到的是政治目的。“掌九法九伐，以正邦国”“兵者，所以禁暴静乱者也”“动之以仁，行之以义，故能诛暴静乱，以济百姓”，我们从兵家的思想中读到的不应只是“鲜血”，而是以鲜血映红的朝霞。

纵横家：外交鼻祖

纵横家的鼻祖是鬼谷子王诩，王诩的两名得意弟子一名苏秦，一名张仪。这两个人却持相反的外交路线，苏秦主张合纵，他成功说服除秦国以外的六国国君，佩挂六国相印以抗强秦；而张仪则是连横路线的支持者，辅佐秦王采取各个击破、远交近攻的策略对付六国。纵横家都是说客，谋略出众，苏秦和张仪虽然持不同的路线，但在他们在位的时期都取得了非凡的外交成就。纵横家堪称是外交界的鼻祖。

纵横家和兵家一样，只不过兵家的阵地是战争前线，纵横家的阵地是外交战场。纵横家说不上有什么济世安民之道，但纵横家却是外交路线维护国家利益不可或缺的核心人物。苏秦佩挂六国相印时，六国是不怕强秦的。如果苏秦长期执政，六国抱团取暖，则秦国统一六国的霸业难成。张仪是在苏秦去世后，才辅佐秦王远交近攻“连横”成功的。

春秋战国时期没有现在的国家观念，基本上各诸侯国在各国招揽人才，而各国的人才也并非一定要报效出生地所在的国家，而是哪国重用他就上哪国报效去。秦国最后的成功，重用外国“客卿”是最重要的原因。因为当时特殊的政治观念，所以苏秦才能佩六国相印，六国国君也敢于将相印交给苏秦这个“外国人”。纵横家的谋略在后世产生了深远的影响，尤其后世的说客大多是习得纵横之术，后世的外交领域隐隐都有纵横家的影子。

杂家：兼收并蓄

提起杂家，不能不说一说吕不韦。吕不韦当了秦国的相国后，组织了一个写作班子，将诸子百家的故事和学说融会贯通，写成了一本著作叫《吕氏春秋》，因此吕不韦成为杂家的代表人物。

杂家虽然没有自己的学说，但由于它整合了道家儒家、墨家、法家、名家等诸子百家的学说，去粗取精，去伪存真，“采儒墨之善，撮名法之要”，所以得以自成一派，用于治国事半功倍。杂家是典型的“拿来主义”，虽然没有发明专利权，但运用起来却得心应手。吕不韦是世界上最成功的商人之一，他做生意竟然做到了国家层面，在秦国公子子楚落难时投资，最终获得了巨大的利益，依靠子楚回国继位，当上了强秦的相国。从一个商人华丽转身成为最强大国家的相国，这完全依靠吕不韦独到的“投资术”。吕不韦去世后，李斯等法家学派才开始执政。

除了以上的各家以外，春秋战国时期还有农家、名家、小说家、阴阳家、医家、方技家等存在。他们虽各有千秋，但在社会上并没有产生广泛的影响力。但因为春秋战国时代的历史环境特殊性，不管是哪门哪派，这些思想都成为中华文明的思想源头，直到今天还在不同的领域影响着我们，成为中华文明基因的一部分。

国家专营简史：从管山海到榷场

国家专营，也叫国家专卖，是由国家专控某种商品，需要得到相应的许可才可以生产或销售的行为。对于国家专营的商品，古代称为榷，如榷盐、榷铁、榷茶、榷酒等。从春秋到清朝，中国实行过两千六百多年以上的国家专卖制度。最早提出榷概念的，是著名的经济学家、齐相管仲。不同的朝代，根据不同的国情，对不同的商品实行国家专营，直到现在，国家仍对某些商品实行专营，个人是不允许生产或销售的。

管仲是最先提出“管山海”概念的经济学家

提起国家专营产品，不能不说起管仲，就是诸葛亮曾自比管仲、乐毅的管仲。这个管仲确实是个人才，而且是个全面型的人才。不只懂军事，而且懂经济，会理财。春秋五霸之一的齐桓公，要没有管仲辅佐，还真的成不了霸主。

在提高国力方面，管仲给齐桓公提出了一个“管山海”的主意。什么叫管山海呢？管山海又叫“官山海”，顾名思义，就是把齐国辖境的山川管起来。普天之下，莫非王土，管起来本来也没有错，但管仲提的这个“管”的概念，是将一些特别的商品由国家专营，比如老百姓吃的盐，凡是人类没有不吃盐的。如果盐由国家统一管理，统一定价，统一销售，那国家的收入是不是可以直线提高呢？而且，国家专营表面上与税无关，老百姓是不纳税的，因为老百姓不经营，根本没有纳税的义乌。《管子·海王》记载：“齐桓公问曰：‘然则吾何以为国？’，管子对曰：‘唯官山海为可耳。’”齐桓公对管仲这一招大力赞叹，古时把国家专营商品叫作“榷”，管子榷盐，这一榷就榷了两千五百年，直到民国时期才明令禁止不再榷了。

管仲的“官山海”之山海，主要是指山海之藏、山海之业、山泽之利。春秋时官山，主要是跟山要铁。官海，主要是跟海要盐。管仲的眼光很独到，国家的财政收入主要靠税：国家如果征收房屋税，那老百姓就会把房屋毁了；征收树木税，老百姓就会砍伐树木；征收六畜税，老百姓就会把牲畜杀了；征收人头税，老百姓不生育了。

如果从盐上做文章，老百姓总不能不吃盐吧；如果从铁上做文章，老百姓总不能不使用铁具吧？“无盐则肿”，不吃盐是会生病的；没有铁呢，也不行，农具、砍伐用具、生活用具都得用铁，很难想象一个家庭没有铁具会怎么样。而且盐铁专营，表面上老百姓并不纳税，实际上人人纳税，大大增加了国家的财政收入。管仲利用盐铁专营措施，迅速提高了齐国的国力，使齐国成为春秋时期第一个崛起的大国，成为春秋五霸之首。后世的朝代看到“官山海”这么有效，纷纷效仿之。

关于榷盐铁的争论，最后还是国家利益占了上风

管仲主要以榷盐、铁为主，各朝各代根据其历史情况，对于盐铁之外的酒、茶、醋、矾、香料等商品都曾垄断经营过。对于榷盐铁，在汉朝时曾经有一场大争论。

汉武帝时，依靠榷盐、铁、酒，保证了国家巨大的财政支出，才打败了凶狠的匈奴，保障了国家安全。但由于长年战争，国家的人力、物力、财力也遭受了极大损耗。到了汉昭帝时，休养生息摆上议事日程，于是发生了一场关于是否继续榷盐、铁、酒的大讨论。

本次会议由汉昭帝指导，大将军霍光组织，丞相田千秋主持。主

张继续榷盐、铁、酒的为御史大夫桑弘羊，他当了四十多年“财政部长”，汉武帝时代的榷盐、铁、酒就是由他掌管的，给国家增长了巨大的财富；主张盐铁官营、均输、酒榷等是“与民争利”行为的是茂陵唐生、鲁国万生、汝南朱子伯、中山刘子雍、九江祝生等六十多位“贤良方正”。这场规模庞大的会议历时五个月，具有“舌战群儒”水平的桑弘羊发言一百一十四次。学者桓宽根据这次会议的内容编写成《盐铁论》一文。会议的结果，汉昭帝与辅政的大将军霍光采取了折中的结果，“罢去郡国酒榷和关内铁官”，但榷盐继续进行，榷铁有条件地执行，只是放开了酒类的国家专营。

盐铁之外，其他商品也纳入国家专营以增加财政收入

汉朝关于榷盐、铁、酒争论了五个月，才做出了酒类专营的一点让步，说明商品的国家专卖对于保证国家的财政收入太重要了。尤其是盐，是直到清朝也没有让步的。“夫盐，国之大宝也”，对于违反了盐禁的走私犯，国家是有判刑的，《晋令》规定：“凡民不得私煮盐，犯者四岁刑期，主吏二岁刑。”唐朝《榷盐法》规定：“严禁私煮私贩，违者一斤一两处极刑。”因为盐的利润太大，所以很多人冒着犯罪的风险走私，春秋时的猗顿就曾靠贩盐成了全国首富，唐朝的程咬金就曾贩私盐被判了徒刑。

由于看到国家专营的好处，其他商品也逐渐列入了商品名录。除了盐铁以外，酒类是第一个列入商品榷名录的。公元前98年，汉武帝在桑弘羊的建议下，开始实行“榷酒酤”，禁止私人自由酿酤，由官府来控制酒的生产和买卖，以此来独占酒利，借以充实国库。榷酒政策极大地增加了汉武帝时代的财政收入。汉朝以后的唐代、宋代、元代与清代，都又实行过不同形式的榷酒制度。

从唐朝开始，茶类也开始由国家实行专卖，称为榷茶。“茶之有榷，自涯始也。”涯指的是王涯，他是唐朝的元老级人物，历仕德宗、顺宗、宪宗、穆宗、敬宗、文宗六朝，最后做到了宰相之职。唐武宗时榷茶成为制度，宋朝时榷茶成为国家财政收入的重要来源，元、明及清朝前期都不同程度地维持，直到清咸丰年间榷茶才被厘金制度所替代。

有意思的是，醋也曾被国家实行过专卖，称为榷醋。公元1198年，“主寅，金始榷醋”。这个榷醋制度是金国兴起的，时任皇帝为金章宗完颜璟。完颜璟是一位不错的金国皇帝，在他统治期间，实现了“宇内小康”，称为“明昌之治”，金国人口达到了五千六百万人。

另外，矾作为一种战略商品从唐朝开始国家实行榷卖，经五代，宋朝时榷矾开始成熟。为了增加财政收入，宋朝还曾一度把香料纳入榷的范畴。事实上直到今天，还有许多商品国家实行着榷卖制度，是不允许个人私自买卖的。

职业杀手简史：事了拂衣去，深藏身与名

“十步杀一人，千里不留行。事了拂衣去，深藏身与名”，杀手，最令人胆寒的职业。而杀手组织，是由一系列职业杀手组成的，就更令人充满恐惧。李白的这首《侠客行》诗，与其说描述的是侠客，不如说是职业杀手的真实写照。在中国历史上，出现过许多有名的刺客杀手，尤其在春秋战国时期，荆轲、要离、豫让、专诸、聂政、曹沫、高渐离等，个个都有一段为义而行刺的故事。就连三国时的曹操，也曾有过刺杀董卓的壮举。

最早的杀手组织应是墨家之死士

太史公司马迁在《史记》中专门有一章是《刺客列传》，重点记述了春秋战国时期五位著名的刺客，他们是曹沫、专诸、豫让、聂政和荆轲，还有荆轲的朋友高渐离，附在荆轲的故事中。但不管是这五位侠客还是那个时期其他著名的死士，都是展现的个人风采，而司马迁也重点描述的是这些刺客为义而行刺的风采。实际上，单木不成林，单丝不成线，比如荆轲刺秦王，都经过了精心的组织准备，荆轲的助手还有秦舞阳、高渐离等人，只是这些著名刺客背后的组织不为人知罢了。

春秋战国时期诸子百家之中，墨学是当时的显学，尊奉兼爱、非攻、尚贤、尚同、尚力、节用、节葬、非乐、非命、天志、明鬼等墨学

思想。墨家不只研究并践行墨家学问，还是一个组织，这个组织的人都被尊称为“墨者”。

墨家的门徒众多，成分复杂，其中既有写文章、游学讲学的文人士子；也有研究科学，钻研技术的科学技术人才，世界上最早的小孔成像就是他们发明的；还有仗剑行走天下，以实际行动践行墨家非攻思想的死士，赴汤蹈火，绝不后退，这应该是中国最早的刺客组织雏形，墨家践行非攻思想很有意思，倡导以暴制暴。那个刺秦王的荆轲，实际上就是在践行以暴制暴，用强迫手段制止战争；而那个曹沫，也是用劫持齐桓公的办法，要回了本属于鲁国的土地。要离刺庆忌，牺牲全家人的性命，只是为了和平。用一小部分人的死，换来大多数人的生。至于个人，则置生死于度外，为义而死，义不容辞，是那个时代的特点。“士为知己者死”的思想，便是从那个时代流传至今的。

明朝的官方杀手组织“三厂一卫”与索命门

每个时代都会有杀手组织，但因为杀手组织的隐蔽性、神秘性，史书上很少记载。行刺，并不是光明正大的事情，属于“阴谋诡计”类别的。避讳还来不及，怎能见诸于史书呢。但到了明朝，著名的官方组织“三厂一卫”却担当起了一部分刺杀职能，使这一隐秘的事情公开化了。

三厂即东厂、西厂、内厂，一卫即锦衣卫。锦衣卫是朱元璋创建的，权势大无边，包括皇亲国戚在内的高官都可以遭遇逮捕和不公开的审讯。东厂是由朱棣创建，太监领衔，手下也大多是武林高手。西厂由明宪宗朱见深创办，最有名的首领是大太监汪直。内厂由明武宗朱厚照创办，最有名的首领是大太监刘瑾。不管是东厂、西厂、内厂还是锦衣卫，实际上都是直接效命于皇帝的准军事特务组织，起着监督朝臣、搜集情报乃至审讯犯人的作用。三厂一卫，可说是准官方的杀手组织，想要谁的命基本上就是一句话的事。明皇帝之所以大权独揽，三厂一卫为其效命起着重要的作用。当然，这些特务杀手组织名声并不好，命运也并不长久。

中国有一句俗话，“三百六十行，行行出状元。”三百六十行，基本上都属于正当的工、农、商、学、兵，但传说在三百六十行之外，还有神秘莫测的“外八门”，即所谓的“旁门左道”。外八门是：盗门、蛊门、机关门、千门、兰花门、神调门、红手绢、索命门。盗门是强盗小偷组织，蛊门是放蛊、赶尸组织，机关门是研究机关器械组织，千门是抽老千的组织，兰花门是妓院组织，神调门是跳大神组织，红手绢是变戏法组织，索命门便是杀手组织。索命门虽然以专诸、要离这些人为祖师，但他们讲的并不是国家大义，而是“拿人钱财，替人索命”，赤裸裸的以命换钱交易，这个组织历史悠久。

清朝的“血滴子”历史上真的有

明朝是三厂一卫，清朝最有名的杀手组织当属“血滴子”。血滴子组织是雍正皇帝创办的，正式的名称叫“粘杆处”，望文生义，是雍正帝当皇子时，嫌外面大树上的蝉叫得烦，命下人将它粘下来，往广义上说是专事粘蝉、捉蜻蜓、钓鱼的服务组织。实际上，这只是掩人耳目。粘杆处是个准特务杀人组织，搜集情况、铲除异己是他们的主要职能。粘杆处的总部设在雍亲王府，也就是现在的雍和宫。别看现在的雍和宫是闻名四方的寺庙，其实在几百年前它是个准特务杀手机构总部。

至于血滴子，是传说中粘杆处杀手使用的一种奇门武器，因为太过凶残，所以粘杆处的名字反被血滴子取代。而血滴子其名，给人一种血腥冷寒的感觉，被许多文学作品和影视作品所用，盖过了粘杆处的风头。粘杆处发挥的作用，和明朝的三厂一卫差不太多，是皇帝可利用的工具罢了。皇威是如何形成的，不只是他这个人有多大的威风，而是他背后的力量，太令人胆寒。

摩尼教、白莲教与太平天国的杀手组织

杀手组织在官方出现，是名正言顺的。皇帝可以有，但大臣与老百姓不允许有，有必铲除。老百姓虽然没有皇帝那样的权力杀人，但为了推翻腐败的王朝，他们也不甘窝囊死，为了抱团取暖，民间杀手组织大多依托宗教势力而存在，有的发展壮大为朝廷都不可小觑的力量。

金庸的武侠小说《倚天屠龙记》里有一个明教，教内高手如云，有张无忌、谢逊、韦蝠王、光明左使，这些高手率领明教教众反抗元朝统治者，高来高去，令元廷闻风丧胆。这些当然是小说家言，全不可信。但明教曾经率众起义反抗元朝却是真的，明教正式名称为摩尼教，又叫牟尼教，发源于古代波斯，南北朝时期传入中国。在历史上，摩尼教以及弥勒教、白莲教等民间教派确实曾经多次组织群众，举行起义，反抗朝廷。也正因如此，明清时期，这些教派一直受到朝廷的镇压。

间谍简史：揭秘古代的特务和特务组织

特务，也有称间谍，这是让人不寒而栗的一个代号。望文生义，特，指不平常；务，任务。特务组织，是经过特殊训练而执行特殊任务的一类人群。以色列有摩萨德，英国有军情六处，苏联有克格勃等，都属于这类组织，负责执行情报搜索、策反等特殊任务。他们要么身手敏捷，要么技能超众，要么意志坚强，要么集各种特殊技能于一身，在出人意料之中，完成看起来不可能完成的任务。那么在古代，是否也有类似组织呢？答案是肯定的。

四千多年前就有了最早的特务

特务几乎是伴随着政治与战争而生的，为了保护自己，战胜敌人，特务便成了一种特殊需要。特务往往是战胜敌人的“杀手锏”，打入敌人内部的定时炸弹。实际上，早在原始社会晚期的三皇五帝时期，虽然实行“禅让制”，但并不是一片祥和，炎帝和蚩尤、黄帝和炎帝、黄帝和蚩尤都曾发生过大规模战争。著名的涿鹿之战与阪泉之战就发生在那个时期，那个时期有没有特务及特务组织，按逻辑来说是有的。但那个时代历史久远，无从考证。

最早有关特务的记录，发生在距今约四千年前的夏朝。一个叫女艾的夏朝臣子，成为有记录的中国历史上第一位间谍。大禹的儿子启破坏了禅让制，让中国一夜之间进入了奴隶社会，是为夏朝。但夏启的江山并没有坐久，和秦朝和隋朝一样，“两代而亡”了。启的儿子太康，是个昏庸无能的帝王，只知声色酒食，享受天子的快乐，结果四夷背叛，天下大乱。有穷氏的首领后羿趁机夺了天下，并杀死了太康。史称“太康失国”。

不过这个后羿虽然夺了江山，但不会治理江山。他从夏朝夺取的江山很快被大臣寒浞夺走。而启的后人少康，有复国之志，他暗自积蓄力量，并派一名叫女艾的臣子打入寒浞一方内部刺探情报，以做到知己知彼。结果我们知道了，少康成功地战胜了寒浞集团，复兴了夏朝，史称“少康中兴”，而女艾也因此成为有记录的第一位间谍。

女艾只是单身一人吗？未必。只是历史上只留下了他一个人的名字而已。而且，这个名字也是个特务的代号。姜太公曾经留下了一部兵书《太公兵法》，又叫“六韬”，其中详细介绍了远古的间谍为“游士八人，主伺奸候变，开阖人情，观敌之意，以为间谍”。这是间谍名称最早的记录，而间谍人数为八人。

四大美女之首是史上最著名的间谍，她靠美色灭了一国

夏、商、周两千多年，战争不断，间谍或特务是少不了的。春秋五霸、战国七雄时代是中国历史上的战争频发期，几百个诸侯国最后剩下了不到十个国家，可见兼并多厉害。按孙子兵法所说，“知己知彼，百战不殆”。但如何“知彼”呢？间谍或特务便是完成这一任务的执行者。

东周时期的特务已正式有了官称，在各诸侯国依国情不同名字也不同。比如在晋国叫侯正，又叫侯奄、元侯，在赵国、齐国、秦国叫立侯，其职能都是做谍报工作，侦察敌情。这时期最著名的间谍人士是西施。春秋晚期吴越争霸，吴国把越国给灭了。但越国在国破家亡之际，越王勾践并未颓丧，而是在大臣范蠡与文种的帮助下，卧薪尝胆，准备

东山再起。为了复兴越国，其中一个重要措施便是派美女西施打入吴国内部刺探情报。“沉鱼落雁，闭月羞花”指的是中国古代的四大美女，其中“沉鱼”便指的西施，鱼见了她都羞得沉入水底，可见其美。西施的美人计果然迷惑了吴王夫差，她做了两方面的工作：一是让夫差沉湎于声色犬马之中，消耗国力；二是不断将吴国的机密情报送到越国，使范蠡的智谋得以发挥。越国之所以后来复国成功，勾践的坚忍为国、范蠡的文韬武略、文种的后勤治理、西施的情报提供缺一不可。正是因为西施出色的情报工作，越国才做到了知己知彼，制定了正确的复国战略。

称赞西施的人，称她是绝色美女；妖魔化西施的人，称她是“红颜祸水”。其实西施真正的贡献，是出色的间谍工作。她不只有美色，还有极深的间谍功夫，使夫差不疑。被人卖了还帮人数钱呢，夫差这个一代雄主，不幸在西施面前，成了那个傻瓜。

列朝列代都有特务及特务组织存在，明清为最集大成者

特务都有不同于常人的功夫，因为他们都经过了特殊训练。孟尝君的门客三千，其中不乏鸡鸣狗盗之徒，其实这是从一个侧面说明特务的功夫各具特色。秦汉以来，每个封建王朝都有不同特色的特务组织，执行的任务大同小异，且组织化、系统化了。无非是保卫皇帝，刺探情报，执行特殊任务而已。不同的朝代，特工组织的名称不同，汉朝时负责侦察敌情的叫“候骑”或“斥候”，他们的领导叫“候吏”，汉武帝时又有了“绣衣直指”的特务组织，负责督察官员，镇压农民起义。最出名的绣衣直指是汉武帝时期的江充，把汉武帝的太子刘据都逼反了，后来被汉武帝夷了三族。

王莽当皇帝后，他手下的特务组织叫“绣衣执法”，简称“绣衣”“绣衣吏”。后汉三国曹操也有专业的特务组织，名叫“校事”。东吴的特务组织叫“中书”“典校”，其职能史载“上察百官，下摄群

司，官无局业，职无分限，随愈任情，唯心所造，法造于笔端，不依科诏，狱成于门下，不服复讯”，值得关注的是，这时期已经产生了反间谍组织，名叫“刺奸屯”，屯长名叫“贼曹”。

南北朝时期是特务组织的发展壮大期。五胡十六国及南北朝时期是中国历史上的“黑世纪”，三百多年间几乎每天都在发生战争。战争为特务的壮大起了助推剂的作用。北魏时的特务组织名叫“候官”，其专业水准达到了一个新的境界，到裁撤时这支队伍已达到一千多人。

一代女皇武则天，创立了“察事”的内卫部门，这是由太监管理的特工组织。这个时期举报成风，来俊臣“请君入瓮”的故事就发生在这个时代。最有名的特务头子名叫李辅国，这是一个变态的太监，他手下的特务名叫“察事厅子”“察事厅儿”，由于这帮人出色的侦察能力，百官的所有举动皆在其掌控之内，最后发展到连皇帝、皇后都被其威胁的程度。特务组织是一把双刃剑，利用不好，反而会伤到自己。宋朝时的特务组织名叫“皇城司”，直属皇帝管理，边境的特务组织名叫“边辅”，专业刺探军情。

中国古代史上发展到顶峰的特务组织是明朝的特务组织，即“三厂一卫”。“三厂一卫”是令百官不寒而栗的所在，他们的命运掌控在这些人的手中，每天上朝得跟家人话别，不知晚上还能不能回来。

清朝时的特务机构名叫粘杆处，有名的血滴子就是以此为原型。血滴子其实没有传说中那么厉害，电视剧把它的功能神化了。粘杆处的正式名称叫尚虞备用处，实际上是为夺嫡设立的秘密特务组织。不过，清朝特务组织的规模，远远不如明朝庞大及有名。

身份简史：古代身份证的演变史

身份证，是一个人身份的象征。现在差不多每一个人都有身份证，除了故意隐瞒的“黑户”。现代身份证的由来，只有短短的七十多年，由1936年宁夏省政府制定的“居民证制度”开的先河。当时宁夏省政府主席为马鸿逵，这个军阀头子“发明”居民证，是为了对付红军用的。七十多年前宁夏省制作的“居民证”，材质是白布，长7厘米，宽3厘米，上面写有姓名、年龄、籍贯、职业、身长、面貌、特征以及手纹箕斗形状等项，那是相当细致。马洪逵又不是“发明家”，他是跟谁学的呢？这得考据中国古代“身份证史”，探究一下身份证的由来。

姜子牙疑似身份证鼻祖，传最早的“符”由他发明

有句民间俗语，“我是有身份的人”。在古代，并不是每个人都有“身份证”的。最早的身份证明，是证明官员身份用的，以便验明正身工作使用。最早证明身份的东西，叫作“符”，据传说是姜子牙发明的，春秋战国时期普遍使用，春秋战国时期的“虎符”，由国君与在外出征的将帅各持一半，验证时两个“符”合在一起，便是“符合”一词的由来。春秋战国时期有名的“信陵君窃符救赵”的故事，从侧面说明虎符这个身份证件“造假”不易，只能采取“偷”的方式得到。

符的种类很多，除虎符以外，还有兔符、鱼符、龟符、龙符、麟

符、牙牌、腰牌等。隋唐时期之所以改虎符为鱼符，是为了避讳李虎的名讳。李虎是唐高祖李渊的爷爷，李渊开创唐朝后，革新隋朝制度，由隋朝的“竹使符”改为“银兔符”，接着改为“铜鱼符”后基本定型。铜鱼符又分为“交鱼符”和“巡鱼符”两种，和虎符的使用方法是一样的。左符放在内廷“存根”，右符持有人随身携带证明身份，调动军队或者任免官员使用。虎符也好，鱼符也罢，实际上是一种“权利凭证”，和现在的身份证性质有很大差距。

宋、明、清时，符发展成了腰牌和牙牌，材质分金属、象牙、兽骨、木材等几种。清朝时，身份信息比之前详细了许多，腰牌上姓名、年龄、单位、职业、官衔等都有录入，更加离奇的是，有的腰牌上还录有持有者的面部特征，注明身份证的用途。除了没有相片和指纹信息外，其他身份信息堪称全面。

商鞅变法，发明了最早身份证——“照身帖”

春秋战国时期的商鞅变法，发明了历史上最像身份证的“照身帖”。如果说虎符的发明，是姜子牙传说的话，那么商鞅发明的“照身帖”，便是货真价实的最早“身份证”。只不过这种“身份证”没有在各国推开，只在秦国推行罢了。后世的马洪逵在宁夏发明“居民证”时，就是受到的商鞅“照身帖”的启示。因此，商鞅是真正的“身份证鼻祖”。

商鞅变法，最重要的一条措施是“什伍连坐法”，这个很厉害，一家犯法，十家连坐。“照身帖”是一块打磨光滑的竹板，上面刻有持有人的头像及籍贯信息，由官府发放，秦国每个人都有。就像现在的身份证一样，住宿是必须向房东出示“照身帖”的，否则便是黑户或外籍非法逗留人士。没有“照身帖”，住宿不可能，没有人敢收留，以免犯下包庇连坐之罪。

商鞅发明了“照身帖”，后来作法自毙，秦孝公死后，商鞅被秦惠文王迫害，出逃时因为没有“照身帖”，房东无人敢留宿，无奈起兵造反，失败被杀。商鞅变法使秦国强大了，但却成为强大秦国的牺牲品，成为历史的悲剧。令商鞅欣慰的是，他发明的“照身帖”被后人借用，诞生了现代版的身份证，在身份证发展史上，留下了光辉的一笔。

金龟婿的由来，武则天在身份证史上也有一笔

一代女皇武则天，在身份证发展史上也留下了浓重的一笔。唐朝初期，官员们使用的是鱼符做权利凭证，武则天不知怎么想的，改用“龟符”作为官员的权利凭证。龟可能比鱼更有意义吧，毕竟“麟、凤、龟、龙，谓之四灵”，天子是“龙”的象征，她下达的权力印信就用龟吧。

鱼符的材质一般都是铜质，但不同级别官员用来装鱼符的袋子却有所不同，三品以上官员的鱼符袋用金饰，四品官员的鱼符袋用银饰，五品官员的鱼符袋用铜饰，另外根据材质也可分出官位大小。龟符除了形状与鱼符不同外，功能是一样的。由鱼符到龟符，到底具有多大的意义，现在已无考据，但当时的这一改变，武则天也是“力排众议”的，很多大臣表示反对。

龟符只是在武则天时代使用，武则天去世后，大唐重新取代周朝，龟符也被原来的鱼符取代。

龟符虽然在历史上时间很短，但因为龟符的使用，诞生了一个名词“金龟婿”。能够佩戴金饰龟符袋的人，一般来说都是三品及以上官员，如果一个女人嫁给了这样的男人，意味着嫁给了官宦之家，享受富裕的权贵生活。所以当时女人们以嫁给“金龟婿”为荣。“为有云屏无限娇，凤城寒尽怕春宵。无端嫁得金龟婿，辜负香衾事早朝。”大诗人李商隐用诗歌的方式，让金龟婿流芳千古，同时也让龟符和武则天在史上留下大名。

各行各业的“身份证”名称不同，各有特点

古代的身份证，因为使用者的职业不同，有不同的名称，不像现代人统称叫居民身份证。比如皇太子的身份证叫“玉契”，太子监国的身份证明叫“龙符”，亲王或大臣留守京城，身份证明是“麟符”，军官们指挥部队的身份证明叫“虎符”，嫔妃的身份证明叫“绿头牌”，僧人的身份证明叫“戒牒”或“度牒”，藩国使者也有身份证明，分为雄雌，雄的一半在朝廷雌的一半由藩国使者带回国内。甚至妓女也有身份证明，持证上岗。如此不一而足。史载“附身鱼符者，以明贵贱，应召命”，官员们的身份证明，在古代尤为重要，“私凭文书官凭印”，符对他们来说是身份证明，丢失不得。

古代的“身份证”虽然没有相片，但也是不准随便转借的，明朝规定“借者与借与者同罪”，弄个假“身份证”更不行，被发现后会被“依律问罪”，有性命之危。那时候虽然不能像现在录入指纹，嵌入防伪标志，但古人有古人的办法，在上面都会有一些独有的印记标志。值得注意的是，在清朝官员的帽子其实也是一种身份证明，什么级别的官员戴什么样的“顶戴花翎”，那是不一样的。

研究身份证的历史，可以看到每一朵历史的浪花。这一小小物件，揭示着社会一点一点的进步。目前身份证制度已流行全世界，在享受方便的时候，我们不能忘记在身份证历史上做出过突出贡献的人们。

刑罚小史：古代触目惊心的刑罚

中国是世界上较早实施法治的国家，中国的司法鼻祖皋陶最先制作“五刑”，皋陶是尧、舜、禹时代的人，与尧、舜、禹齐名，被称为“上古四圣”。自皋陶以后，列朝列代都制定了自己的法律，对于犯人的刑罚也越来越严厉，出现了五马分尸、凌迟处死、剥皮处死、腰斩处死等残忍至极的刑罚。中国古代的“法学家”们，创造出世界上最残酷的刑罚。

“旧五刑”与“新五刑”

中国最早的刑罚，得追溯到四千多年前的尧、舜、禹时代，那时候有个贤人名叫皋陶，是尧帝和舜帝的士师、大理官，主管刑罚、监狱、法治建设。本来皋陶被选为舜帝的继承人，但皋陶去世得比舜早，所以禹做了舜帝的继承人。

皋陶的贡献，主要是“明于五刑，以弼五教”，皋陶的“五教”是指父义、母慈、兄友、弟恭、子孝，“五刑”是指甲兵、斧钺、刀锯、钻笮、鞭扑。此五刑是由重到轻的刑罚，“大刑用甲兵，其次用斧钺，中刑用刀锯，其次用钻笮，薄刑用鞭扑”。甲兵是外敌侵略或内部叛乱，所以要动用军队，这是最大的刑罚了。斧钺是执行军法，这也是最早的军法。刀锯就是死刑或非常严重的肉刑，动用刀锯惩治，不死重残。钻笮是什么刑罚？“钻，膑刑也。笮，黥刑也”，在脸上刻字或印用墨涂抹，就是黥刑。最轻的是鞭扑，又叫鞭朴，用鞭子或木棍打一顿。皋陶在历史上是最早实行“以德治国”和“依法治国”相结合的人，以德治国为主，以法治国为辅助。所以叫“明于五刑，以弼五教”。

皋陶之后，中国的法律逐渐建立起来，到了夏朝，明确了墨、劓、剕、宫、大辟“五刑”，被称为“旧五刑”。墨刑就是黥刑，刺字；劓就是把鼻子割下来；剕就是膑刑，把膝盖骨挖掉或将脚截去，伤其下肢，孙膑就是受的这种刑罚；宫刑就是把男性生殖器割掉，司马迁受的这种刑罚；大辟就是死刑。

到了商朝，沿用旧五刑，但死刑的方法显著增多了，除了斩刑也就是杀头外，还有醢、脯、焚、剖心、刳剔、炮烙、镬烹、虿盆等刑杀手段。醢就是把人剁成肉酱，周文王的儿子伯邑考就是被商纣王处以醢刑；脯刑就是把人杀死后晾成肉干，商纣王把大臣鄂侯处以脯刑；焚刑就是把人活活烧死，又叫焚如，后汉三国时期的董卓死后被处以焚刑；剖心就是剖开人的胸膛把心脏挖出来，商纣王把比干丞相的心挖了出来，看是不是七窍玲珑心；刳剔刑是对怀孕妇女的刑罚，剖开孕妇的肚皮将婴孩活活取出来的刑罚；炮烙之刑就是用炭火烧热铜柱，将人绑在铜柱上烧死，或犯人落在炭火上烧死；镬烹就是煮刑，把人放在锅里用开水或热油活活煮死；虿盆之刑就是把犯人放在充满毒蛇的坑中，让毒蛇把犯人活活咬死。

西周时期仍沿用“旧五刑”，但增加了未达到五刑标准的处罚措施，包括圜土之制、嘉石之制、赎刑、流刑等，相当于现在的徒刑、拘役、罚金、流放，这都是五刑之外比较轻的刑罚。春秋战国时期刑罚有了新的发展，比如出现了车裂这种酷刑，商鞅通过变法使秦国富强，同时也成为五马分尸刑罚的试用者，可谓作茧自缚。

汉朝时出现了“新五刑”，即笞、杖、徒、流、死。新五刑又叫“封建五刑”，笞就是用竹板子打，杖就是用棍子打，徒就是徒刑，流就是流放，死就是死刑。

中国古代的酷刑令人无法想象

古代有许多刑罚，残酷到令人无法想象。相比这些残酷的刑罚，斩首是相对最人道的处罚了，一刀致命，而缢死或喝毒酒，便是对犯人网开一面的“仁义”之举了。除了醢、脯、焚、剖心、刳剔、炮烙、煮刑、虿盆、车裂这些残酷的刑罚外，从春秋战国到清末，又陆续增添了一些令人难以忍受的刑罚，着实令人触目惊心。

腰斩。将人拦腰斩断，因为上半身还活着，所以一时半会断不了气，非常残忍。此种刑法周朝就已经出现，其实“斩”刑和“杀”刑不是一个意思，最早的斩专指腰斩，杀就是砍头。历史上遭受腰斩的名人有：秦朝丞相李斯、汉景帝的御史大夫晁错、汉武帝的女婿栾大、与唐太宗女儿高阳公主私通的唐玄奘弟子辩机、被朱棣诛十族的明朝大学士方孝孺、清朝雍正年间的河南学政俞鸿图等。

凌迟。又叫剐刑，即千刀万剐，这个罪也够人受的。据说要割三千三百五十七刀，最后一刀才能致命。也有十六刀、三十二刀、三百六十刀等不同的说法。将肉一片片切去而暂时不会死亡，而且刽子手要讲究技术，真够残忍。《水浒传》中为潘金莲和西门庆拉皮条，害死武大郎的王婆，最后就是被判的剐刑。历史上遭受剐刑的名人有明朝大太监刘瑾，明末最后的护国长城袁崇焕，太平天国翼王石达开等人。

剥皮。剥皮这种酷刑早在汉朝时就有使用，在明朝朱元璋时代达到顶峰，称之为“剥皮楦草”，剥皮的地方被百姓称为之“皮场庙”，最著名的被剥皮对象，是明朝开国元勋大将军蓝玉，蓝玉案牵连一万五千余人，蓝玉本人被剥皮实草。将人皮活活剥下，其残忍程度，丝毫不逊色于凌迟处死。

刷洗。这个刑罚也非常残忍，像杀猪煺毛一样。把犯人裸体放在铁板上，刽子手用滚烫的开水波在他身上，然后用铁刷子一层一层刷去皮肉。这个方法的惨烈，与凌迟、剥皮、五马分尸差不多。明初朱元璋时期的发明。

锯割。将活人用锯活活割死，让其忍受死亡的过程。从三国时代就有这种刑罚，对人的身心是一种极度摧残的折磨。

灌铅。这种刑罚是将熔化的铅、锡生生灌入人的口中。史书记载受灌铅之刑的是汉朝广川王刘去的爱妾荣爱。

相比这几种刑罚，还有一种更加惨无人道，这就是“俱五刑”。历史上身受“俱五刑”的是刘邦的爱妃戚夫人，被吕后以此刑处死，这种刑罚要剁去手脚，割掉鼻子耳朵舌头，挖出眼珠。因为不致命，所以一时半会还死不了。刑罚惨烈，以至于刘邦的儿子汉惠帝看到后活活吓病了。

除了以上残酷的刑罚外，古人还发明了很多折磨人的办法。凿颠，这是商鞅发明的一种死刑方法，就是用铁器凿人的头顶。这种死刑方法一击致命，比之其他酷刑相对还是比较仁道的。不过因为古人的头发长，一些犯罪分子杀人，用凿颠的办法比较隐秘，可以掩盖伤处。南北朝时前秦的左光禄大夫张平，就被苻生用这种方法处死。

断脊，这是春秋时就有的刑法，执行方法是砍断人的脊椎骨。历史上有明文记载受此刑的是晋文公的大臣颠颉，他跟着晋文公重耳流亡十九年，最后遭受此刑，由此可见晋文公也是一个无情的君王。

活埋。这种刑法早在春秋战国时期就有了，最著名的是长平之战，白起活埋了四十多万赵军俘虏。秦始皇焚书坑儒，那些个方士也是被采用活埋之刑。这种刑法一般是针对大规模的杀人，甚至让犯人自己挖坑自己跳下去。中国历史上的万人坑比比皆是，数以万计的人死于此刑。

随着社会的进步，古代的酷刑在现代已经绝迹。解放后，新中国便取消了一切酷刑。触目惊心的酷刑，伴随着社会的文明与进步，远离了我们这个社会。

流放小史：流放犯人一般发配到哪里？

在古代，流放、发配或曰流配，是一种仅次于死刑的刑罚。最有名的流放犯人，《水浒传》中的林冲与武松、宋江，都曾受过流放发配之苦。有一出戏剧《苏三起解》，唱的是苏三被流放的故事。这种长达几千年的刑罚制度，其实也经历了许多变迁。

流放，看着并没有那么痛苦，但实际是仅次于死刑的一种刑罚。古代交通不发达，流放意味着长途跋涉；犯人身上带着枷锁，行动不便，痛苦难当；流放一般是偏远之地，流放原则是“南人发北，北人发南”，南人流放到北边，北人流放到南边，故意让犯人水土不服；流放地生活条件恶劣，吃不上，喝不上，住不好，医疗条件几近于无，许多人熬不到徒刑期满，就死在了流放途中。

中国有落叶归根的传统，让犯人死在异地他乡，也是对犯人的一种惩罚。

早在三皇五帝时代，流放之刑就已经有了，历史上记载的流放故事有很多。史载“流共工于幽州”，幽州就是现在的北京一带，在远古时期是荒凉之地，共工就被发配到这个地方。“仲舒下吏，夏侯囚执，眭孟诛戮，李寻流放，此学者之大戒也”，西汉的大儒李寻被流放敦煌郡。

古代有著名的六大发配流放地

其一，湖北的房陵，曾流放过两位皇帝、十位王爷、一位驸马和一位丞相，是最有名的流放地。

其二，海南的崖州，包括唐朝宰相李德裕、北宋大诗人苏东坡、宋朝宰相丁谓、大学士胡诠、元朝宰相王世熙在内的至少十五位名相、贤臣、学士被发配至此生活。

其三，广东的潮州，唐宋八大家之首韩愈曾流放至此，这个地方的瘴江因为韩愈大名改为韩江。

其四，黑龙江宁古塔，包括明朝兵部尚书张缙彦在内的明清两朝数万大臣曾流放至此。

其五，贵州的黔州，唐朝名相长孙无忌、唐高宗太子梁王李忠、唐太子李承干等名流皆流放至此。

其六，河北的沧州，因为《水浒传》林冲发配沧州而闻名。

流放的犯人为什么不跑

看《水浒传》，我们看到被发配的宋江、林冲、武松、朱仝等人虽然武艺高强，但并没有逃跑，本来他们都有机会跑的。宋江被救上山寨，但还是坚持去服役；林冲被鲁智深救下，也要坚持去沧州；武松到了孟州城，后又再次被发配，发配途中被蒋门神安排的人刺杀，才不得已杀人逃命去了梁山。那么问题来了，流放的犯人为什么不跑？

主要原因有六。

第一，流放时戴着枷锁，且被解差看管，不容易跑。像武松那样戴着枷锁还能杀了解差的人，毕竟少之又少。

第二，从宋朝开始，被发配的人，脸上要刺上金印，即便是跑了，这个金印就是标记，会被朝廷全国通缉，跑了还是会被抓回来。

第三，跑了再被抓回来，后果很严重。最严重的是会被“斩立决”

的。本来不是死罪，却因逃跑被杀，付出的代价太大了。

第四，如果一同发配的还有自己的亲眷，就更不容易跑了，如果因为跑了连累家人，就更得不偿失了。

第五，如果逃跑，遇到赦免，不在赦免范围内，得不偿失。《唐律疏议》规定："行程之内逃亡，虽遇恩赦，不合放免。"

第六，逃跑的追捕时期太长，跑到天涯海角，也会遭到全国通缉，大清律例规定对于流放逃跑者，追捕期限到七十岁为止。古人活到七十的是稀少的，跟终生被追捕差不多。除非像武松、林冲那样被逼上梁山，与朝廷决裂。但那会付出血的代价，被抓到后要杀头的。

综上所述，古人遭遇流放之刑，最好的处理办法就是不跑，等待朝廷大赦。古人大赦的机遇挺多的，新皇帝继位、当朝皇帝生日、太子降生、太后生日、战争胜利等，只要皇帝高兴，都可以大赦天下。遇到这样的大赦就可以提前结束流放之刑了。

名人被发配，千古佳句留

流放和发配有所不同，发配是把罪犯押送到边远地方去服劳役，不管是在发配路上，还是到达发配地点后，都要饱受折磨。但某些判刑不重的官员流放并非如此，他们只是被贬官，然后离开了繁华地带，放逐到边远荒僻地区进行惩罚。对于一些官员来说，他们被流放了，正可以发挥他们的智慧，为当地的百姓谋些福利，或者留下千古佳句，在中华文明史上增添丰富的精神食粮。

历史上被流放的名人举不胜举，战国时期的楚大夫屈原，因为被流放，而写出伟大的爱国主义诗篇《离骚》《天问》，"史圣"司马迁在《报任安书》中曾写道："盖西伯拘而演《周易》；仲尼厄而作《春秋》；屈原放逐，乃赋《离骚》……""路漫漫其修远兮，吾将上下而求索"至今流传，"举世皆浊我独清，众人皆醉我独醒，是以见放"是屈原对被流放的回答。

唐朝名相李德裕，因为被流放海南，而有“一去一万里，千之千不还。崖州在何处？生度鬼门关”的佳句。唐宋八大家之首韩愈，因为谏阻皇帝奉迎佛骨，而被流放，名诗“一封朝奏九重天，夕贬潮阳路八千。欲为圣明除弊事，肯将衰朽惜残年。云横秦岭家何在？雪拥蓝关马不前。知汝远来应有意，好收吾骨瘴江边”脱口而出，瘴江因之改名韩江。苏东坡被流放，“东坡肉”至今仍是人们爱吃的一道菜。明朝兵部尚书张缙彦在清朝被发配宁古塔，其组织的“七子诗会”成为黑龙江省第一个诗社，其写的散文集《意外集》成为黑龙江第一部散文集。

《水浒传》中，许多英雄好汉被逼上梁山，是从被流放开始的。林冲在流放途中演绎出野猪林的故事；打虎英雄武松在流放途中打杀解差，才有了“血溅鸳鸯楼”，逼上梁山；宋江被流放江州，才有题反诗、劫法场的故事存在。

社保小史：官方、寺庙、民间共育的“大同社会”

当代中国有了比较完备的社会保障制度，上班有五险一金，看病有医保，养老有社保，鳏寡孤独进养老院和福利院，还实行了九年义务制教育。中国古代的理想社会是“大同社会”，“老有所终，壮有所用，幼有所长，鳏寡孤独废疾者皆有所养”现在基本实现或正在实现的道路上。跟现在比起来，中国古代经济没有那么发达，社会保障这一块是如何解决的？

官方两千多年前就有社保措施

古代的社保概念与今天有一些差别，春秋战国时期的书籍《周礼·地官司徒》提出的社保概念大致有六项，“一曰慈幼，二曰养老，三月振穷，四曰恤贫，五曰宽疾，六曰安富”，社保对象涵盖了幼儿、老年人、穷人、处于困境的人、残疾人以及富人。前五者都好理解，对于富人的“社会保障”主要体现在一个“安”字上，而安富措施主要体现在国家政策不要“杀富”，在赋税措施上能够让富人承受得起。

春秋第一霸齐桓公的相国管仲提出的社保措施主要有九项，“一曰老老，二曰慈幼，三曰恤孤，四曰养疾，五曰合独，六曰问病，七曰通穷，八曰振困，九曰接绝”，老老、慈幼、恤孤、养疾、问病、通穷、振困比较好理解，合独与接绝是什么意思呢？“合独”是指为丧妻的男子与丧夫的女子做媒使其结合，国家出面当媒婆，就连现在也做不到，但管子想到了。而“接绝”是指为为国殉职没有后代的人出资安排祭祀人员，使其不致做“孤魂野鬼”无人祭祀。

春秋战国时期是中国的大乱之世，春秋五霸、战国七雄，各诸侯国争斗不息有五百年。虽有史料证实那时的社会保障措施如此完备，但我们严重怀疑这些社保措施的执行力如何，很有可能这些措施只是理想中大同社会的设想。中国古代长期是一个农业社会，吃饭是第一要务，家中有粮，心中不慌。丰年还好说，遇到灾年，粮食问题就成第一要务。中国古代有许多因为缺粮而“人吃人”的案例，凸显粮食问题的重要。为了防备灾年，早在春秋战国时期，魏国政治家李悝发明了“常平仓”制度，意即丰年谷贱时由国家收购粮食，歉年国家再将粮食平价卖给百姓。这项制度在中国流行了两千多年，是粮食问题上最大的社保措施。

古代对于长寿者及长寿者的家庭非常重视，史载从虞舜、夏商周时代国家就每年分别用燕礼、飨礼、食礼招待年长者。而且，家有年过八十岁的老人，可以有一人免除力役；家有年过九十岁的老人，全家免除力役。人生七十古来稀，古代人们的寿命短，这样的人家估计也不会太多。

对于孤寡、流浪、乞讨人员，早在汉朝起国家就建立起了“居养”制度，唐代有悲田院，宋代有福田院、居养院、慈幼局、惠民局、漏泽园等，元代有养济院、济众院，明代有栖流所、养济院、惠民药局，清代有养济院、普济堂、育婴堂、栖流所、工艺局，对鳏、寡、孤、独及由于各种原因陷入贫穷困境者给予帮助。

佛家慈善活动是民间社保一部分

佛教自东汉传入中国以来，不只在精神上给普众以寄托，使人们有佛教信仰和佛学修养，而且在实际行动上确实也“普渡众生”，佛家的许多思想，其实与儒家、道家思想相通，比如佛家认为“供养父母为恩田，供佛为敬田，施贫为悲田”。在“施贫”这一项上，唐代建起了“悲田院”，政府出钱，僧人主持，救济贫苦之人，就是直接从佛家教化思想而来。遇到灾年，佛家与政府皆施粥救难，形成一个大爱的良性循环。

宋代官方的另一项“漏泽园”社会保障制度，也是从佛家而来。由于常年战争，出现大量尸体无人埋葬，久之容易引起传染病及瘟疫，佛家以慈悲为怀，常常会将尸体掩埋起来。受其启发，宋代建起了漏泽园制度，掩埋尸体，也推而广之，无主尸骨及家贫无葬地者皆由政府负责掩埋。

历史上最早的“医院”也是从佛家而来。唐代寺院设“悲田院”，而悲田院的一项职能是“有病给药”，尤其遇到灾年，悲田院为灾民集体熬药救治，由悲田院直接分离出“义诊所”，这就是历史上最早的医院由来。

为什么佛家作为外来宗教，能够在中国落地扎根，他们的教义教化是一方面，实实在在地为中国老百姓做一些实事，是受到中国老百姓认同的主要原因。

民间“义庄”是社保一大补充

除了政府与佛家对社会保障的贡献以外，民间义庄的兴起，也是对古代社会保障事业的一大补充。这里不能不提起历史上一位著名的大人物，宋朝的大文学家、政治家、军事家范仲淹。

范仲淹有一句名言：先天下之忧而忧，后天下之乐而乐。他是这样说的，也是这样做的。范仲淹用自己的俸银在苏州买了一千二百亩地，建起了中国历史上第一个义庄——“范氏义庄”，其职能是用义庄的形式，照顾庇佑范氏子孙，尤其是范氏后人中之家庭贫困者。范仲淹的范氏义庄虽然只针对范氏子孙，但他起到了一个模范带头作用。比如孙氏义庄对孙氏子孙有帮助，李氏义庄对李氏子孙有帮助，百家姓如果都建起义庄，那民间社会保障岂不就遍地开花了。在范仲淹的率先垂范下，宋、元时期义庄达到七十多个，明朝发展到两百多个，到了清朝“义庄遍天下”，各大家族的祭田、族田、婚田、义庄、义田、义塾、贡士庄等为社会保障起到了巨大的补充作用。

毋庸置疑，中国古代从政府到民间，诸方面的社会保障都是比较完备的，有的社会保障制度远远早于西方。但我们不得不承认的是，中国古代几千年中，战争时间远远多于和平年代，人们时常生活在水深火热之中，许多社保措施仅仅流于一句空话，或者只是儒者对未来的大同设想。

恋爱简史：古人的高招

爱情，是一个千古永恒的话题，自从有了人类就有了爱情。在中国历史上，爱情故事层出不穷，卓文君与司马相如私奔、焦仲卿与刘兰芝殉情、牛郎与织女“天河会”、七仙女与董永“天仙配”、白娘子与许仙遭遇法海叹别离、梁山伯与祝英台一往情深化双蝶、蔡锷与小凤仙，都是人们耳熟能详的爱情故事，古人是如何谈恋爱的？可以说林林总总，各种情况，不尽相同。

父母之命，媒妁之言，婚后恋爱是常态

在古代，男女是高度不平等的，男女婚配，讲的是“父母之命，媒妁之言”，大多数男女婚前都没有见过面，全凭媒婆的一张巧嘴与父母的判断。所谓“嫁鸡随鸡，嫁狗随狗，嫁根木头抱着走”。根据儒家制定的伦理，女人“未嫁从父，既嫁从夫，夫死从子”，在家时“有父从父，无父从兄”，反正自己说了不算。在社会地位低下的情况下，哪有什么爱情可言？认命是女人的唯一选择。

因为女人的社会地位低，她不可能像现在一样，提出什么离婚的，所以相对来说，古代的婚姻是很稳定的。在男权社会，男人可以休妻，可以一妻多妾，追求男人所谓的“幸福”，而女人就只能顺从，保持“四德”，也即“妇德、妇言、妇容、妇功”。男人花心找了个妾，从理论上来说，是不能吃醋的。她应该做的是，与这个妾和平相处。贤妻良母，是古代女人的典范。

在这种情况下，可以想象大多数古人的婚姻，是不可能幸福的，尤其是女人，想得到一个如意郎君，是难上加难。但人又是感情的动物，除了少数人婚前有恋爱经历以外，大多数古人属于婚后恋爱，慢慢培养感情。因为伦理的约束，女人往往将全部的情感用于丈夫，如果这个男人同样也喜欢这个女人的话，婚后自然也会碰出爱情的火花。

所以我们可以看到，古时的爱情，大多为婚后恋爱的“夫唱妇随”型，这一习惯一直影响到如今。

追求幸福，勇敢的女人一直在反抗

婚后恋爱的“夫唱妇随”型在古代也遭受到不少女人的反抗，她们不甘于受命运的支配，不甘于没有与男人见面就以身相许，于是她们突破种种窠臼，主动出击追求自己的幸福，幸运者追求到了自己的幸福，但由于这种行为会受到社会世俗的反对，不幸的悲剧也时而发生。

主动追求最终得到幸福的故事，正史上、野史上都不乏其人。最有名的，司马相如与卓文君的故事，就是典型的一例。卓文君听到来到家中的司马相如之琴声，又偷偷看到司马相如的帅模样，不禁心生爱意，她不顾父母的强烈反对与司马相如私奔成功。幸运的是，在司马相如与卓文君“生米煮成熟饭”的情况下，卓文君的父母不再坚持反对，反而资助了小两口不少金钱，而司马相如也争气，受到了皇帝的赏识，并没有落魄一生。虽然也有过感情上的波折，但最终以和好结局。

杨家将的故事大家都耳熟能详，其中杨宗保与穆桂英的故事也是一段富有传奇的爱情故事。穆桂英主动追求杨宗保，将杨宗保生擒活拿，同时又击败过杨宗保的父亲杨六郎，最后在献出降龙木的条件下，得到了杨家人认可。虽然这段历史是野史，但现在北京仍然有穆柯寨的遗存。

但大部分的爱情故事，可没有卓文君与司马相如、穆桂英与杨宗保那么幸运。天上的织女与七仙女，都是主动追求幸福型，但最后织女与牛郎只能每年鹊桥相会见一次面，七仙女也被逼返天庭夫妻分离。地上的就更别说了，焦仲卿与刘兰芝，最后双双殉情而死；梁山伯与祝英台，也同样殉情化蝶。

追求女人，古人风雅远超今人庸俗

由于古代是男权社会，所以恋爱关系中往往是一边倒，男人主动追求女人的情况比较多。平民百姓的爱情少见史册，知之不详，但古代文人的爱情大都比较儒雅，比现在大要彩礼、车子、房子、票子的庸俗好得多。

《诗经》中，就有许多情诗流传下来，比如“关关雎鸠，在河之洲。窈窕淑女，君子好逑。参差荇菜，左右流之。窈窕淑女，寤寐求之。求之不得，寤寐思服。悠哉悠哉，辗转反侧。参差荇菜，左右采之。窈窕淑女，琴瑟友之。参差荇菜，左右芼之。窈窕淑女，钟鼓乐之。”“于嗟鸠兮，无食桑葚。于嗟女兮，无于士耽。士之耽兮，犹可说也。女之耽兮，不可说也。”“投我以木桃，报之以琼瑶。”虽然没有名字留存，但从诗中完全可以读出当时浪漫的情爱之风。

秦汉以后，中国的诗歌渐渐发达起来，以诗词歌赋求爱成为最受欢迎的爱情表达方式。司马相如的《凤求凰》这样写：“有一美人兮，见之不忘。一日不见兮，思之如狂。凤飞翱翔兮，四海求凰。无奈佳人兮，不在东墙。”光武帝刘秀的《丽华之叹》这样说：“仕宦当作执金吾，娶妻当得阴丽华。”唐朝的李白说：“相思相见知何日，此时此夜难为情。”白居易的《浪淘沙》这样描述他的情愫：“借问江潮与海水，何似君情与妾心？相恨不如潮有信，相思始觉海非深。”而元好问则言“问世间情为何物，直教人生死相许”。秦观用《鹊桥仙》这样表达他的感情：“柔情似水，佳期如梦，忍顾鹊桥归路。两情若是久长时，又岂在朝朝暮暮。”晏殊则有“天涯地角有穷时，只有相思无尽处”流传千古。

以诗寄情，男人有之，女人亦不乏，其中最有名的当属李清照，“花自飘零水自流，一种相思，两处闲愁。此情无计可消除，才下眉头，却上心头”。在古代，要靠寄信解相思之苦，用诗这种方式，既表达了感情，又锻炼了文笔，这样才不愧风流才子、才女之名。

近亲婚配小史：国人近亲婚配小史

近亲结婚，也即姑表亲或舅表亲之间结成婚姻，所谓“亲上加亲”。这在古代有很多的例子，我们熟知的一些例子，比如小说《红楼梦》中的贾宝玉与林黛玉、贾宝玉与薛宝钗，评剧《花为媒》中的王俊卿与李月娥，都是近亲恋爱结婚的例子。而且，传统上是宣传近亲结婚的“好处”，好像“亲上加亲”是理所当然的事。在真实的历史中，近亲结婚也不乏例子，比如日本的皇室，为了所谓血统的纯正，规定必须近亲结婚；辽朝的皇族耶律氏与后族萧氏，也实行近亲结婚。在古代近亲结婚不只限于表亲之间，甚至兄妹乃至父女、母子两辈，祖父与孙女辈也会出现近亲结婚的情况。这是怎么一回事呢？

近亲结婚有悠久的历史，是婚恋落后的产物

不管是中国还是外国，近亲结婚都有悠久的历史。传说中华儿女的先祖伏羲与女娲，就是一对亲兄妹。伏羲是女娲的亲哥哥。在母系氏族社会，只知有母，不知其父，实行的是杂婚制，这是婚恋关系落后的产物。

即便时间发展到了汉朝，近亲结婚也没有避免。汉惠帝刘盈就被吕后做主，娶了他的亲外甥女。明朝的忠顺三娘子更是奇葩，嫁给蒙古英雄俺答汗后，又先后嫁给俺答汗的儿子乞庆哈和乞庆哈的儿子拉力克。

清太宗皇太极先娶了哲哲做皇后，后来又娶了哲哲的两个侄女做妃子。

不只是中国，外国也是如此。史载古朝鲜的高丽王朝就实行近亲结婚；日本皇室之间也实行近亲结婚；古埃及兄妹之间、父女之间都可以通婚。不管是中国还是外国，近亲结婚的原因不外乎两点：一是保持所谓皇族血统的纯正，二是保证王权与财富“肥水不流外人田”。他们愚蠢地认为，亲上加亲既是血缘传承的需要，又是政治和财富传承的需要。

近亲结婚肯定不利于优生优育，毋庸置疑

近亲结婚已被现代科学技术所证明，是非常有害于优生优育的。基因学证明：每个人都会携带五六种“隐性遗传病”的致病基因，如果不是近亲结婚，夫妇的隐性遗传病基因不易形成子代的“纯合体”，子女畸形率及致死率大大降低；如果是近亲结婚，夫妇的隐性遗传病基因相同的概率很高，且很容易通过结合形成隐性遗传病“纯合体”，即生下畸形儿，死亡率也大大提高。因为有了科学的证据，我国的《婚姻法》规定“直系血亲和三代以内的旁系血亲禁止结婚”，这是很有道理的，有利于人类的优生优育。

实际上古代也发现了近亲结婚的危害，但古人一般把父亲一方的血缘看得很重，而淡化了母亲一方的血缘关系。如中国和朝鲜规定“同姓不婚”的原则，就是指的父系一辈近亲不能结婚。欧洲的天主教也规定禁止近亲结婚。然而，由于政治上和财富上的因素，规定往往会被打破。另外，古人并不是实行的一夫一妻制，而是一夫一妻多妾制，有时所谓的近亲结婚，实际上并不见得一定是血缘上的近亲。如果没有血缘上的关系，而只是辈分上的“近亲”，是无关遗传的。

古代近亲结婚危害很大，传承是因为无知

科学证明近亲结婚危害很大，古人也有很多例子可以证明。如婴儿

死亡率高，很有可能便是近亲结婚造成的恶果。清朝后期的三个皇帝，同治帝、光绪帝、宣统帝，都没有生育自己的孩子，原因之一很可能就是清朝皇帝长期近亲结婚造成的恶果。这三位皇帝都娶很多妃子，但却没有一个妃子生育子女，责任显然出在男方；还有日本的明治天皇，明治天皇的弟弟八个死了七个，而他的儿女中，有十一个年纪轻轻就夭折了。古时儿女的畸形率和死亡率是非常高的，但由于无知，一般会隐匿不宣这样的孩子，以至历史记载中缺乏近亲结婚畸形率与死亡率的数据；而又因为古代并不实行计划生育，子女的庞大数量又“优胜劣汰”，剩下了能够生存的子女继续遗传。

再有一个残忍的事实是，古人会把残疾儿杀掉，以防止家族劣系遗传。毕竟生下畸形的儿女，也是有概率的，并不见得一定会生下畸形儿。留下好的，历史上记载好的，便将近亲结婚造成的恶果刻意地淡化了。时间发展到现代，我们知道了近亲结婚的害处，就很少有近亲结婚的现象出现了。

计划生育小史：古代中国的人口观

提起计划生育，人们普遍地理解为“少生”“优生”，甚至有人偏执地认为“只生一个好”就是计划生育。其实，这种理解是偏颇的。计划生育，是指有计划地生育，是政府根据国家的人口情况与经济发展状况，制定出鼓励多生或少生的相关政策，使人口稳定在一个社会发展可接受的范围内。所以说，计划生育，有可能是鼓励少生，也有可能是鼓励多生。

古代中国大部分时间鼓励多生

古代中国的人口和现在比起来，那是少得不得了。春秋战国时期，各诸侯国的人口加起来，最高也就三千多万。和平时期的人口，不管是强大的汉朝还是唐朝，人口也只限于五六千万之间。宋朝、明朝，据学者估算，也只是破亿；清朝晚期，中国人口超过了四亿。但这个数字与现代中国的十四亿人口比起来，显然是小巫见大巫。

古代为什么人口数量那么少？这是与当时的经济发展状况相匹配的。中国是一个农业大国，但因为科技和农业水平的限制，古时一亩地的产量很低，和现在的粮食产量相差甚远，不在一个重量级上。而且，古时的粮食作物，也不如现在的丰富多彩，更没有温室大棚。如果人多了，吃饭就是第一大问题。就是人口如此之少，历史上还屡屡记载着饥荒，人们过着吃不饱、穿不暖的生活。

除了经济发展水平的原因之外，古代还经常发生残酷的战争、瘟疫以及地震、洪灾、旱灾等天灾人祸，使人口急剧减少。每次改朝换代，都是人口大幅减少的时候。三国时期，中国人口比东汉巅峰时下降了六成。东晋时期，中国人口比西晋初期下降了一半。在这种情况下，国家只能采取鼓励生育政策，让人们多生，以保证人口的快速增长。古人的平均寿命是很短暂的，据统计，夏朝人的平均寿命是十八岁，秦代是二十岁，东汉是二十二岁，唐朝二十七岁，宋朝三十岁，清代三十三岁。当然，这个寿命是有战争、瘟疫、天灾、婴儿死亡率高等因素影响，但也可见古代的生存状况。多生，也是优胜劣汰的需要。

所以我们看到，从先秦到清朝，国家差不多大多数时间是鼓励生育的，靠剧增的人口恢复国家元气。清朝之前的中国人口巅峰是在明代后期，史书记载为七千多万人，但大多数学者认为实际已经过亿。这在当时的世界上，也是人口第一的国家。

为了鼓励生育，各朝各代都出台了相应的政策。圣人孔子认为男的十六岁、女的十四岁就可以结婚生孩子了，“男子十六精通，女子十四而化，是则可以生民矣”（孔子家语）。春秋战国时期的越国实行强制早婚政策，严禁黄昏恋、老少恋，“令壮者无取老妇，令老者无取壮妻，女子十七不嫁，其父母有罪，丈夫二十不取，其父母有罪”，生育一个男孩子，国家奖两壶好酒，一条狗；生育一个女孩，国家奖励两壶好酒，一头小猪；生育双胞胎，政府安排免费保姆；生育三胞胎，政府安排免费奶妈。且国家负责接生，一切免费。汉惠帝时，国家采取经济处罚的方法鼓励早婚多生，“女子年十五以上至三十不嫁，五算”。汉章帝时，国家颁布《胎养令》，“今诸怀妊者，赐胎养谷人三斛”，并免除丈夫的赋役和人头税，方便照顾孕妇和哺乳期的妇女。唐朝为了解决穷人结不起婚的问题，颁发《令有司劝勉庶人婚聘及时诏》，鼓励富人赞助穷人结婚。那时候人们的思想境界挺高，居然有很多富人响应国家的号召，出资让穷人娶上媳妇，宋朝时“禁贫民不举子，有不能育者，给钱养之”，穷人养育不起孩子，国家给予补助；元朝和明朝，则实行给多胎生育家庭补助的国家政策；清朝康熙更进一步，“滋生人丁，永不加赋”；雍正帝则“摊丁入亩”，取消千百年来的人头税，极大地刺激了人们的生育欲望；等到清朝后期，中国的人口已经突破了四亿，所谓“四万万同胞”就是这个时候出现的。

对人口过多的担忧很早就存在

一方面鼓励多生，另一方面一些有识之士则担忧人口过多，会造成人口与经济发展水平不平衡，造成人多之祸，因此，古代就出现了许多提出“计划生育”的先驱人物。

如果寻找计划生育的理论根据，最早可追溯到道家鼻祖老子，他主张“小国寡民”，反对人口众多，认为“祸莫大于不知足，咎莫大于欲得”。

唐朝时，中国出现了另一位提出“计划生育”的先驱人物，他就是诗人王梵志，王梵志在诗中写道，“富儿少男女，穷汉生一群”“生儿不用多，了事一个足”，该诗成为“一对夫妇只生一个好”的最早出处。

第三位提出“计划生育”的先驱人物，是宋朝的史学家马端临，马端临的父亲，是南宋右丞相马廷鸾，但他处的时代不太好，是南宋末年。宋朝灭亡之后，马端临隐居不仕，专心著述，最有名的著作是《文献通考》，该书分为田赋、钱币、户口、职役、征榷、市籴、土贡、国用、选举、学校、职官、郊社、宗庙、王礼、乐、兵、刑、经籍、帝系、封建、象纬、物异、舆地、四裔等二十四门。在这本书中，马端临认为“民之多寡不足为国之盛衰”，提出了“少生”“优生”、重视人口质量和整体素质的“计生”理论。

第四位提出“计划生育”的先驱人物，是明代小说家冯梦龙，他率先提出“一对夫妇只生两个好”的理论，“若二男二女，每生加一倍，日增不减，何以食之？”“不若人生一男一女，永无增减，可以长久”。冯梦龙提出的“一对夫妇生一个男孩、一个女孩”，跟现在人们的思想观念高度巧合。不过，他比我们早了几百年时间。

第五位提出“计划生育”的先驱人物，是清代经学家、文学家、地理学家洪亮吉，洪亮吉以户口每三十年增加五倍来推算人口的增长规律，认为清朝的人口会在百年内增长五倍到二十倍不等，形成人口过剩。洪亮吉以论人口增长过速之害理论成为近代人口学说之先驱。

第六位提出“计划生育”的先驱人物，是晚清学者汪士铎。他在《汪悔翁乙丙日记》中率先提出“晚婚”概念，认为“女子二十五而嫁，男子三十而娶”。在那个早婚早育的年代，这一概念可谓石破天惊。除此之外，汪士铎还提出对育龄妇女，政府要广施“不生育之药”，用以控制人口的增长。这一理论与现代计划生育高度符合，让人怀疑是否穿越。不过，汪士铎也提出了许多“计划生育”的极端观点，他希望政府“驰溺女之禁，推广溺女之法，施送断胎冷药，家有两女者倍其赋……”，他甚至建议“非富人不可娶妻，不可生女，生即溺之，即生子而形体不端正、相貌不清秀、眉目不佳者皆溺之”。有人称汪士铎是中国的“马尔萨斯”，他是深入思考中国人口问题的第一人，但解决办法反映了他那个时代的局限性。

第七位提出“计划生育”的先驱人物，是乾隆皇帝，乾隆大帝虽然延续了许多康熙、雍正鼓励人口增长的政策，但他却对人口的过度增长提出了深深的疑虑：“将来户口日增，何以为业？”“朕查上年各省奏报民数，较之康熙年间计增十余倍，生之者寡，食之者众，朕甚忧之。”乾隆让各省上报人数增长的原因，但他并未对人口增长出台更进一步的政策。

除以上人物以外，龚自珍、魏源等人对中国之“生齿日益繁，气象日益隘”也倍感忧虑，不过他们二人提出减少人口的办法是“迁移”，将“不士、不农、不工、不商”的游惰人口迁移出去，如果他们不“自愿”离开，则国家可强制迁移。

避孕方法不发达也是古代不能少生的原因

并不是所有的古人都觉得孩子一定要多，也不是不想避孕。古代的许多妇女们，一生要生育十几个孩子乃至更多的孩子，但是其中一半甚至更多的孩子都会夭折，这对她们的身心都是巨大的打击，许多妇女也想要少生，但避孕方法不发达，科学落后，造成古代妇女不能少生。

我们都知道古代是有节育术的，但这种节育术对男人和女人都是一种刑罚。男人叫“宫刑”，大史学家司马迁就受了这种刑罚，许多自愿当太监的男人也接受了这种所谓的“手术”；女人叫“幽闭”，许多宫女或嫔妃犯了罪，才会接受这种绝育刑罚。不管是宫刑还是幽闭，都属于被动的刑罚，跟“计划生育”没有一点关系。

还有一种服药的节育措施，古代也是有“避孕药”的，这种“避孕药”叫“青粉”，是一种能要人命的绝育药物，严重影响人的身心健康，一般青楼里的妓女才用这种方法避孕。不过这种避孕方法一般是老鸨强迫妓女服用的，为的是避免她们怀孕。许多妓女终身不孕乃至失去了生命，就是因为服用了这种不安全的“避孕药”。

当然古代也有不伤身的节育手段，如汉代后宫有一种“贴肚脐”的偏方，据说在嫔妃的肚脐上贴上这种膏药就不会怀孕。清代皇宫还有一种“点穴”避孕法，皇帝与嫔妃发生性关系后点嫔妃的某个穴位就不会怀孕。不过这些办法太过离奇，现在也处在失传的状态下，是真是假就不得而知了。

避孕小史：古人采取哪些避孕措施?

避孕，是一个历史悠久的课题。现代人避孕是为了计划生育，因为科学技术的发达，避孕方法很多，如避孕套、避孕药、避孕针、皮下埋植以及男性结扎等，想使用哪一种就使用哪一种，安全有效，古代没有现代先进的科学技术，他们是如何避孕的呢？

世界各国都有不同的避孕方法，中国有特色

对于避孕，世界各国在古代都发明了各自的方法，如古埃及发明一个药方，以阿拉伯树胶、椰子、金合欢叶、蜂蜜为原材料放置女性体内，和现代科学不谋而合，因为阿拉伯树胶是自然界中一种天然的杀精剂；古希腊发现串叶松香草具有避孕效果被大量使用，乃至过度使用使该香草灭绝；古印度人在发明的避孕药里加入鳄鱼粪便，认为能起到避孕作用，现代科学证明确实有一定的杀精作用，但味道也确实不那么好闻；古代苏门答腊岛上的居民用鸦片避孕，至于如何使用已经失传；日本人用乌龟壳或其他动物角制成“头盔”避孕套，不知道这样的避孕套如何使用；和日本人类似的是，也有的国家用金银、象牙制成避孕套，这种避孕套名贵是名贵，但不实用；欧洲的宫廷里，发明了一种叫“荷兰小帽”的避孕套，用动物的肠衣制成，这比日本人发明的动物龟甲避孕套就舒服多了。

和其他国家比起来，中国古代的避孕方法自成一派，而且形成了中医理论。

春秋战国时期，荆楚妇女通过佩戴艾蒿、沉香、薄荷、香姜等物品于身侧，据说闻之即可避孕。唐朝“药王”孙思邈著《千金要方》发明了“回精术”：“凡欲施泻者，当闭口张目，闭气握固。两手左右上下，缩鼻取气，又缩下部，及吸腹，小偃脊膂，急以左手中两指，抑屏翳穴，长吐气，并琢齿千遍。则精上补脑，使人长生。若精妄出，则损神也。”另一位诗人白行简在他写的《天地阴阳交欢大乐赋》中证实了“回精术”的妙处：“回精禁液，吸气咽津。是学道之全性，图保寿以延神。”明朝医学家缪希雍著《神农本草经疏》认为麝香能避孕，“麝香，其香芳烈……辛香走窜……性能开窍，故主难产堕胎也”。另一位医学大家李时珍则推荐零陵香，他在《本草纲目》中记载“零陵香产后或经后研粉酒冲二钱，尽一两绝育”，而其他中医书籍如《针灸甲乙经》《千金要方》《千金方》《千金翼方》《针灸资生经》等认为针灸可以避孕甚至绝育，针灸的部位是石门穴，“妇人欲断产，灸踝上一寸三壮，即断”。《妇人大全良方》卷九《求嗣门·褚尚书求男论第二》一书则提出了“交会禁忌”“男子受胎时日法”的概念选择避孕期、受孕期。中国中医讲究阴阳理论，男人属阳，女人属阴，受精是阳气入阴，破坏这一流程，则能避孕。

妃子怀孕，也要经皇帝批准，否则采取避孕措施

中国的皇宫，是中国的政治权力中心，大事小情，都是皇帝说了算，就连妃子准不准许怀孕，也得皇帝金口玉言。准许你怀孕，那太监就记上几时几刻受孕期；不准许你怀孕，那太监宫女就采取必要的避孕后补措施。

电视剧中的宫廷生活，都是现代人想象的产物。其实古代宫廷生活挺无趣的。比如皇帝想与嫔妃过性生活了，得履行一定的手续，有主管

太监办这事。清代的规定是，嫔妃先洗澡，洗干净了用被子裹好，由专门负责的太监送到皇帝的寝宫。有一类太监专门负责此事，他的职责就是将皇帝钦点的嫔妃背到龙床上去。

皇帝与嫔妃也不可能过一夜的性生活，是有时间限制的，到了时间，执事太监就会提醒皇帝，提醒三次，太监就会闯入皇帝寝宫，将嫔妃背走，皇帝也无可奈何。后半夜皇帝是自己过的。背走之前，太监会问皇帝，“留不留”，如果皇帝回答“留”，则太监记下几时几刻，这就是该嫔妃的受孕时辰。如果回答“不留”，则背走后采取后补避孕措施，通过推拿的手段，据说是按揉妃子的后股穴道，将皇帝的精液推出来。还有一种方法，如果皇帝不希望嫔妃怀孕，将该嫔妃倒挂起来，用藏红花清洗下身，将精液清洗干净。

有时嫔妃是自己不愿意怀孕，目的是独霸皇帝宠幸，因为怀孕了就不能过性生活了，皇帝就可能宠爱别的嫔妃。最著名的是汉朝的赵飞燕与赵合德姐妹，这姐俩为了获得皇帝专宠，使用一种叫“了肚贴”的避孕工具，据传说是将麝香放入女人的肚脐。不过这种方法已经失传。但赵飞燕与赵合德确实终身没有怀孕，不知是患有不孕症，还是这种避孕方法确实神奇。

民间避孕方法多种多样，效果不明

在中国民间，需要避孕的，会使用不同的避孕方法，尤其是妓院，老鸨为了避免妓女怀孕，会使用摧残人身体健康的非常手段。比如一些妓女为了防止怀孕，经常饮用一种叫“凉药”的汤药，该药长期饮用会破坏女人的生育能力，许多妓女终身不孕，就是因为过度服药破坏了生殖功能。更加可怕的是，老鸨为了防止妓女怀孕，会偷偷地在妓女们喝的茶水或日常食物中放入少量水银，水银是有毒的，《水浒传》中的卢俊义就是水银中毒沉江而死。但少量服用一时半会死不了。妓女们不知不觉中服用了水银，可以达到避孕效果，但对健康起到非常不利的作用。现代科学证明水银确实有一定的避孕作用，也可引起早产、流产以及月经紊乱。

民间避孕的方法五花八门，有用柿子蒂粉泡水喝避孕的，有用黄酒冲泡柿子蒂避孕的，有用少量砒霜或马钱子碱避孕的，有用鱼膘制作“避孕套”避孕的，有用猪膀胱制作避孕套避孕的，有用绵羊肠子制作避孕套避孕的。这些神奇的避孕方法，大多来自“三姑六婆”中的医婆、稳婆，至少到了南宋的时候，中国的避孕药物已相当发达，明代小说《欢喜缘》就记载着“怕生养，致误玩耍，遂买了免作胎之药，命依依、可儿、姑娘三人各都服用”。

不过，古代的避孕方法或损害身体健康，或没有科学道理，并不是非常靠谱的。明朝一个叫归有光的，他的母亲何氏为了避孕听了一个偏方，服用两个田螺泡的水，结果副作用明显，喝成了哑巴，一年后才二十五岁就去世了。这个偏方避孕效果是不错，但连命都搭进去了。还有将包含着骡子耳屎、黄鼠狼睾丸、黑猫骨头的小袋子制成护身符避孕的，在性生活中绑在腿上，这应该是最不靠谱的一种避孕方法。

离婚简史：先秦时离婚自由，秦汉后遵循法则

男人与女人之间的婚姻，自古以来也有结婚、离婚的现象。现代中国的离婚率居高不下，人们都获得了结婚与离婚的自由。在古代，结婚大多是“父母之命、媒妁之言”，离婚则因为各个历史朝代的现实不同而略有差异，不过因为中国的传统文化影响使然，古代的离婚也大致遵从一定的规律。

夏商周：离婚相当自由

在先秦时代，中国还没有形成那么严格的“男尊女卑”，婚姻相对来说是比较自由的。那个时候没有要求女人夫死不嫁、从一而终，女人在丈夫去世后可以改嫁，甚至女人在丈夫活着时也可以主动提出离婚，历史上有许多离婚的例子存在。

比如孔子一家，曾经四代离婚。孔子的父亲叔梁纥、孔子自己、儿子孔伯鱼、孙子孔子思都曾离婚；伯鱼去世后，其妻子嫁到了卫国，孔子并没有反对。史书记载伯鱼“妻不可化，乃出之。后妻贤，生子伋”。不但孔子一家，其他儒门弟子也有不少离婚的案例，孔子的高徒曾子曾经离婚，曾子的学生吴起曾经离婚，春秋四大美女之一的夏姬曾经七次改嫁，且三次成为王后，我们熟知的姜子牙，他的妻子嫌他做啥买卖都不赚钱，没有生活能力，就与姜子牙离婚了。这才有了姜子牙

七十多为相后，其妻要求复合的故事。姜子牙是历史上被女人离婚的一个典型，是“故老妇之出夫也”，可见当时的婚姻状况之自由。男人固然有“出妻权”，女人也有同样的“出夫权”。《礼记》这样描绘当时的夫妻关系：“夫妇之道，有义则合，无义则去。”颇类似于现代的夫妻关系，感情合就在一起，感情不合就离婚。

夏商周时期的婚姻自由，并不能说明当时人具有现代婚姻思想，其主要原因是那个时候脱胎于原始社会，还有母系氏族社会群婚制思想观念的遗留，我们从史料上可以看到那个时候的许多故事，君通臣妻、叔通侄媳、父通子妇、子通父妾、兄妹相通等，恰恰反映了当时人伦制度并未完善。和秦汉以后长达两千多年的封建制度相比，夏商周时期的女人们还有相当的婚姻自由，虽然男人相对来说比较强势，但女人也并没有像后来一样完全成为男人的附庸。“三纲五常”这些儒学观念在那时并未建立，商王武丁的妻子妇好还可以驰骋疆场，成为一时的巾帼英雄，从一个侧面反映了当时男人与女人的社会地位之高下。

秦汉后：七出、三不去

从周朝开始，主流社会上是反对随随便便离婚的。《易·序卦下》说：“夫妇之道，不可以不久也，故受之以恒。”夫妻既然被月老系上了红绳，就说明前世有缘，就应该白头到老，受之以恒。《管子·小匡篇》则规定了“罢士无伍，罢女无家。士三出妻，逐于境外，女三嫁，入于舂谷”的条文，男人如果随随便便离婚休妻则会受到处罚。到了秦朝，结婚、离婚皆要到官府登记，如果不登记是要受到经济处罚的。“弃妻不书，赀二甲。”每人罚两套盔甲那可是沉重的经济负担，因为那个时候铁器是珍贵品，很贵的。

到了汉朝，儒学大师董仲舒与汉武帝联手，提出了“罢黜百家，独尊儒术”。西汉末年又出了个大礼学家名叫戴德，他将周公的《礼记》发扬光大了，写了一本书名叫《大戴礼记》，正式提出男人休妻的“七出、三不去”。七出是“不顺父母、无子、淫、妒、有恶疾、多言、窃盗”，三不去是“有所取无所归、与更三年丧、前贫贱后富贵”。“七出、三不去”影响了中国两千多年，在秦汉以后的封建社会里，女人是没有权利休夫的，婚姻的主动权掌握在男人手里。但男人离婚休妻是有条件的，这就是所谓的“七出”，妻子不孝顺公婆、五十以后不生育孩子乃至使男人绝后、妻子与他人通奸、妻子嫉妒小妾、妻子生了重大疾病不能参加祭祀、妻子搬弄是非弄得家庭不和、妻子有偷东西的毛病等。而“三不去”是保护女人的条款，妻子娘家没人了，如果离婚了没地方去，这是不可以离婚的；妻子给公婆守过三年丧，这是很孝的表现，如果做到了是不可以休妻的；妻子如果在贫贱时期跟你共同度过，丈夫富裕了是不可以随便休妻的，就比如《包公案》里的陈世美这样的，就犯了“三不去”的条款，所以包公铡了他。

除了“七出、三不去”，秦汉以后还有“和离”与“义绝”之说，和离是指协议离婚，曾有一份唐朝的文物被发掘出来，类似于现代的协议离婚。协议书中有“结为夫妇，不悦数年”“猫鼠同窠，安能得久”“勒手书，千万永别”“愿妻娘子相离之后，重梳蝉鬓，美扫娥眉，巧逞窈窕之姿，选聘高官之主，弄影庭前，美效琴瑟合韵之态。解怨释结，更莫相憎；一别两宽，各生欢喜”等内容，而《唐律》规定“若夫妻不相安谐而和离者，不坐”。其实“和离”表面上比较和谐，实际上往往是因为男方掩盖“家丑”出妻所为；“义绝”是指夫妻一方与另一方家庭成员发生恶性伤害事件，被官方强令离婚。比如丈夫因故把小舅子杀了，这样的婚姻就会被官方强令离异。因为女人在婚姻中丧失了主动权，因此秦汉之后的古代女人，往往是“嫁鸡随鸡，嫁狗随狗，嫁个木头抱着走”，即便家庭不幸福，也只有忍辱负重，凑合一辈子。

致敬：敢于挣脱婚姻枷锁的巾帼们

虽然秦汉以后的女人没有什么社会地位，轻易不会跟自己的丈夫离婚，但也涌现出不少为追求婚姻幸福主动提出离婚的巾帼英雄。在那个时代，女人敢主动跟男人离了，那可是需要莫大的勇气的。

自从孔子制定了“三纲五常”，“夫为妻纲”就成为女人身上的枷锁。但也有不少女人，为了追求自己的幸福，从而奋起反抗的例子。唐朝时，有一位男人执意休妻，理由是妻子将本应送给他的饭给了岳父吃，让他饿着了。妻子不服被休，官司打到了白居易那儿，白居易主持公道，判“孝亲重于事夫”，丈夫不得休妻。这位妻子依靠官府的力量保住了婚姻，没有选择顺从，也是需要勇气的。

另一位名叫夏侯的汉朝女子，对丈夫黄允移情别恋将自己休了表示十分不满，她为了报复丈夫，特地申请举行一个“离婚”仪式，征得了婆婆的支持。在离婚宴会上，夏侯氏把黄允的丑事公之于众，并责骂黄允无情无义，然后拂袖而去。结果黄允赔了夫人又折兵，他倾慕的那位女子也并没有嫁给黄允。夏侯氏的反抗，为自己无故被休争得了尊严。

宋朝的大才女李清照，则是一位为追求自己的婚姻自由勇敢与男人离异的典范。她起初嫁给了金石专家赵明诚，夫妻感情不错。但后来赵明诚去世了，李清照并没有选择“从一而终”当贞妇，而是嫁给了一个叫张汝舟的男人。不过这一次李清照看走了眼，张汝舟贪占的是李清照价值连城的财物而已。李清照不甘就范，张汝舟竟玩起“家暴”。忍无可忍的李清照奋起反抗，向官府首告张汝舟的欺君罪行，被官府判决与张汝舟离了婚。虽然李清照也付出了坐九天牢的代价，但她终于为自己争得了一个自由身，并将家暴自己的丈夫送进监狱。

古代对于女人主动提出离婚是不支持的，像李清照这样的是少数中的少数。到了明清两朝，女性的地位进一步降低，丈夫的权力进一步得到增强，这时，女人想离婚，如果丈夫不同意，那基本上是离不了。如果女人强行离家出走，被捉拿后会“杖一百，从夫嫁卖”。如果这个女人强行改嫁他人，那后果就更加严重，会被判“绞监候”，生命安全得不到保障了。

禁娼小史：从国家完全支持到彻底消灭

娼妓，在中国具有悠久的历史，至少在周朝时期就有了。春秋时期的名相管仲，被妓女们尊为青楼始祖，或其他更多的名号，诸如妓女业的祖师爷、娼妓神、妓女的保护神、性产业化鼻祖、中国设立“红灯区”第一人等。管仲为啥在娼妓行业有这么高的身份？原因是他建了中国历史上第一家官办妓院，名叫“女闾”。因为管仲允许娼妓公开营业，照章纳税，不再偷偷摸摸，所以娼妓们尊管仲为“保护神”。娼妓行业从一开始就有人反对，但在争议声中却一直存活了下去，直到新中国成立后被完全废止。

从国家完全支持，到宋时有限度地反对

春秋时齐国建立“女闾”制度，给齐国带来了偌大好处。一是带来丰厚的税收，提高了齐国的国力；二是缓解了光棍们的性危机，由于男女比例失调问题带来的光棍危机得到缓解；三是借女色招揽了四方游士，娼妓作为“招商引资”的服务内容受到各国游士们的青睐，一部分人才得以留在齐国。春秋战国时期其他诸国一看齐国办“女闾”有这么大好处，纷纷仿效之。

魏晋南北朝时期，一些商人看到“女闾”有利可图，开始了私人经营，老鸨出现了。唐朝是一个非常开放的国度，万国来朝，各个国家民

族的人员交往频繁，娼妓业非常发达，正式的官妓出现了。妓女的来源一是从私妓中选拔好的，二是犯人的妻女，三是老鸨从小买来培养的妓女，四是人贩子贩来的女子。宋朝时娼妓业又有了发展完善，除了官妓又出现了私妓，有的私妓改头换面，和现在的名为洗头房实为妓院一样，活动场馆有“茶饭店”“包子店”“散酒店”“庵酒店”等。总体来说，宋朝以前，国家对于娼妓业是持纵容支持态度的，就连宋徽宗这个皇帝，也嫖了个名妓李师师；大词人柳永“奉旨填词”，死时由几千个妓女集资出殡，蔚为大观。

与唐朝不同的是，宋朝对于朝廷官吏有限制地禁止嫖娼。宋仁宗规定分管刑狱的官员“不得赴妓乐”，宋神宗时期继续执行强化之，“嘉祐以前，提刑点狱不得赴妓乐。熙宁以后监司率禁，至属官亦同”。如有官员违反，根据情节不同得到相应的处理。史载“王洙权同判太常寺，坐赴赛神与女妓杂坐，黜知濠州”“蒋堂知益州，以私官妓，徙河中府”，南宋时有一位崇安知县也因为“日日宴饮，必至达旦，命妓淫狎，靡所不至”而降为主簿。这些因为嫖娼而遭降职处理的官员，可能是玩得太过分了，乃至于影响了公务，才遭此严肃处理的。

明宣宗：中国废除官妓第一人

宋时虽对官员嫖娼有所限制，但并不是太严重，最多降级处理。唐宋出现的风流才子有很多，元朝时对妓院没有管制，明初到明朝中期明宣宗，中国的妓院的兴旺可以说达到了高潮，证据有三：一是《嫖经》的出现，该书又名《青楼韵语》，朱元亮辑注校证，张梦征汇选摹绘，这是一部嫖界的指南性著作，为风月界作《嫖经》，与其他经书并列，当为一大创举。虽有讽刺之意，但反映了当时的娼妓业是多么发达。二是《金瓶梅》著作的完成，金瓶梅虽然写的是宋朝的事，但反映的却是明朝的社会现实。西门庆对待生活的态度，反映了当时那个社会富人阶层纸醉金迷的生活。三是秦淮八艳的出现，到了明朝后期，吴三桂竟然为了一个妓女陈圆圆“冲冠一怒”，可见娼妓业发展到了可以影响历史的地步。

对于娼妓业发展首先看不下去的皇帝是明宣宗朱瞻基。朱瞻基是明朝第五位皇帝，可以说他是继朱元璋、朱棣以后的第三位有作为的皇帝，开创了“仁宣之治”。朱瞻基文武全才，曾跟祖父北伐蒙古北元，在位期间文有“三杨”、蹇义、夏原吉，武有张辅等，于谦、周忱等名臣还是地方干将，可谓是名臣贤臣相得益彰，郑和第七次下西洋就发生在明宣宗执政期间。

作为一代名君，明宣宗无法容忍满朝文武纸醉金迷的生活，下决心在全国裁汰官妓，给官员们腐朽荒淫的私生活画个句号。明宣宗的革新力度很大，大明两京一十三省经营了数十年的官营妓院被全部革除，繁华靡丽的教坊女肆化为废池。明宣宗不但革除了官营妓院，而且规定违令狎妓宿娼，罢职永不叙用，士子狎妓宿娼者不准参加科举考试。这么严格的规定，也有知法犯法的，史载“宣德三年八月，巡按湖广御史赵伦与乐妇奸，命戍辽东”。明宣宗是中国历史上革除官妓第一人，从管仲开设国家妓院到明宣宗拆除官营妓院，经历了两千年之久。

清朝禁娼法律化，太平天国消除娼妓

明宣宗虽然将官营妓院关闭，但并没有关除私营妓院，而且官员们在家里蓄妓，政府也是管不了的。明宣宗驾崩后，官家妓院也死灰复燃，整个社会反而“淫风大炽”。到了清朝时期，不得不再一次严厉“扫黄”。

清朝从顺治帝起严厉禁娼，起初是两次裁减教坊女乐，用太监代替妓乐。随后加大力度，停止教坊女乐，直到直接裁革女乐。康熙皇帝继续禁娼，规定“伙众开窑诱取妇人子女，为首照光棍例斩决，为从发黑龙江等处给披甲人为奴”，力度之大，到了斩首的程度。不但禁娼，而且严禁印刷出版淫词小说，禁止刊卖淫词艳曲，禁开戏馆，禁止良家子

弟唱戏。到了雍正皇帝执政时，禁娼力度又有所加强，在全国范围内废除乐籍制度。道光皇帝对于禁娼态度与前辈一致，《大清律》规定，“京城内外拿获窝娼至开设软棚，日月经久之犯，除本犯照例治罪外，其租给房屋房主，初犯杖八十，徒一月……”。可见清朝禁娼跟明朝相比，更有进步，一是有连续性，几代皇帝都禁娼，二是禁娼上升到了法律的高度。

与清朝同时代的农民起义军建立的政权太平天国也禁娼，而且禁娼力度比清朝更大，“令阖城男女分别信馆，不准私藏在家”“私犯天条，一经查出，立即严拿，斩首示众，决不宽赦”“凡强奸经妇女喊冤，立即斩首示众，妇女释放，如是和奸，既属同犯在条，男女皆斩”，也就是说，凡发现卖淫嫖娼者，不管男女一律杀头。所以在太平天国境内，娼妓绝迹。只不过令人讽刺的是，太平天国民间无嫖娼，但不管是天王府，还是东王府，皆是妻妾成群，典型的只许州官放火不许百姓点灯。从这一现象来看，太平天国起义即使成功了，也只是换了个皇帝而已，乌鸦落到（黑）猪身上，天下还是一般黑。

缠足小史：古代文人为何偏爱小脚女人？

三寸金莲，是对女人小脚的文雅称呼。古代很长时间里，时兴裹小脚，名曰“缠足”。而一些文人墨客，不吝笔墨对女人的小脚歌颂之，显示出一种畸形的审美观。用人为的力量把女人的脚裹成畸形，是对女人的摧残，是男权社会里“男尊女卑”现象的突出表现。一些文人墨客歌颂“小脚”，对这一丑恶现象推波助澜，以丑为美，甚至以女人的小脚鞋子为酒器，恶心至极。中国女人裹小脚的做法，是传统文化的糟粕，与现代文明格格不入。打着发扬传统文化的美名，办什么“女德班”，试图恢复“裹小脚”的做法，是大开历史倒车，必将被时代唾弃。

女人“缠足”之风始自宋朝

在宋朝以前，女人是很少有缠足现象的。花木兰替父从军那会，还没有裹小脚习俗呢，所以才可以“女扮男装”冲杀战场。试想如果花木兰裹着一双三寸金莲的小脚出现在男人的队伍里却不被发现，这些男人们莫不都是瞎子。再有，跨马抡刀也是不可能的。商代的妇好也是一位巾帼英雄，那时候也不可能裹小脚，否则岂能将凶猛的雅利安人挡于国门之外。

对于裹小脚起源于哪个朝代，有始自大禹王的妻子涂山氏说，有始自商纣王的妃子妲己说，有始自刺杀隋炀帝杨广的吴月娘说，有始自唐朝杨贵妃说，有始自五代南唐李后主的舞女窅娘说。但大量的史料和考古证据表明，宋代以前，中国的女子是不缠足的。史学界大多认为，女人缠足始自北宋，兴于南宋，一直到新中国才彻底灭绝。明朝陶宗仪先生撰写的《辍耕录》认为，缠足在“熙宁、元丰之间，为之者犹少”，也就是说，北宋的熙宁、元丰年间已有缠足现象，但妇女缠足的是少数。试想一下，如果当时就时兴缠足，话本里的杨门女将又怎么可能上战场与辽军作战呢？

宋朝的儒学发展到理学阶段，成为朝廷的官方哲学。以理学为基础，女人的社会地位越发低下，彻底成为男人的附庸。女人为什么裹小脚？理学便是其理论基础。而绝不是靠一两个故事就可以流传下来的。后人总结女人裹小脚的原因所在，认为必有它深厚的社会基础和现实需要。究其原因，有多种说法：第一是禁锢女人的需要，裹了小脚，女人就可以“大门不出，二门不迈”了，因为女人行动不便。第二是家庭状况炫富的需要。裹了小脚就不能去田间劳作了，所以裹小脚的家庭一般是富裕的家庭。第三是纺织业发达，有利于女人在家里从事纺织的需要。女人裹了小脚，行动不便，只能在家从事纺织业；最重要的是，女人最先“裹小脚”绝不是女人最先自愿的，而是男人“强迫”的。理学是“三从四德”的极致，女人裹小脚成了当时的道德律令，不裹不行，不裹就被男人甚至其他女人们耻笑，因此不得不裹之，哪怕忍受着极大的痛苦。

男人的畸形审美和助“性”需要

在男权社会里，男人是天，女人是地。而“天”是管着“地”的。女人是男人的附庸，在宋明理学盛行时达到顶峰。所谓“女为悦己者容”，男人的审美观直接影响了女人的生活。自宋朝开始，特别是明清时期，许多男人对于女人的审美，不得不说有点畸形。而这种病态的心理和畸形的审美也导致了女人的缠足。

万事道法自然，女人“天足”不管大小都是自然生成的，岂有以小为美，大就不美的歪理？何况，裹脚形成的三寸金莲，是用人为的手段造成的，脚都被裹成了畸形，忍受了常人不能忍受的痛苦。但在那个时代，包括苏东坡、秦少游等著名文人在内的男人们，对此却津津乐道，诗词咏之。不能不说那个时代的审美观太畸形了，女人社会地位低下已根深蒂固，渗透到了基因里面。人们认为女人社会地位低是非常自然的事，就像一加一等于二一样是个真理。诗歌史上咏小脚的诗比比皆是，唐朝杜牧诗“细尺裁量约四分，纤纤玉笋裹轻云”，苏东坡咏缠足诗：“涂香莫惜莲承步，长愁罗袜凌波去，只见舞回风，都无行处踪。偷穿宫样稳，并立双趺困，纤妙说应难，须从掌上看。”秦少游也有“脚上鞋儿四寸罗”的“佳句”。不得不说，文人们对女人缠足，从社会舆论上起到了推波助澜的作用，从北宋发展到南宋末年，“遂以大足为耻”。

令人不可思议的是，裹小脚在文人墨客们眼里竟发展成了一门学问，叫作“莲学”。并出版了一批“莲学专著”，如《采菲录》《葑菲闲谈》等。“专家”认为，女人的小脚有助“性”作用，“纤足足底的凹隙合成孔洞，可作‘非法出精’（插入阴茎）的工具”，即把小脚当成阴道使用了。清代的李渔就曾著书立说认为“选足一事，求窄小，则一目了然……柔者无骨，愈亲愈耐抚摸，此用之在夜者也”，说白了就是起到激发性欲的作用；小脚还有审美功能，这种畸形的审美认为经过缠足的小脚并兼女人全身之美，“如肌肤白腻，眉儿之弯秀，玉指之尖，乳峰之圆，口角之小，唇色之红，私处之秘，兼而有之，而气息亦胜腋下胯下香味”，这种审美真是畸形到极致，也不知所谓的“专家”怎么研究出来的。经过缠足的小脚除了病态的畸形和臭味，到底有什么可欣赏的呢？

这种畸形审美观认为，女人的小脚从大小上，分为金莲、银莲、铁莲三种，三寸以内为金莲，四寸以内为银莲，大于四寸为铁莲；从肥瘦上也有要求，不能太胖、太瘦，要匀称适度；从肤色上要求更高，要求白、嫩、细，并且力求长得周正，左右脚均匀对称，不能走形。他们把女人经过缠足的脚当作亵玩的道具，津津乐道加以品味，丝毫没有考虑女人的感受。女人在他们眼里不是一个人，而是一个可以按他们的要求行动的工具。

女人“以丑为美”观念转变和婚嫁需求

男人们如此对待女人也还罢了，更可怕的是，在男人们的强权压制下，女人们的思想也发生了根本性的改变。到了宋朝末期，女人们也都以不缠足为耻。

女人们为何这样做，还是“女为悦己者容”思想作怪。男人的审美观畸形了，女人便以这种畸形的审美观迎合之。就像现代的高跟鞋一样，本来女人穿着是不舒服的，但为了显示高雅，不得不有意为之。到了家中，是不是高跟鞋统统扔到一边，穿上平底鞋或者拖鞋舒服舒服呢？或者干脆打赤脚，再不受那种高跟的束缚。在宋、元、明、清长达千年的时间里裹小脚，其实和穿高跟鞋是一个道理，男人们欣赏，女人们便群起而裹之。不再顾及裹小脚是否有伤身体，是否行动不便，她们反倒认为，本来就应该是这个样子的。

裹小脚还影响到当时的婚嫁，古代男人和女人婚嫁前一般是很少见面的。结婚全凭父母之命，媒妁之言。所以一打听对方是一双大脚，完全可以影响到婚姻，大脚女人是田间妇女的形象，而小脚女人是大家闺秀的形象。挑选女人，第一看脚，第二才看脸，成为当时的习惯。

令人奇怪的是，少数民族也接受了汉族女人裹小脚的习俗，比如宋时的金人，灭宋的蒙古人，灭明的清人。金人、蒙古人、清人是不裹小脚的，他们都来自草原牧场，习惯了游牧生活，裹小脚影响生活。这些少数民族为什么不反对汉人裹小脚，也是欣赏的需要。另外，汉人女人裹小脚，行动不便，更有利于他们的统治。清人起初是禁止汉人裹小脚的，最早的禁缠足是从清人开始的。不过汉人自己转不过弯来，坚持缠足。清人看管不了，只好解禁任其发展了。对于男人，留发不留头，杀了不少反清“顽固”分子；对于女人，缠足不缠足，倒没有执行得那么彻底，故有“男降女不降”的说法。其实汉人女子早该“降”了，缠足如此痛苦，为何坚持自己受罪呢？

坚决反对“缠足”之风死灰复燃

其实早在元朝，蒙古女人是不缠足的，在清朝，满族女人也是不缠足的。这就是蒙古人和满族人比汉人妇女的高明之处。现在我们研究“莲学”，是为了反缠足，认识裹小脚的变态、畸形、龌龊之处，而不是重蹈覆辙，使裹小脚的恶习死灰复燃。现在有些人办一些所谓的“女德班”，试图恢复女人缠足，并归纳女人缠足的验收标准为“小、瘦、尖、弯、香、软、正”，并传授“品莲”的学问，所谓的“嗅、吸、舐、咬、吞、食、搔、捏、捻、承、索、脱、剥、缠、洗、剪、磨、拭、涂、暖、拥、扶、悬、肩、排、推、玩、弄……”，有的将女人的鞋子当酒器使用，以臭为香，为丑为美，这是我们坚决反对的。

汉人反缠足，是从清末开始的。光绪皇帝颁发禁缠足诏书，“令各省督抚，饬地方官劝诱士庶，光绪十五年所生女子至今十岁者，无得裹足”。维新运动的领导者康有为先生是反缠足的先驱，他认为“最骇笑取辱者，莫如妇女裹足一事。臣窃深耻之”。另一位洋务运动的领导人张之洞认为缠足可导致“母气不足”。孙中山先生则认为缠足“恶习流传，历千百岁，害家凶国，莫此为甚”。从清末到民国，从皇帝、总统到大臣，在中国兴起了轰轰烈烈的反缠足运动。但真正的缠足灭绝，是在新中国成立后。

养老简史：鼓励孝道的同时处罚不肖

截至2019年底，中国大陆总人口突破14亿，其中六十岁及以上的老年人口达到了2.5亿。如何让这两亿多老年人过上幸福生活，是摆在社会和每个家庭面前的现实问题。而在古代，古人是如何养老的？他们解决了养老问题吗？国家又有什么制度保障老年人的幸福生活呢？

养儿防老，国家一直在大力宣传孝子

中国是一个“孝”的国度，国家一直在宣传孝道、宣传孝子，《诗经·大雅·既醉》里说“孝不匮，永不尔类”，孔子说“父母在，不远游”。国家大力宣传的孝道影响着每个家庭，进而影响整个民族、整个国家，这就是所谓的以孝治国。中国之所以几千年文明未断，与孝道文化的传承有很大关系。

成书于秦汉之际的《孝经》，假孔子之言，或说是“孔子七十子之徒之遗言”。不管是孔子亲书还是其弟子的言行总结，这部书后来成为中国宣传孝道的总纲性文件。《孝经》认为“夫孝，天之经也，地之义也，人之行也”“人之行，莫大于孝”“孝悌之至……通于神明，光于四海，无所不通”“居则致其敬，养则致其乐，病则致其忧，丧则致其哀，祭则致其严”，《孝经》被列为儒家十三经之一，汉武帝“罢黜百家，独尊儒术”，孝经便由家庭之孝上升到了国家的高度。“始于事亲，中于事君，终于立身”。因为有了《孝经》，上至皇帝，下至走卒，不敢不孝，不孝者人人得而责之。

宋朝时，泰州兴化县令陈直著《养老奉亲书》。陈直是古代最优秀的养生专家之一，他从食治之方、医药之法、摄养之道诸方面为如何养好老人开好了“方子”，使孝子们有方可循。元朝时，“敬直老人”中都总管邹铉又在《养老奉亲书》的基础上增撰《寿亲养老新书》，这两部书成为古代孝老养生治病经典著作。

除了《孝经》与《养老奉亲书》这些理论著作，古代还注意搜集孝子故事在社会大力宣传，西汉经学家刘向编著《孝子传》，中国化的佛教经典亦有《二十四孝押座文》，南宋画家赵子固创作《二十四孝书画合璧》，元代郭居敬编录《二十四孝》，清朝张之洞扩编《百孝图说》，以及《日记故事大全二十四孝》《女二十四孝》《男女二十四孝》等劝孝书籍风行社会，尤其是郭居敬编录的《二十四孝》影响深远。在这些孝道榜样人物的影响下古代孝子层出不穷，隋唐的英雄好汉秦琼就号称“孝母似专诸，交友赛孟尝”，几乎凡是古代英雄人物无不打上孝的标签。

鼓励孝道，国家配以辅助养老措施

不只在宣传上，在制度上古代各朝各代也有许多措施鼓励孝道，早在周朝时，国家就规定各地要每年举行一次“乡饮酒礼”，这个“乡饮酒礼”由地方官主持，请六十岁的长者上坐，以达到“正齿位、序人伦、敬老重贤、息事端、敦睦乡里”的目的。可别看这小小的一顿酒，由国家有关部门出面，会给每个家庭、每个宗族起到影响巨大的示范作用，以教导他们孝老敬亲。

即便是战乱频繁、兵荒马乱的春秋战国时代，各诸侯国也没有忘了鼓励孝道，这从各国的征兵制可窥一斑。当时各国大多有“七十岁以上老人免一子赋役，八十岁以上老人免二子赋役，九十岁以上老人免全家赋役”的规定。家有一老，如藏一宝。春秋战国时期士兵在战场上死亡率极高，数百万人死于战争，但诸侯国君们却规定家中有老人，一定要给老人留下儿子养老，可见在那种条件下也还是有人性化的一面。孝在国家制度中地位之高，可见一斑。

西汉时，国家给七十岁及以上的老人发放“王杖”，“高年赐王杖，上有鸟，使百姓望见之，比于节，吏民有敢骂詈、殴辱者，逆不道”，持“王杖”的老年人可以便利出入官府，可以在天子道上行走，在市场上做买卖可以不收税，触犯刑律如不是首犯可以不起诉。这个规定就像现在的老年人乘车可以凭老年卡不买票，去公园景区不买票一样异曲同工。汉文帝是一位有名的孝子，老吾老以及人之老，他规定全国八十岁以上老人由国家每月供给一定量的大米、肉和酒，“凡孝于亲者人帛五匹”，对于孝子国家还奖励布匹。

南北朝时，国家陷入混乱状态，战争成为常态。但北魏却首创“存留养亲”制度，且此制度一直沿用到清朝达一千多年。什么叫“存留养亲”呢，就是子女犯了罪，但他的家中有年老的祖父母、父母，或者这些长辈有病没有其他男丁赡养，国家规定对该罪犯停止或免除刑罚，让他回家赡养老人，给老人养老送终后再服刑。南朝梁武帝更先一步，在南京首建“孤独园”，专门收留赡养孤苦老人，值得注意的是，对这些老人“孤独园”是不收费的，完全由国家供给，比之现代的收费养老院更人道。

隋朝时，为了加强家庭孝顺管理，不准祖父母、父母在世时子女“另立门户、分割财产、供养有缺”，所以那个时候，会出现几世同堂的家庭，因为不准分家。唐朝时出现“色养”的概念，对于老人不但物质生活上要有保证，精神上也要和颜悦色；宋、明、清基本上继承了前朝的各项养老措施，唐朝有普救病坊，宋朝有养济院，明、清亦有类似机构，“鳏寡孤独废疾不能自养者，官为存恤”，也就是说那时候是有官办免费养老院的。除此之外，宋、元、明、清皆有“旌表孝行”之法，对于孝子贤妇予以重奖。明朝的一项规定更为奇葩，“令僧道有父兄见存无人侍养者，不问有无度牒，令还俗养亲”。家有老人无人奉养，即便你是出家的和尚、道士，也要被勒令还俗。清朝时康、乾几次“千叟宴”，在国家层面上将养老、敬老的提倡推向了高潮。

处罚不孝，让不孝子受到必要的惩罚

在奖励孝子的同时，古代列朝列代都对不孝子加以处罚。古代对于不孝子处罚是非常厉害的，严重不孝者将被处以死刑。

早在四千年前的夏朝，法律规定对不赡养老人、殴打辱骂老人、不给老人吃饱穿暖、老人生病不细心照料的不孝之子给予脸上刺字、割鼻子、斩脚、死刑等处罚。不孝被判死刑，开重罚不孝之先河。以后的法律，大多继承了夏朝的“优良传统”，即便到了兵荒马乱的春秋战国时期，《秦律》中还有“凡是殴打、虐待六十岁以上的祖父母、曾祖父母的子孙，将被判流放或死刑”的规定。

汉朝继承了《秦律》中的一些做法，对不赡养老人的不孝之徒，严重者也是处以死刑，并悬尸体街头示众，以儆效尤。隋朝时，“不孝”被列为“十恶”不赦之罪，死罪难免。即便遇到朝廷大赦，也难以活命。

家庭穷困，往往是不孝子逃避孝顺的理由。清朝将推行孝道发展到极致，《大清律》规定：儿子再穷也必须设法赡养父母，如果因贫困导致父母自缢身亡，要按照过失杀父（母）罪被杖责一百下，流放一千五百千米。也就是说，家庭穷困，你可以穷你自己，但你必须保证长辈有吃的，有穿的，有住的。你冻死、饿死也就罢了，但如果父母或祖父母被冻死、饿死，你可是要被判刑的。罪名是“过失杀人罪”。我们看到“二十四孝”有许多不可思议的举动，如郭巨埋儿，为了孝母宁愿把儿子杀了。其实这不只是他个人的一时冲动，客观上有社会对孝道的严格要求和法律上对不孝的严厉处罚，迫使他这样做的。

网红简史：揭秘古代的娱乐明星

在“追星”的时代，一些影视歌明星，动辄有百万、千万甚至数亿粉丝。这些粉丝，有的通过微博、微信等网络平台，表达他们对“星”的崇拜；有的通过线下观看他们的作品，表达他们的支持；有的终身不娶、不嫁，表达对他们的痴迷；有过分者，甚至为他们得了抑郁症，有自杀倾向。追捧影视歌星，同时也遭到了一些人的抨击，因为这些娱乐明星的影响，超过了科学家、超过了军人、超过了其他行业的模范人物，使社会的道德走向出现了问题。其实，每个朝代根据当时的社会环境，都有“追星”现象，魏巍写过一篇《谁是最可爱的人》，那个时代的“星”便是军人。现在所谓“明星”，特指的是娱乐界的知名人士。那么在古代，人们是如何追星的呢？追的是什么“星”呢？

在古代，不叫“明星”，也没有现在这么多种类。古代的“娱乐界”人士叫伶人，伶人的历史悠久，中国历史上下五千年，伶人的历史也是上下五千年，早在黄帝时就出现了，据说最早的伶人叫伶伦，他发明了音乐，所以后世从事这一行的人们以他的名字命名，叫作“伶人”。

古代“明星”是“下九流”，不如农民

古代的伶人社会地位相当低下，所谓三教九流，普通伶人在中国民

间社会就属于“下九流”。而那些知名的伶人，则收入不凡，声望巨大，《杜十娘怒沉百宝箱》中的杜十娘，就是当时的“大明星”，还有历史上的“秦淮八艳”，都是当时社会上的“大明星”，但即便如此，这些人同样是被侮辱被歧视的。

伶人的社会地位在古代是不如农民的。农民是“士农工商”之一，仅次于当官的士，社会地位在古代一点也不低，即便是普通的农民，也是庶民。有一句话“王子犯法，与庶民同罪”，指的就是普通老百姓，但可不包括伶人这种“贱民”。伶人在古代被称为娼优，户籍则属于“乐户”。“乐户”制度是导致伶人地位低下的根本。也就是说，伶人有专门的户籍，而且后人世世不得为良，摆脱不了低贱的身份。另外，伶人也不准参加科考，没有上升的渠道。因为身份低贱，他们只是人们玩乐的工具，和玩物一样可以被达官贵人“赠送”。这一制度一直持续到雍正年间才宣告结束，但伶人被歧视的历史却并未停止，摆脱不了低贱的身份。

伶人是靠表演取悦人们的，而表演就难免“弄虚作假”，扮演不同的角色，不同于社会的真实。古代讲“三纲五常”，是个最注重秩序的社会，而伶人们显然是违反三纲五常的，更不会讲什么社会秩序。比如一般情况下女人是不可以抛头露面的，夫妇在结婚前没有见过面的比比皆是。但伶人中的女演员却不得不每天抛头露面，在舞台上进行表演。又比如，伶人们或扮演父女，或扮演母子，在辈分上乱了纲常，而这在社会上是不允许的；伶人由于是伺候人的角色，不管对方什么身份，只要有钱，都要给人表演，所以他们是最末等的服务人员。因为社会地位低下，一般人宁愿种地面朝黄土背朝天，也不愿意当伶人，因为伶人是入不了族谱的。而伶人们也拼命靠挣的钱做慈善甚至收买高官买地位，在清朝时有一位伶人叫赫金官，为了让孩子参加科举，在一次赈灾中捐出了全部家产，朝廷经过慎重考虑研究才破例答应了他的要求。

伶人也有吃香时，如唐明皇时，这个唐玄宗李隆基，除了以和杨贵妃的爱情故事著称外，还是个“梨园皇帝”，现在的戏剧界叫梨园，就是从唐明皇那传过来的。唐明皇宠信三个梨园子弟，李龟年、李彭年、李鹤年，这哥仨能歌善舞，作曲弹琴样样精通，把唐玄宗哄得团团转。唐玄宗更是亲自上阵，演奏《霓裳羽衣曲》，在皇宫的梨园里建起“音乐学校”，培养伶人后备人才。上行下效，吃饱喝足的大唐盛世于是兴起奢靡之风。

诗仙李白是唐朝最大的“诗星”

大唐是一个诗的国度，李白、杜甫、白居易是这个时代的顶峰。现代人追歌星、影星，唐人则追“诗星”，并以能作出好诗为荣。

李白作为“诗仙”，粉丝最多，最有名的“粉丝”就是杜甫，杜甫贵为“诗圣”，把“诗仙”作为偶像，李白长杜甫很多岁，因此成名比杜甫早得多。

李杜相遇又别，让杜甫犯了“思李症”，白天想，夜里想，《赠李白》《春日忆李白》《冬日怀李白》《梦李白二首》《天末怀李白》，据考证杜甫写给李白的诗多达十五首，而李白写给杜甫的仅仅一首，算是礼节性的；李白的另一位“粉丝”名叫魏万，他为了见李白一面，四处寻访李白踪迹，竟从河南王屋山追到了扬州，长途跋涉三千里，终于实现了见李白的愿望，还意外地收获了偶像送给他的一首诗《送王屋山人魏万还王屋》，并勉励他“尔后必著大名于天下”。

我们知道，古人的通信工具没有现代这么方便，没有手机，没有网络，靠打听消息“追星”，该对偶像有多么忠诚。魏万没有像李白所赞的“著大名于天下”，他是因崇拜李白，并亲自编写《李翰林集》并为之作序而名留青史的。

李白的第三位忠实“粉丝”名叫汪伦，我们熟知的《赠汪伦》“李白乘舟将欲行，忽闻岸上踏歌声。桃花潭水深千尺，不及汪伦送我情”便是李白为汪伦所作的。汪伦为了见李白一面，亲自编导了一个故事，他写信给李白："先生好游乎？此处有十里桃花。先生好饮乎？此处有万家酒店。"大家都知道李白是个酒中仙人，平生又最好旅游，因此听到有这样的好地方，欣然前往，没想到到了汪伦处，并不像他想象的那样。汪伦赶紧向偶像解释："十里桃花者，十里外潭水名也，并无十里桃花。万家酒店者，开酒店的主人姓万，并非有一万家酒店。"

李白听完这个解释，捧腹大笑，性格豪爽的他原谅了汪伦的"欺骗"，认为汪伦对他的感情是真实，所以才有那首《赠汪伦》名诗问世。

作为唐朝最有名望的诗人，李白的粉丝不计其数，直到现在还有不少"白粉"，就连三岁小儿都能吟诵他的"床前明月光，疑是地上霜，举头望明月，低头思故乡"。李白的诗，达到了唐朝的顶峰，他有没有偶像呢，也有。不过，李白的偶像是更古的"古人"，李白最崇拜汉朝的司马相如和晋朝的谢灵运，司马相如的才情吸引着李白，而谢灵运读万卷书、走万里路的精神吸引着李白，"脚著谢公屐，身登青云梯"，李白的鞋子以谢灵运的名字命名，每天穿着它游山逛水，可见一斑。

杜甫、白居易、李商隐、贾岛等名家各领风骚

除了李白有众多"粉丝"以外，其他著名的诗人也都有他们的拥趸。杜甫作为诗圣，自然不乏"粉丝"追捧。杜甫最有名的"粉丝"是诗人张藉，要说张藉也算是个挺有名的诗人了，但他却没有文人相轻的臭毛病，对杜甫佩服得五体投地，认为自己远远达不到杜甫的境界。张藉为了达到"诗圣"的境界，将杜甫的诗歌抄到纸上，然后烧化后"泡茶"喝，以杜甫的诗为"茶"，算是张藉的一大发明。当然，杜甫的诗歌要拌上蜂蜜的，不然天天喝纸灰，该是什么味道。

李杜之外，白居易是唐朝的又一顶峰，白居易自然也少不了粉丝。白居易为了写诗通俗易懂，写完了先念给老婆婆听，老婆婆听懂了才算成功，避免了诗人曲高和寡的毛病，那位先听诗的老婆婆，可算是白居易的第一位粉丝。如果她不感兴趣的话，白居易对她岂不是对牛弹琴了。白居易最有名的“粉丝”，名叫葛清，这位“粉丝”崇拜的方式很特别，他全身文身，文的都是白居易的诗，多达三十多处。而且每首诗的来历他都耳熟能详，能够一一道来，所以人称葛清所文白居易诗为“白舍人行诗图”，葛清也以这种方式为白居易“代言”而名留青史。

白居易受到时人的热捧，他自己有没有崇拜的对象呢？有的。白居易的崇拜对象是李商隐。李商隐是唐朝上千诗人中特立独行的一位，他与李白、李贺并称“三李”，与温庭筠并称“温李”，与杜牧并称“小李杜”，又有“凌云诗才”之称。

白居易虽是“诗魔”，却对李商隐情有独钟，他对李商隐崇拜到什么程度呢，竟然想“转世”做他的儿子。其实白居易比李商隐大很多岁，是李商隐的前辈。李商隐对白居易的崇拜也毫不客气，生了个儿子起名叫“白老”。只不过这个“白老”才情一般，因为冒着“诗魔”转世的虚名常常遭到人们的取笑。倒是李商隐的另一个儿子衮师才情了得，或许是白居易“转世”时，跟李商隐开了个玩笑，阴差阳错了。

有着“诗奴”之称的贾岛，至今流传着“推敲”的故事，这位苦吟诗人，也有着他的粉丝团队，最有名的“粉丝”名叫李洞。李洞也是一名诗人，对贾岛的才情非常佩服，每读贾岛的诗歌前，要焚香沐浴，像对待佛祖一样虔诚。他不但自己这样，还常劝别人效仿他，给贾岛“拉粉丝”。李洞在头巾上放着刻有贾岛头像的铜片，手中拿着佛珠念念有词，他不是保佑自己，是时时刻刻为贾岛保平安。贾岛在他的心目中，已经不是一个诗人的存在，而是超越人类，成为神灵佛祖级别了。

诗歌是唐人表达情感的方式

唐朝人为何崇拜“诗星”到如此程度，这与当时的时尚有关，正如同当代人崇拜影视歌明星一样。当代人崇尚影视歌明星，是因为舆论宣传导向出了问题，这些影视歌明星收入高得离谱，动辄百万、千万甚至几十亿，而且他们披着光鲜的外衣，大大超过了普通人的生活，因此成为名利双收的榜样。

现在有的小孩子写作文，作文题目《我的理想》，直白地表达就想当明星。唐朝人为什么会崇拜“诗星”，因为诗歌是唐朝人表达情感最重要的方式。举国都在吟诗，考试也要作对，如果不能写出几首诗来，枉生在那个时代。因此追诗星便成为了那个时代的必然，谁写得好自然要受称赞、受追捧，理所当然。

唐朝之所以成为诗的国度，与当时的经济发展状况有关。唐朝立国之初，经历了两个最有名的盛世“贞观之治”与“开元盛世”，当时可说是文治武功都达到了历史的顶峰。皇帝圣明，臣子贤明，百姓能够安居乐业，对外战争也取得了辉煌胜利，大唐皇帝被称为“天可汗”，四方来朝。之后，经历了安史之乱，国力走向衰弱。在这样的历史环境下，以诗这种方式讴歌吟诵，便有了历史的环境因素。从初唐四杰到李白杜甫白居易，到晚唐的杜牧、李商隐等，唐朝出现了成百上千的著名诗人。唐朝兴旺时就歌颂，唐朝衰落时就哀叹，民众有疾苦时就同情……，唐朝的兴衰历史，基本上伴随着各个时代的诗人吟诵。

另一个主要原因是，隋唐刚兴科举考试，诗歌作得好，可以被帝王发现是个人才。古人数理化是不考的，唐朝时也没有到“八股文”那个僵化时代，因此能作好诗，是可以被伯乐发现后做官的。所以在古代，作诗是考证才华的重要手段，唐朝人尤甚。

大唐灭亡后，还有一次余光闪耀，那就是五代时李存勖建立的“后唐”。这个李存勖可不是正宗的唐朝皇室后代，更不是汉族，而是突厥沙陀人，因为先祖立功被赐姓李的。虽然是个赐姓，但李存勖以皇室后人自居，忠于唐朝王室，坚决反对朱温取代唐朝建立的后梁政权。李存勖打仗很厉害，最后还真让他把后梁给灭了，统一了中国的北部，建立了“大唐政权”，史称“后唐”。

这个打仗很牛的后唐开国皇帝，刚刚建立后唐时还可以，励精图治。但到了晚期他猜忌大臣、宠信伶人，宠信到什么程度呢，他亲自粉墨登场唱戏，给自己起了个艺名叫“李天下”，甚至封他信任的伶人当州刺史。许多阿谀奉承的官员为了上位，甚至通过巴结伶人取得皇帝喜欢。当然，这样做的结果是李存勖失去了人心，最后他被一个与他有仇的伶人暗害丧了命。

伶人成为明星是当代的事，民国时还不行

现在的许多明星，要名有名、要钱有钱、要地位有地位。古代的伶人们或许有钱，但绝对没有现在这样的社会地位。比如在宋朝，一位屈姓歌妓每天的演艺收入达到相当于现在的两千多元，而明朝名妓王美娘的初夜费高达相当于现在的十二万元，而“冲冠一怒为红颜”的那位红颜美女陈圆圆，饭局出场费竟高达相当于现在的七万五千元，买断价格高达相当于现在的一千五百万元。这些伶人虽然有钱，但社会地位并没有随着金钱的增多而提高，就像那个《杜十娘怒沉百宝箱》中的杜十娘，最后有钱也只能怒沉百宝箱而已。

在民国时期，伶人们的社会地位有了很大提高，出现了一些大师级的人物，比如伶界大王谭鑫培，就受到了社会各界的热烈欢迎，艺术成就可称大师。但他最后的结果，被逼带病上台给大军阀们唱戏，竟然连病带气死于家中。连“伶界大王”都活得这么累，就别提那些一般的伶人了。

新中国给了伶人们人民艺术家的社会地位，使得他们的社会地位得到极大提高。改革开放后的演艺界明星更是锦上添花，名利双收，社会地位达到历史上的最高点。

食品安全史：中国人最早使用食品添加剂

提起食品添加剂，人们自然而然就会想起“三聚氰胺、苏丹红、吊白块、工业明胶等”这些害人的东西。其实我们都误会了，三聚氰胺、苏丹红、吊白块、工业明胶等并非食品添加剂，而是非法添加物。真正的食品添加剂，是为改善食品色、香、味等品质，以及为防腐和加工工艺的需要而加入的物质，对人体是没有害处的。中国人使用食品添加剂的历史，至少有一万年。

中国人最早使用食品添加剂

最早使用食品添加剂的人，是中国人。中国人早在一万多年前，就使用了最早的食品添加剂——盐。盐是食品添加剂吗？当然是。比如说人类吃肉，动物也吃肉，但食肉类动物吃的肉是不放盐的。人类发现了火，将肉烤熟吃，在吃的过程中，发现味道太淡了，于是想办法解决这个问题。哪里盐最多，海里盐最多。古时渔民打鱼，早就发现海水是咸的了。于是古代渔民发明了海水煮盐的方法。

在汉语中，“盐”字是“在器皿中煮卤”的意思。《说文》上讲，“天生者称卤，煮成者叫盐”。所以火被人类使用后，接着就是发明煮盐的办法。盐的使用，大大丰富了食品的食用方法。在没有发现盐之前，人类的伙食该是多么淡然无味啊。盐不仅是重要的调味品，更重要的是，盐维持了人体渗透压的平衡和其他的生理需求。目前考古已经发现了中国最早的煎盐器具文物，证实了中国人在这一领域的领先性。

六千多年前，中国人又发现了转化酶（蔗糖酶）可以酿酒；三千多年前的周朝时期，中国人开始使用肉桂增香；汉朝时期，中国人开始用盐卤作凝固剂制作豆腐，淮南王刘安被称为豆腐鼻祖；东汉时期，中国人开始使用酒酵发面，南北朝时期，开始使用酸浆酵发面；唐朝时，中国人开始使用食用色素，一种添加了食用色素的“槐叶冷淘”凉面很流行；宋朝时期，中国人用“一矾二碱三盐”的食品添加剂配方炸油条，并开始使用亚硝酸盐作为食品添加剂制腊肉，当然，今天的科学表明，亚硝酸盐对人体有害，极易引发食物中毒。

古代记载“食品添加剂”的三本古书

北魏时期出了两位食品界的名人，一位名叫崔浩，北魏太武帝初拜博士祭酒，赐爵武城子。崔浩给后人留下了一本《食经》，据说还不是崔浩本人写的，而是他妈妈口述，崔浩记录的。可见崔浩的老妈是位美食专家。

崔浩的老妈姓卢，古代女性一般没有名字，所以称为卢氏。史载卢氏及其他崔浩的女性长辈“所修妇功，无不蕴习酒食。朝夕养舅姑，四时祭祀，虽有功力，不任僮使，常手自亲焉”。由于卢氏亲自做饭，有丰富的做饭经验，所以她在这本《食经》里，记载了涉及食物储藏及肴馔制作多种方法，如“藏梅法”“藏干栗法”“藏柿法”“作白醪酒法”“作麦酱法”“作大豆千岁苦酒法”“作豉法”“作芥酱法”“蒸熊法”“作跳丸炙法”“作百饭法”“作煸法”等，在这些方法中，不乏古代食品添加剂内容。因为要保证菜的色、香、味，没有食品添加剂是不可能的。

另一位北魏食品界名人更为出名，他就是大名鼎鼎的贾思勰，贾思勰做过高阳郡的太守，也是位高官，他最重要的成就，就是著成了《齐民要术》，该著作成为世界农学史上最早的名著之一，由耕田、谷物、蔬菜、果树、树木、畜产、酿造、调味、调理、外国物产等各章构成，其中介绍了不少关于食品添加剂的内容，中国很早发明的酿造、烹调、贮藏技术，被这本书详细记载。比如唐朝风行的“槐叶冷淘”凉面做法，早在北魏时期就有记载，其中色素的制造方法是“把槐叶用水煮软烂，然后再捣成汁，和面的时候加在面条里”。

第三本古书是隋朝人谢讽写的《淮南玉食经》，谢讽担任过隋炀帝的“尚食直长”，这是一个主管御膳房的官员，有机会接触许多种菜饭的做法，所以我们有理由相信，谢讽就是隋朝时最有名的美食家与厨师。在《淮南玉食经》里，谢讽记载了很多种饭菜的做法，如脍、羹、汤、炙、酱生饼、卷、糕、面、寒具、饭等，中国人做菜讲色、香、味俱全，而所谓的色、香、味，完全是靠食品添加剂来帮助完成的。这方面，谢讽应该比卢氏和贾思勰更专业，因为他是宫廷御膳房专家。

古人也有食品安全问题

食品安全问题并不是现代人才有的。古代由于科学技术没那么发达，再加上一些不良商人出于赚钱的灰暗心理，自然也会像现在一样，出现食品安全问题。和现在一样，古代的法律对食品安全也有严格规定，违反食品安全者要被处以重刑，最重者甚至是绞刑。

我们看《水浒传》，就看到其实吃饭挺不让人安心的。如果赶上孙二娘、朱贵那样的黑店，被人放了蒙汗药，是不是一不小心就被人剁成了包子馅？蒙汗药就是非法添加物，而不是食品添加剂。还有一本书叫《夷坚志》，是南宋的洪迈写的，记载着有个卖油的油铺子，为了谋利，榨油时往里面掺尿的事，“每作油时，乘热益以便溺，几三之一”，掺多少尿呢？差不多三分之一，你说缺德不缺德，活生生让人喝尿啊！这比现代人掺三聚氰胺更让人恶心。如果知道了，不知道这油可怎么吃，全得吐出来？

另一名宋朝的作家周辉，写了一本书叫《清波杂志》，其中记载一些不良商人为了使淮南的虾米保鲜，竟然使用粪便将虾米浸一宿，然后洗干净了再运输。袁采创作的《世范》，更是记载着不法商人在肉里注水、在粮食里洒水、在盐里掺灰土、往鸡肚子里塞沙的种种恶行，丝毫不逊色于现代的不良商人。由此看来，古人也有食品安全问题，往食品里添加非食品添加剂的非法添加物古已有之，但无论古人还是今人，这种行为都是为人所不齿的。

垃圾分类史：明清时就已懂得分类变废为宝

垃圾这个名词，是从宋代开始出现的。现代的垃圾处理，出现了多种方式，比如填埋处理，燃烧处理，分类回收处理，垃圾再利用处理，等等。特别是近些年来，国家大力提倡保护生态环境，垃圾处理越来越科学，垃圾分类逐渐成为新的风尚。那么，古代人是如何处理垃圾、保护环境的呢？

古代人重视卫生，违反者甚至剁手

中国是一个重视卫生的国度，从考古发掘来看，早在四千多年前中国就有了古老的排水管道。河南睢阳平粮台龙山文化时代城址中，埋于地下的陶质排水管道，直接证明了中国古代对于解决排水问题的有效办法。中国早在几千年前就有了厕所，《周礼》中记载，“宫人为其井匽，除其不蠲，去其恶臭”，“井匽”就是路边上的公共厕所；《庄子·庚桑楚》记载，“观室者，周于寝庙，又适其偃焉”，偃通“匽”，谓屏厕，也就是厕所的意思。去某一个家庭看看卫生环境，不光要看客厅，最重要的是看他家的厕所，如果厕所干净，则基本上其他地方就不用看了。而史书记载的春秋时期晋景公由于身体不适，直接说的“如厕”，如厕就是上厕所。说明我国早在四千年前，至少在三千年前的周朝时就普遍使用厕所和地下排水管道了。

古人非常重视个人卫生、家庭卫生和公共卫生，《礼记·内则》里记载：“凡内外，鸡初鸣，咸盥漱，衣服，敛枕簟，洒扫室堂及庭，布席，各从其事。”早晨起来就要洗漱，洒扫庭院，洗衣服，干干净净开始新的一天。对于公共卫生，至少从周代始就有专门的部门进行管理。

《周礼·秋官》记载：“条狼氏下士六人，胥六人，徒十六人。”“条狼氏”是干什么的？条，古做“絛”，通“涤”，是“清扫”的意思，“狼”不是那个野兽狼，而是指道路狼藉。所以条狼氏的职责就是专门负责清扫道路上的垃圾，说白了就是清洁员、环卫工。

东汉时，有个大太监名叫毕岚，他是“十常侍”之一，官职是掖庭令。十常侍不是什么好东西，他们十个人朋比为奸，祸乱朝纲，东汉的灭亡跟其脱不了干系，后被袁绍闯进宫去全部诛杀。但毕岚也不是一件好事不做，他是一个发明家，发明了最早的洒水车。“作翻车渴乌，施于桥西，用洒南北郊路，以省百姓洒道之费”，就像蔡伦，是个太监同时也是个发明家改进了造纸术一样，毕岚发明洒水车，改善卫生环境的功绩人民也不会忘记。到了宋朝时，朝廷专门在城市设立了“街道司”，“人家甘泔浆，自有日掠者来讨去。杭城户口繁夥，街巷小民之家，多无坑厕，只用马桶，每日自有出粪人瀽去”。公共卫生环境得到了更大的保障。

对于违反卫生条例的人，古人的处罚是非常严厉的。“殷之法，弃灰于道者断其手。”这是韩非子说的。按殷商的法律，随便在大街上乱扔垃圾，把你乱扔东西的那只手剁掉。很厉害吧！估计那个时候没人敢乱丢垃圾，虽然很残忍，但估计特别有效。相信三千多年前殷商的街道，一定是最洁净的。到了商鞅变法时，这条法律显得文明了许多，“弃灰于道者黥”，黥就是在脸上刻字，《水浒传》中宋江、林冲、武松被发配时，脸上刻字就是被施了黥刑。

按战国时期秦国的法律，在街上乱丢垃圾，所受的刑罚就是在脸上刻字，让你永远以此为羞。这比剁手轻了些，但在人格尊严上却是巨大的打击。所以估计秦国的街道也会是干净的。不会有人为乱丢垃圾想蒙受那样的羞耻吧。到了唐朝，对于乱丢垃圾比商朝的剁手轻了一些，“其有穿穴垣墙，以出秽污之物于街巷，杖六十。直出水者，无罪”，乱丢垃圾重打六十大板，这也是挺重的刑罚了，屁股要打开花了，谁还敢丢？所以唐朝的街道肯定也很干净；到了明朝时，刑罚比唐朝稍轻，“其穿墙而出秽污之物于街巷者，笞四十，出水者勿论”，对于乱丢垃圾者，从重打六十大板改为四十大板，但根据历史记载，明朝时，北京城的街道却并不干净，反而又脏又乱，遇到下雨天根本无法行走，看来规定是一回事，执行又是另一回事了。清朝时国家虽然也规定：“如有穿墙出秽物于道旁及堆积作践者，立即惩治”，但实际上已经名存实亡了。

古代人已经懂得回收利用，变废为宝

古人讲卫生，对于垃圾是如何处理的？从考古发掘来看，古人对于生活垃圾有如下几种处理方法。

第一是垃圾填埋。科考人员发现，早在四千多年前，中国人已懂得对于垃圾填埋处理，垃圾坑既有自然坑穴，也有人工挖掘。科考人员既发现了实物垃圾，又发现了垃圾坑灰烬，说明古人对于填埋的垃圾有两种处理办法，一种是自然填埋，另一种是燃烧后填埋。

第二种是“粪便还田”。农书《氾胜之书》中记载：“汤有旱灾，伊尹作为区田，教民粪种，负水浇稼。区田以粪气为美，非必良田也。”这说明早在三千多年前的商朝，老百姓就知道粪便还田的道理了。这一良好利用粪便的习惯直到现在还被农家所用。

第三种是粪便养猪。中国养猪已有几千年历史，猪的其中一种食物，便是人的大便。农村的厕所有一种建法，就是上面是厕所，下面连接猪圈。这种建法实际上已有几千年历史，古人把这种厕所称之为“圂”，圂这个字的发明，就是为粪便养猪发明的。“圂，厕也，从

口，象豕在口中也。”

由于垃圾可以变废为宝，便有古人从中看到商机。唐朝出现了专门以回收垃圾为业的商人，并因此致富。历史记载河东人裴明礼“善于理生，收人间所弃物，积而鬻之，以此家产巨万”，回收垃圾可以变成百万富翁，裴明礼是有历史记载的第一人。同时代还有一个富翁名叫罗会，也是做这个职业的，被人们称做“除粪夫”，他也靠这个行当成为百万富翁。“长安富民罗会，以剔粪自业，里中谓之鸡肆，言若归之积粪而有所得也，会世副其业，家财巨万。”

因为看到了回收垃圾的商机，并有人发财致富，宋代竟然有人因为争夺垃圾资源闹上法庭。“街巷小民之家，多无坑厕，只用马桶，每日自有出粪人去，谓之‘倾脚头’，各有主顾，不敢侵夺，或有侵夺，粪主必与之争，甚者经府大讼，胜而后已。”宋代第一次出现了“垃圾”“马桶”等现代专业术语，并出现了官方与民营的以回收垃圾为业的人。

明清时代，回收垃圾已经形成产业化。这些产业主或产业工人懂得垃圾分类，将分门别类的垃圾各取所需，史载“任何不屑一顾的废物，他们都不忍遗弃，一小块皮革、各种骨头、羽毛、畜毛，他们都着意收藏，畜粪也要收集起来，然后巧妙加工，制成有用物品”。将垃圾变废为宝，在古代中国已形成优良传统。

中国曾经拥有世界上最清洁的城市

中医在中国有五千多年历史，中国人很早就懂得卫生对于人体健康的重要作用，所以非常重视个人卫生、家庭卫生和公共卫生。因为古人发现，如果不注意卫生，是有生病的隐患的。在很多古代典籍里，都记载着卫生与人体健康的关系。

《左传》说“土薄水浅，其恶易觏，易觏则民愁，民愁则垫隘，于是乎有沉溺重腿之疾”。《吕氏春秋》说“轻水所，多秃与瘿人；重水所，多尰与躄人；甘水所，多好与美人；辛水所，多疽与痤人；苦水所，多尪与伛人”。《博物志》说“居无近绝溪、群冢、狐蛊之所，近此则死气阴匿之处也”。清代医学家徐大椿认为“所产之物，所出之泉，皆能致病”，可见卫生工作太重要了。

因为懂得这些道理，所以不管个人还是国家，都十分重视卫生工作和垃圾处理工作。唐朝的法律规定“主司不禁，与同罪”。主管卫生工作的官员如果管理不好，是与乱丢垃圾的人同罪的。因为对于卫生工作的高度重视，中国古代的城市在很长时间里是非常清洁的。马可·波罗在他的游记中记载了元代城市的清洁情况，“行在一切道路皆铺砖石，蛮子州中一切道途皆然，任赴何地，泥土不致沾足。唯大汗之邮使不能驰于铺石道上，只能在其旁土道之上奔驰”。泥土都沾不到鞋上，和现在的柏油马路也差不多少了。明代来华的利玛窦这样描述苏州城的河水：“这里的水是淡水，清澈透明，不像威尼斯的水那样又咸又涩。”传教士曾德昭则夸赞西湖“水之清澈令人乐于观赏”。

不过，卫生情况发展到明清时代，城市卫生治理就差了许多。特别是清朝，已发展到“人家扫除之物，悉倾于门外，灶烬炉灰，瓷碎瓦屑，堆积如山，街道高于屋者至有丈余，人们则循级而下，如落坑谷”的状况，不得不令人感叹“卫生不古”了。

商人小史：古代商人的地位为什么低下?

在中国漫长的古代，商人的社会地位是非常低下的，甚至说是达到了受歧视的地步。“士农工商”，第一个是当官的、读书人，第二个是农民，第三个是工人，第四个才是商人；九流之中，甚至老百姓还有这样一种排法：帝王、圣贤、隐士、童仙、文人、武士、农、工、商。商人也是排到末位。商人“卑之曰市井，贱之曰市侩，不得与士大夫伍”，充分说明了商人在古代一个相当长时期的窘况。在漫长的古代社会中，商人的社会地位经历了由高到低的发展历程，而后又由低向高发展，直到现在成为社会尊重的一个阶层。

商鞅变法是商人社会地位高低的分水岭

中国有五千年的文明史，但并不是五千年来商人的地位都非常低下的。商鞅这个人，可以说是改变商人地位的分水岭。在商鞅变法之前，商人的社会地位并不低下。

商人的由来，可追溯到夏朝时期。先秦时中国也有大一统的王朝，夏、商、周，这三个王朝长达近两千年。商人的由来，与商朝有关。一般人的理解，商朝是代替夏朝而来的。其实这是个误解，早在尧、舜、禹时期，就有商部落了，商部落的始祖叫作契。自契开始十四世，传到成汤。成汤代夏，建立商朝。也就是说，商朝是从商部落发展而来的，只不过到了成汤时期，成汤王成为各部落或各诸侯共同尊奉的天子。

契的六世孙王亥，是个商人历史上不得不提的伟大人物，他生活在夏朝时期的商部落里，商部落最专长的，是伺养牛马。而王亥是中国历史上第一个驯服野牛的人。“相土作乘马，王亥作服牛”，契的孙子相土驯服了野马，王亥驯服了野牛，因此王亥被称为“中国畜牧业的创始人”。当时王亥驯服野牛，发明了牛车，其历史功绩和现在发明汽车、飞机差不多。王亥不但是牛车的发明者，还是一个杰出的商人，他率领商部落成员带着帛、黍、粟以及牛、羊与其他部落进行商品交易，因为买卖公平而赚了大钱，成为当时的首富。有一次其他部落受了灾荒，愿意以两倍的价格与王亥交换粮食，但王亥坚持以原有“汇率”进行交换，因此赢得了各部落的尊敬，受到了各部落人民的欢迎。王亥等人一来贸易，大家会欢呼“商人来了，商人来了”，这就是商人的由来。王亥去世后，被以“祭天之礼”祭祀，“祀典之隆”说明他的地位之高。

商朝时期发明了海贝、石贝、骨贝、蚌贝、绿松贝等货币，晚期还发明了铜质货币，商人交易的地方叫作“市”，店铺叫作“肆”。“商邑翼翼，四方之极”，在商朝甚至早于商朝的夏朝，商人的地位实际上是很高的，商人的贸易很受部落首领重视，所以有“殷人富贵”的说法。直到周灭商，还把善于贸易的人叫作“商人”，而这个称呼，一直流传至今。

周朝取代了商朝，商族人沦为奴隶或平民。但商人的社会地位并没有因此有多低下。春秋战国时期，商人的社会地位一度很高，《左传》载：“晋将伐楚，随武子曰：楚‘商、农、工、贾不败其业’，不可伐。”在楚国，商人的地位被列于首位。战国时期的吕不韦便是个大商人，后来成为秦国的丞相，帮助越王勾践复国成功的大功臣范蠡，不当上将军，而更名换姓当了商人，还成为全国首富，儒商鼻祖。孔子的弟子端木赐，就是一位杰出的商人，也成为全国首富。秦始皇最尊重的一位女首富寡妇清，也是一位经营水银矿的商人。可见在春秋战国时期，商人的社会地位一点也不低，甚至还很高。各诸侯国都在“招商引资”，提高国力呢。

但商鞅变法，大大改变了商人的社会地位。商鞅实行“重农抑商”政策，实行耕战体制是由当时的历史条件决定的，当时处于秦国与六国交战时期，第一需要的是军粮，第二需要的是将士的勇敢，第三需要的是激励政策。秦国统一全国后，未来得及及时调整耕战政策，秦国就灭亡了。

长达两千年的商人郁闷期，但商人地位在缓慢提高

自商鞅变法之后，开始了商人长达两千多年的郁闷期。这两千多年，中国商人的社会地位是很低的，他们可能会赚到钱，但在政治上却失去了很多。“士农工商”的排名就是从这时候开始的。比如秦朝规定禁止商人穿戴丝绸衣物、乘坐华丽的车驾，商人及商人子女不得做官。你挣钱可以，但挣了钱不准你摆谱，更不准因为有了钱做官。这叫“有钱不让花，挣了也白搭”。文言写作“虽富无所芳华”，你说商人郁闷不郁闷。到了汉朝，百代皆行秦政法，商人的地位并未得到提高，商人不但不准做官，还不准用个人名义购买田地。有了钱不让“光宗耀祖”不说，还需要向朝廷申报财产，交财产税。如果隐瞒不报，处罚极重，要全部没收财产的。所以在汉朝，商人的财产安全并不能得到有效保证，最有名的财主邓通最后竟然被活活饿死就是个鲜明的例子。

三国两晋南北朝隋唐宋时期，商人的地位并未得到实质性的提高，商人仍然不准做官。商人的地位提高，是从元朝开始的。元朝因为是少数民族政权，国土直达亚欧大陆，见多识广。而这么广阔的国土，自然需要商业交流。元朝实行民族等级制，商人大多属于“色目人”，在等级上仅次于蒙古人。明清时期商人的地位得到了更大提高，出现了红顶商人胡雪岩这样的优秀人物，商人终于可以做官了。

长达两千多年的商人郁闷期，并没有杜绝商人经商，反而激发了商

人向外拓展的勇气。中国历史上著名的丝绸之路，不管是陆上的还是海上的，都是在这两千年商人郁闷期发展起来的。陆地丝绸之路和海上丝绸之路极大地促进了中国与外国的贸易。中国的许多产品，其实是从外国进口来的。而外国在两千多年前就用上了中国的陶瓷、茶叶、丝绸等商品，可以说没有商人就没有世界的融合，商人在世界历史的发展进程中可以说功不可没。

商人社会地位低的文化分析与现实要求

为何中国有长达两千多年的商人郁闷期，这是由中国特殊的国情决定的。大家知道中国自秦朝开始，长达两千多年都是封建帝王制。而中国是一个深受儒学影响的国度，儒家讲什么？讲仁义礼智信。而商人做生意常常缺斤短两，这与儒学思想形成矛盾。当然，我们也不排除儒商的存在，比方孔子的徒弟子贡，还有那个有名的陶朱公范蠡。但这样的儒商，在历史上毕竟是少数。大多数的商人，是“无利不起早”，是“无奸不商”，如果说秦朝重农抑商是战时要求的话，那么汉武帝之后的“罢黜百家，独尊儒术”，就是接受哪个文化的事情了。在中国的文化基因里，不管是道家文化还是儒家文化，抑或是后来中国化的佛家文化，都没有重商的文化基因。孔子虽然并没有反对经商，但他的“君子爱财，取之有道”思想，与“无商不奸”是格格不入的。

中国长达两千多年的封建社会，属于农耕文明社会。在这样的社会里，农民最好管理，因为可以利用土地把他们束缚住。而商人最不好管理，因为他们走东串西，住所并不固定。而且商人拥有巨大的财富，如果这笔财富用于造反，将对维护封建统治造成很大威胁。《三国演义》里，刘备哥仨打造军队的第一笔钱，就是一个姓苏的大商人捐献的。从历史上看，商人资助军队的事例比比皆是。所以从国家的利益上，皇帝除了防藩镇割据的将领，在经济上就是防商人。从秦代到明清长达两千多年的时间，商人不得为官，就是为了防止商人与政治勾结起来，维护政权的稳定。

西方的大炮打开中国大门后，西方的重商思想也同时进入中国。也就是说，中国的商人真正在政治待遇上站起来，是从清朝开始起步的。商人的社会地位开始有大幅度的提高，但那是现代的事情了。

古人夜生活史：古人的夜生活原来如此丰富多彩

我们都知道，电灯是近代发明的产物，爱迪生1880年才发明出能够长时间工作的碳化竹丝灯。也就是说，在长达几千年的时间里，人类的夜间，是靠油灯、蜡烛照明的；在油灯、蜡烛发明之前，如果夜间需要照明，只能用火把。三国时，张飞夜战马超，就是命令士兵们点燃火把争斗的。另外，还有一个天然的照明物，那就是一轮明月。有了照明，才会有丰富多彩的夜生活。那么，古代的夜生活是怎么样的？古人晚上都做些什么？

由于宵禁，许多朝代的夜生活很乏味

提起夜生活，不能不提起古代的宵禁制度。至少在周代的时候，中国就已经有了宵禁，由“司寤氏”主管。“掌夜时，以星分夜，以诏夜士夜禁，御晨行者，禁宵行者、夜游者。”宵禁实际上就是夜间管制，不允许人们自由活动，目的是防备盗贼，也防备流民趁夜色聚众暴乱，或者防备敌方派间谍出没。因为在夜间，毕竟不好管理，许多突发事件，都是发生在夜间。

宵禁是以鸣街鼓的敲响为信号，以唐朝为例，那时候是没有钟表的，看时间使用的是漏刻。漏刻的时间以衙门为准，每到晚上衙门的漏刻“昼刻”已尽，标志着到了夜间，衙门会擂响六百下“闭门鼓”，夜晚就来临了。夜晚有更夫，口里常喊着“天干物燥，小心火烛”，显得那么凄凉。每天早上五更三点后，衙门又会擂响四百下“开门鼓”，表示白天到来了。

历史上有文字记载的宵禁最早从周朝时有，春秋战国、秦汉三国、两晋南北朝、隋唐以及宋代以后的元、明、清三朝都是实行宵禁制度的。五代与宋朝是个例外。也就是说，在古代大部分时间里，国家实行宵禁政策，晚上是不能自由出门的。汉将军李广在家休养时，有一次出门喝酒回来晚了，走到霸陵驿亭，被霸陵尉拦下，禁止通行。李广的骑从说：“这是当初的李广将军。”亭尉说：“现任将军尚且不能夜行，何况前任的呢！”可见宵禁制度的严格。违反宵禁制度的叫作“犯夜”，是要遭受刑罚的。《金瓶梅》书中这样写道：“拿你犯夜，教他拿了去，拶你一顿好拶子。”可见犯夜不是闹着玩的，要夹手指的。

国家不允许夜间自由行动的日子里，各家各户晚上就只能自己在家过。点灯或是点蜡还要费钱，所以最常见的夜生活就是睡觉。天那么黑不睡觉能干什么呢？当然也有一些特殊职业，正好趁着夜色“工作”，比如小偷、间谍，也有的赌徒，晚上偷偷聚众赌博。爱学习的文人们，正好趁着夜深人静时读几本书，不过读书是费油灯或蜡烛的。勤奋的农妇，也可以干些不太费眼的家务。而在战场上，夜色正是埋伏、突袭的良机。浪漫的文人墨客，夜色相伴好作诗，大诗人李白有时“窗前明月光，疑是地上霜，举头望明月，低头思故乡”，有时“举杯邀明月，对影成三人”。但这只限在家里，在大街上，那是“六街鼓歇行人绝，九衢茫茫空对月”的。

宵禁缩短，宋朝的夜生活最丰富多彩

宵禁也不是一年三百六十五天都有，也有开禁的时候，比如元宵之夜，比如皇帝的生日，等等。反正“普天之下，莫非王土，率土之滨，莫非王臣”，皇帝不但可以管空间，也可以管时间的，他什么时候高兴

了，可以大赦，自然也可以解除宵禁的。

宵禁发生松弛，是在晚唐和五代开始的。因为那个时候，天下有点乱，国家没有精力正规管理宵禁，于是中国人的夜市时代到来了，“一街辐辏，遂倾两市，尽夜喧呼，灯火不绝”。但晚唐与五代的夜市只是个开始，到了宋朝，才能真正体验到了古人的夜生活是多么丰富多彩。

北宋初创时期，把宵禁开始的时间由一更改为三更，这大大延长了夜生活的时间。宋朝人的夜生活是如此的丰富多彩，“直至三更尽，五更复又开张，如要闹去处，通晓不绝”“每五更点灯博易，买卖衣物、图画、花环、领抹之类，至晓方散，谓之鬼市子”。发明于唐朝的坊市，其实就像现在的集市，做买卖的，在夜间络绎不绝。在长达几千年的古代，宋朝的商品经济是最发达的，这从他们的夜生活可见一斑。

宋朝人晚上都做什么？妓院里灯红酒绿，吟诗作赋调情；门店里叫买叫卖谋生；酒肆、饭店里哥们兄弟饮酒；赌坊里吆五喝六赢钱；寺庙里安然打坐诵经；茶楼里品茶大侃学问；当然也有文人墨客在家码字的。因为宋朝皇帝的开放态度，夜市里是全民皆欢。除了科技没有现代发达，宋朝的夜市并不比现代差。而文人的情趣比现在雅多了。

生存与生活，穷人与富人的夜生活冰火两重天

其实夜生活如何过，与经济条件是有很大关系的。穷人与富人的夜生活，不管是古代还是现代，都是冰火两重天。

对于大部分农人来说，实行宵禁与不实行宵禁，关系并不大。他们安排的时间永远是“日出而作，日落而息”。白天干了一天活，可盼到了晚上休息，不睡觉第二天是没有精神的。尤其是穷人，吃不饱穿不暖的，哪有心情去娱乐。更有甚者，为了生存，即便是晚上还要加班劳作，女人会为孩子和丈夫缝补衣服，针线活是她们的日常选项。而纺纱的女人，有的趁着月色还在纺线以贴补家用，也有的利用夜间洗衣服“长安一片月，万户捣衣声”。所谓“晨兴理荒秽”，农家的起床时间

很早，天没亮就要下地干活，不早睡哪来的精力劳作呢？

而有钱人们，白天耍得不尽兴晚上会继续接着耍。美酒佳肴，再有美女相伴，音乐相随，三五好友，吟诗作赋，世界上所有美好的事物，尽情享受。宋朝因为商业的发达，夜市更是发财的好机会，摆摊的、开店的、卖艺的、算命的，正是招揽顾客的好时机。有时晚上挣的比白天还多，因为很多富人白天要工作，是晚上出来消费的。宋朝虽然没有出租车，但却有租驴的，玩累了可以租一头驴骑着回家。

对于人穷志不短的人来说，夜里正是“加油”的时候，孙敬正在“头悬梁”，苏秦正在“锥刺股”，匡衡正在“凿壁偷光”，江泌正在“映月苦读”，韩愈正在“焚膏继晷”，车胤则抓了几只萤火虫作为照明材料；还有的穷书生，跑到寺庙里“借光”。他们现在虽然穷困，但都想通过读书增长学问，以博功名。当别人都睡了的时候，当别人正在浪费青春的时候，夜晚正是他们发奋的时间，因为在他们的心中更看重美好的未来。

古代御寒史：古人是如何过冬的？

冬天来了，御冬成为人们生活中首先要考虑的一大问题。现代人们御冬保暖，采用的方法多了，屋里有暖气、空调，可穿单衣，出行在车里，也有空调取暖。外面再穿上厚厚的毛衣、皮衣、棉衣，要多暖和有多暖和。在古代，没有暖气、空调，他们是如何过冬的呢？

古代的四个寒冷期，比今天更冷

古时候某些朝代的气候，是远比现在冷的。据科学家竺可桢的研究，中国古代有四个寒冷期和四个温暖期，其中第一个寒冷期为西周寒冷期，约为公元前1000年至公元前850年，持续了至少一百五十年，《竹书记年》记载，“冬，大雨雹，牛马死，江、汉俱冻”，许多可以在黄河流域生活的野兽因为寒冷而向较温暖的南方迁移。我们知道候鸟是迁移动物，但陆地动物也不得不迁移，可见当时有多冷。

第二个寒冷期为魏晋南北朝期，约为公元初至公元600年，持续了六百年左右时间，其中历史记载有三年时间东南一带沿海都结了冰（公元333年至公元336年），枣树长出绿叶比往常年份推迟了十至十五天（据《齐民要术》）。海水结冰，是很反常的事情，一般海水是不可能结冰的。可见当时的寒冷程度。《三国志・魏书・文帝纪》真实记载了当时的寒冷情况：“冬十月，行幸广陵故城，临江观兵，戎卒十余万，旌旗数百里。是岁大寒，水道冰，舟不得入江，乃引还。”

第三个寒冷期是南宋寒冷期，时间约为公元1000年至公元1200年，大概为两百年。其中公元1111年太湖都结了冰，湖中的柑橘树全部冻死了。一般来说，树木是很难冻死的，冬天虽然因为天气原因一些植物树叶落尽，枝干枯干，但第二年还会生出新枝嫩叶，此时柑橘树被冻死，第二年不复重活，可见寒冷的程度。人工大运河也结冰了，影响了水运交通。《宋史·五行志》记载，“淳化四年二月，商州大雪，民多冻死”，老百姓没有条件御冬，熬不住了，只有冻死的命。

第四个寒冷期离我们最近，是明清寒冷期，这个时候出现了两个天气反常的怪现象，公元1493年的冬天，淮河流域竟然断断续续下了半年的大雪，你说得下多厚？公元1893年湖北普圻地区天空再降大雪，平地雪厚竟然达到五六尺。清朝诗人王樾曾以诗歌记载当时钱塘江被冻时的状况：“大地气不温，重衾疑浸水。曾闻钱塘潮，冻结平如砥。又闻淮海滨，弥望坚冰履。”钱塘潮也无法涨潮了，都被冻成了磨刀石的样子。

这么冷的天气，古人如何过冬御寒？对于穷人来说，正像诸多历史记载所说，熬不住了就会被冻死，家禽家畜也是一样；而相对富裕的人，会采取各种办法过冬。

炭火，是古代屋内取暖的主要方式

外面很冷的时候，古代的富人们大多时间会待在屋里，遮蔽风寒。而屋子里会相应采取一些增暖措施，使屋里屋外冰火两重天。

最早的增暖措施，就是在屋里生一堆火，通过烤火增温。中国人用火已经有几十万年的历史，早在旧石器时代就发现了火，中国的人文始祖之一燧人氏，发明了“钻木取火”，由“钻木取火”到利用火石取火，到火柴的发明，直到现代的打火机，经历了漫长的时间。火可不是只解决了人类吃熟食的问题，它还有另两项功能，即取暖与照明。

在有安全措施防范的情况下，在屋子里点上一堆火，既可以取暖又可以照明。

随着科学技术的发展，由在屋里直接点火发展到用火炉烧炭。春秋时有“燎炉”的记载，秦朝时出现了壁炉，更为神奇的是秦朝时还发明了“火墙”，这是中国最早的“暖气”开始，不过那个时候没有铁件的暖气，而是用陶制的筒瓦相扣，将之埋在墙中，利用墙体的升温而使整个屋子增加温暖。汉朝以后取暖设备进一步完善，火盆、足炉、熏炉、手炉等系列设备进一步完善，白居易的《别春炉》云：“暖阁春初入，温炉兴渐阑。晚风犹冷在，夜火且留看。独宿相依久，多情欲别难。谁能共天语，长遣四时寒。”因为白居易的影响力，熏炉又被称为“别春炉”。

白居易还有一首诗《卖炭翁》，记载了当时卖炭从业者的生活艰难。在长达数千年的时间里，木炭是最受中国人欢迎的取暖用品。明朝的皇宫有专门的“惜薪司”，其实就是负责木炭供应的部门，万历年间的一次殿试，曾耗用了一千斤的木炭，可见皇宫对于木炭的用量需求之大。

除了木炭以外，煤炭也是人类用于取暖的重要用品。中国是世界上最早发现煤炭的国家，经过考古发掘，早在七千多年前，中国人就已经发现了煤。不过，古代中国人把煤不叫煤，而称为石涅、石墨或石炭等。第一个首次使用“煤”名字的人，是明代医药学家李时珍。至少在西汉时期，中国人就开始使用煤炭作为燃料。不过，完全用煤炭替换木炭取暖，是近现代的事情。

对于穷人来说，一来买不起木炭和煤炭，二来没有厚衣服取暖，熬过冬天不容易。穷人最常用的室内取暖办法是烧炕，直到现在，我国北方某些地区，还有用这种方法取暖的。

棉花，是明代朱元璋强行推广开来的

除了住处的取暖措施以外，穿厚点就是古人最好的取暖方法。不过在很长时期的古代，是没有棉衣可穿的，因为棉花这种植物，是印度和阿拉伯地区的特产，并不是中国本土的植物。那么，在棉花没有传入中国之前，中国人是如何解决穿衣取暖的问题呢？

中国人本土的衣料，是以葛、麻、蚕丝为主。对于有钱的富人来说，在丝绸衣服里垫上厚厚的丝锦，也有很好的保暖效果。至于穷人，没有钱买蚕丝制成的丝绸，只能穿葛、麻这样的衣服，里面的填充物是絮头、细碎枲麻这些粗劣、陈旧的东西，防寒效果肯定要差一些。另外，穿皮袍是比丝绸更好的选择，古代打猎很普遍，用动物皮毛做成衣服能起到很好的保暖作用，羊羔皮、狐裘、貂皮等，是古人最常用的皮袍衣服。

至于棉花，是从南北朝时期开始传入中国的，但那时棉花的种植，远在边疆，并没有深入内地。至了宋元之际，棉花开始传入“关陕闽广”大量种植，并开始走向南方各省。关于棉花的推广，有两位居功至伟的人物，一位是宋末元初的黄道婆，她是著名的棉纺织家、技术改革家，大力推广搅车、弹棉弓、纺车等器具，被称为布业的始祖，至今上海等地还流传有“黄婆婆，黄婆婆，教我纱，教我布，两只筒子两匹布”的民谣。另一位则是明朝的开国皇帝朱元璋，他觉得棉花这种植物很好，采取强制措施在全国推广这种植物，从此棉衣逐渐发展为最普遍的保暖衣物。

除了穿、住以外，靠喝口热汤、热酒取暖，也是常用的方式，不过条件是你得吃得起、喝得起。“绿蚁新醅酒，红泥小火炉。晚来天欲雪，能饮一杯无？”这是白居易的喝酒取暖诗，不过白居易是朝廷官员，喝得起酒，一般老百姓饭都吃不饱，能不能喝得上酒，是一个大问题。

古代用毒史：战场也曾是“毒药”主场

所谓毒药，也就是有毒的药物，它有着悠久的历史。最早的毒药，有可能来自于植物与动物本身，随着科学技术的进步，毒药也随之由动植物发展到化工毒药，砷、汞、锑、铅、铊等有毒元素登上历史舞台。在遥远的中国古代，毒药的制作和使用绵绵不绝，为了权力而谋杀，为了奸情而谋杀，为了财物而谋杀等，都有毒药的身影存在。

毒药，从能杀死神农氏的“断肠草”说起

最古老的毒药应该来自植物与动物本身。在原始社会，人们往往分不清哪种植物有毒，哪种植物能吃，哪种动物的口水有毒，哪种动物的口水无毒，这需要实践来证明。于是，在中国古老的故事中，就有了神农尝百草的故事。

神农氏就是炎帝，我们都是炎黄子孙，其中的炎就是炎帝。我们的这位先祖是一位农学家和药物学家，他的经验来自实践，哪种植物有毒，哪种动物无毒，需要他亲自尝一尝来验证。传说中的炎帝曾经尝了很多种植物，哪种有毒哪种无毒分得门清。有了炎帝的告诫，人们才敢放心地食用这一种，而远离那一种。炎帝难道不怕被毒死吗？其实炎帝也是人，传说他发现了一种植物具有良好的解毒功能，一旦遇到有毒的植物，他就用这种解毒草解毒，所以才会次次化险为夷。但有一次，炎

帝吃了一种植物，发现这种植物有毒，但没有等到他食用解毒的植物毒性就发作了。炎帝死于一种叫“断肠草”的植物，这种植物成为有史以来第一种有记载的剧毒植物。

其实神农氏炎帝只是一个尝毒的代表人物，不知有多少古人亲自实践，有的付出了宝贵的生命，才让人们知道了哪种植物有毒哪种植物无毒，哪种动物有毒哪种动物无毒。所谓的动物五毒，蜈蚣、毒蛇、蝎子、壁虎和蟾蜍，其实也是先人们通过实践证明了的。因为有了他们的付出，后人们才逐渐认清了这个世界，避免了许多由于无知造成的伤亡。辨认动植物有毒、无毒，其实是人类战胜大自然的一次胜利。

谋杀，毒药是最有效的利器

人类发明了毒药，就不免利用毒药谋杀，达到不可告人的目的。谋杀有的因为政治目的，有的因为奸情，有的因为谋财害命。《水浒传》中，人们所熟悉的潘金莲谋杀亲夫武大郎，就是使用的毒药。该种毒药名叫砒霜，砒霜在武侠小说中还有一个很厉害的名字，叫作鹤顶红，其实仙鹤头顶上的那一点红就像公鸡头上的鸡冠子，是没有毒的。真实的鹤顶红又名红信石，这是一种天然的化学物质，提炼出来的东西就是砒霜。之所以起鹤顶红这个名字，也就是叫着好听，颜色是红色的而已。

与武大郎同样命运的，还有一位清朝皇帝光绪帝，他也是被砒霜毒死的，只不过需要指出的是，砒霜并不像电视上说的见血封喉，吃一点立即毙命，而是要经过二十四小时的煎熬。当然，也有少数人属于过敏体质死得快的。

古籍中另一种经常提到的毒药，叫鸩酒。想当年西汉末年，王莽为了篡夺皇位，便派人用鸩酒谋杀了汉平帝刘衎。鸩是一种似鹰的鸟类，它的羽毛上有剧毒，据说用它的羽毛在酒中浸一下，酒就成了鸩酒，人喝了立即就死。不过令人惊讶的是，今人是造不出鸩酒来的，今人造出的鸩酒并没有使用鸩鸟的羽毛，而是使用白芨、白蔹、麻黄甚至砒霜等药物掺进酒中，靠酒的催化作用加速死亡。

鸩酒也并不能立即致人死命的，《水浒传》中，奸臣们害宋江和李逵，就是在皇帝赐的御酒中下了鸩毒。电视剧中的宋江与李逵并没有立即死亡，其实是有道理的。如果这时候遇到名医，比如安道全在现场，或许还有抢救的希望。

战争，毒药也曾派上用场

毒药，也往往用于战争，比如在敌人取水的井中投毒，派间谍用毒药进行暗杀，在武器上抹上毒药增加威力，等等。尤其是在箭上抹上毒药，射中敌人后，可大大增加敌人死亡的概率。《东观汉记·耿恭传》中说："恭以毒药傅矢，传语匈奴曰：'汉家神箭，其中创者必有异。'"汉末三国时期，关羽几度中箭，其中一次就中了毒箭，才有了《三国演义》中华佗刮骨疗毒的故事。

《水浒传》中的梁山第二代头领托塔天王晁盖，也是被毒箭射中死亡的。因为射中了眼睛，神医安道全又不在现场，所以来不及抢救。古代的毒箭一般是用四种药毒，矿物毒药、植物毒药、动物毒药以及细菌毒药。但古代的萃取技术并不高明，所以矿物毒药并不普遍。而动物毒药更不好大量使用，比如用蛇毒，那得搜集多少条蛇啊，所以也只是少量使用。植物毒药呢，古代有一种树叫毒箭木，也叫剪刀树，其汁甚毒，浸之有见血封喉之效，不过此树并不普遍，现在成为国家的濒危保护植物了。相反，细菌毒药相对来说倒易推广，宋末之时成吉思汗的部队就大量推广箭头在牛胃里浸一下，因为牛胃里有大量细菌。另外，还有的部队使用粪便浸箭头，这样可使箭头沾染上大量细菌。射中后容易造成敌人创口感染。这可能是最早的细菌战吧。

古时候长时期是冷兵器作战，在冷兵器上也有浸毒的。比如在匕首上、在刀具上、在暗器上，这样一旦打中敌人，可以造成更大的伤害。武侠小说中常常有这样的描写，普通的刀伤、枪伤并不太可怕，但如果是煨了毒的武器就很难治疗了，必须有解药才可。

赐死，毒药成为死刑之一

由于毒药可致人死亡，所以用毒药将人毒死也成为死刑之一。将人毒死，其实是死刑中最轻的死法，至少落了个全尸。

最有名的毒死对象，当属南唐后主李煜，他被宋军俘虏后，被软禁了三年，有一天悲从中来，作诗一首："春花秋月何时了？往事知多少。小楼昨夜又东风，故国不堪回首月明中。雕栏玉砌应犹在，只是朱颜改。问君能有几多愁？恰似一江春水向东流。"这首诗写得是好，不过也引起了宋太宗的极大疑虑，判他服毒而死。李煜服的什么毒？该毒名叫"牵机药"，其实是一味中药，名叫马钱子。这味中药如果用小剂量疗病，有通络散结、消肿止痛之效。如果用来杀人，可致人全身痉挛，头与足相接而死，状如牵机。李后主就痛苦地死于此毒。

相比牵机毒药，古代皇宫使用更多的是鸩酒。用鸩酒一杯毒死，是皇恩浩荡，最轻的死刑，一般用于格外开恩的有功之臣或皇帝之前比较宠幸的臣子。比方说大贪官和珅，他就是在狱中自缢而死的，留了个全尸。南明时期有个大臣名叫黄大振，喝鸩酒不死，而不死的原因，是他将鸩酒稀释了，盼望着皇帝酒下留人，最后没有被毒死，被传旨太监绞死了。

古代禁烟史：古代都有哪些禁烟措施?

烟草，是从国外传入中国的一种植物。从传入中国之初就遭到了国家政府部门的抵制，不过这种抵制并不奏效，乃至发展到现在全民皆烟。烟草公司成为纳税大户。明知吸烟有害健康，但烟厂并未关张，烟民也不见减少，“饭后一支烟，赛过活神仙”反而得到流传。烟草到底经历了怎样的历史，中国古代又采取了哪些禁烟措施呢？

历史悠久，烟草可治病、祭祀，象征和平

烟草这个东西，并不是中国本土产的东西，所以又叫“洋烟”。那烟草哪里产的呢？据考古最早的烟草来自美洲，有三四千年历史了。烟草本来在古人看来有治病功效，明朝兰茂在他所著的《滇南本草》中说烟草“性温，味辛辣，有大毒，治疗毒疔疮、一切热毒疮，或吃牛马驴骡死肉，中此恶毒，唯此解毒”。也就是说，烟草虽然有毒，但可以“以毒攻毒”，治疗一些疾病。菲律宾流传着一个故事，吕宋岛的淡巴公主去世后，被执行“天葬”，但执行“天葬”时，身边的烟草强烈的辛辣香味将她熏醒了，因此烟草又有了“起死回生”的功效，被称为“还魂草”。

除了用于治病外，最早烟草还是美洲印第安人用来祭礼的圣物，将烟吐向天空、大地、太阳，象征着对天神、地神、太阳神的虔诚感激之

情。世界上最早用于吸烟的烟袋应是印第安人发明的——如果两个部落发生冲突，烟袋和烟草可派上用场，用来传递“和平”的信息。如果一方想求和，将烟袋递给对方，对方接受了，就代表了“和平”，所以最早的烟草还象征着和平、友谊、尊重、和睦相处，印第安人称烟袋为“和平烟袋”，就是这么来的。

因为烟草的“和平”“友谊”“尊重”功能，这个习俗一直流传至今，相互陌生的两个人，往往用敬烟的方式表达友好，如果对方接受了烟，两人同吸，话题就来了，许多业务上的合作在烟雾缭绕中达成。这种习俗还发展成“国际礼仪”，国际之间，各国用烟或烟斗等烟制品相赠象征着和平友好。

虽然烟草有这么多“好处”，但那是建立在古人不懂科学的基础上，随着科学的发展，人们发现烟草的害处大于它的“好处”，“吸烟有害健康”越来越深入人心，于是禁烟也同时被古人提上议事日程。

明朝禁烟，罪可杀头因关亡国

烟草因为哥伦布发现“新大陆”而流传到世界各地。烟草传入欧洲后，被作为镇痛药使用。而烟草中所含的尼古丁则来自一位名叫尼古拉的法国人。烟草进入中国是从明朝开始的，或说是嘉靖年间，或说是万历年间，不过四五百年历史。

最早传入中国的烟草来自吕宋，也就是现在的菲律宾。烟草进入中国后，引起了中国的医学界及诗人、学者的高度重视，明朝药物学家倪朱谟编撰的《本草汇言》记载“此药气甚辛烈，得火燃取烟气吸入喉中，大能御霜露风雨之寒，避山蛊鬼邪之气，小儿食此能杀疳积，妇人食此能消症痞”；明代诗人学者姚旅在他所著的《露书》中认为烟草“能令人醉，亦辟瘴气，捣汁可毒头虱”；明代药物学家姚可成所辑的《食物本草》称烟草为“忘忧草”：“凡食烟，饥能使饱，饱能使饥，醒能使醉，醉能使醒，一切抑郁愁闷，俱可借以消遣，故亦名忘忧草。”明朝学者王逋在他所著的《蚓庵琐语》中认为：“烟叶出闽中，边上人寒疾，非此不治。”

在这些诗人学者、药物学家们的推波助澜下，许多农人纷纷弃粮种烟，并因此“发财致富”，种烟是一种暴利，明朝学者王逋在他所著的《蚓庵琐语》记载“关外人至以匹马易烟一斤”，一斤烟草可以换一匹马，比种粮食的利润不知高上多少倍。明末学者杨士聪认为“一亩之收，可以敌田十亩”。不过，这种种烟、卖烟的势头引起明末崇祯皇帝的反感，并因此下达严厉的“禁烟令”。一不是从健康的角度，二不是从农业的角度，而是因为烟草的谐音，明代杨士聪《玉堂荟记》记载，崇祯帝认为烟谐音“燕”，吃烟就是吃燕，崇祯皇帝可是燕王朱棣的后代啊！当时又流传一首民谣：“天下兵起，遍地皆烟。”这不就是影射烟草带来的亡国之兆吗？公元1639年，崇祯发布禁烟令，“己卯，上传谕禁之，犯者论死”，一个参加会试的举人可称为禁烟“倒霉蛋”，因为不知这道禁烟令被抓斩首。

公元1643年，崇祯皇帝再下禁烟令：“敕禁私贩，至论死。”遗憾的是，以死刑威胁的禁烟也没有收到好效果，烟草没有禁绝，明朝灭亡了。

当然，崇祯真正的禁烟原因，或许是种烟、贩烟严重影响了粮食和经济秩序。不过，上天没有给他时间。

清朝禁烟，禁而不绝反成烟灾

清朝的诗人学者、医药学家们对于烟草的态度与明朝不同，他们大多看到了烟草的危害。清代名医张璐在所著的《本经逢原》中对吸食烟草产生的毒副作用怀疑，“岂知毒草之气，熏灼脏腑，游行经络，能无壮火散气之虑乎”；清代园艺学家陈淏子劝人们少吸烟，他在所著的《花镜》中认为烟草“久服肺焦，非患膈即吐红。抑且有病，投药不效，总宜少用”；清代名医吴澄则首提戒烟，他在《不居集·烟论》中说“无病之人频频熏灼，津涸液枯，暗损天年。虚损之人，最宜戒此”；另一名清朝医学家吴仪洛同样认为烟草是“毒草”，不应吸食，他在《本草从新》中认为烟草“火气熏灼，耗血损年，卫生者宜远之”“最烁肺阴，今人患喉风咽痛、嗽血失音之症甚多，未必不由嗜烟所致”。清代诗人张翔凤与医学家们有一样的看法，他在诗歌《种烟行》中吟道：“吁嗟老农勿健羡，此物鸠毒奇莫居。”

因为看到了烟草的危害，清朝的皇帝是极力禁烟的，皇太极禁烟甚至比崇祯皇帝还早四年，早在1635年就开始禁烟，公元1639年清朝的户部更是严令“不许栽种，不许吃卖”，违者“定以贼盗论，枷号八日，游示八门”“除鞭挞穿耳外，罚银九两，赏给捉获之人”。皇太极对于贩烟者判刑更重，和崇祯的死刑有一拼，“凡犯禁者，一斤以上先斩后闻；未满一斤者，囚在义州，从重科罪”，卖一斤烟草就要处死，而且先斩后奏，和现代对待毒品的态度差不多。

但这么严厉的态度，也没有禁住烟草的泛滥，为什么呢？因为烟草的利润太大了。清康熙年间“边卒携一缣值三四金者易二马，烟草三四斤易一牛”，清乾隆年间四川“大约终岁获利过稻麦三倍”，种烟收入奇高，贩卖烟草利润更丰厚，徐珂在所著《清稗类钞·农商类》中记载烟草商郑翁“不数年，积资巨万矣”。禁而不绝，清朝的皇帝们就没有坚持那么严厉的处罚政策，又由于放纵而使烟草业泛滥成灾。与清朝政府相比，洪秀全的太平天国政权禁烟效果反而更好，“凡吃黄烟者，初犯责打一百。枷一个礼拜；再犯责打一千，枷三个礼拜；三犯斩首不留”，不过随着太平天国政权被镇压，禁烟也便成为了虚话。而欧洲列强的鸦片烟进入中国，使普通的烟草更是小巫见大巫，不值一提了。

古人求职史：有关系的找人推荐，没关系的毛遂自荐

求职找工作，对于刚毕业的毕业生来说，是一大难事。有人毕业即失业，很长时间找不到合适的工作，变成了“啃老族”。有人则连续跳槽，这山望着那山高。有人选择自己创业当老板，有人则报考公务员打算弄个“铁饭碗”。那么，古人是如何求职的呢？他们找工作有什么诀窍吗？

对于读书人来说，考试当官是正途

自古“学而优则仕”，又曰：“学得文武艺，卖与帝王家。”对于读书人来说，参加科举考试，获得帝王的青睐，换个一官半职，才是正途。从社会地位上来说，士农工商，“士”的社会地位也是最高的。人往高处走，水往低处流，没有哪个读书人不想当官的。陶渊明也不是不想当官，而是厌恶那个官场太黑暗了，不想当那样的贪官、谄媚之官而已。

但读书人并不是一开始就能通过考试当官的。在隋朝以前，是没有科举考试的，而是察举制。所以对于广大的读书人来说，特别是寒门读书人，你得感谢两个人，隋文帝和隋炀帝。正是这两位皇帝，开创了科举考试的伟大时代，而被后世的帝王继承之。自从有了科举考试，寒门

学子才有了向上流动的希望。

历史有据可查的第一位科举状元是唐初的孙伏伽，末代状元是清末的刘春霖。从唐初到清末，一共产生了五百多位状元（或说504，或说592），可考的榜数为745榜。有了科举考试，才有了“书中自有颜如玉，书中自有黄金屋”，才有了“万般皆下品，唯有读书高”。在中国的国情下，生了孩子，让他读书识字，将来考个功名，成为每个家长的第一选择。因为只有靠读书才会出人头地，这是最靠谱的选择。

对于武人来说，投军、保镖是首选

读书考到功名固然是不错的选择，但并不是每个人都有机会读书，也并不是每个人都读得起书的。除了文以外，还有不少中国人练武，习武既可以强身健体，也可以用来杀敌御敌。武术是中国的国粹之一，具有悠久的历史。早在商周时期就有武术，儒学六艺中射箭与驾车都是六艺之一。春秋战国时期的侠客，都是具有武术根底的人，荆轲刺秦王，没有武术技能是不可想象的。

武人的职业出路一般有两个，一是投军为国效命，二是当保镖为财主效命。古时战争频繁，许多寒门靠当兵博取了功名。最著名的是后汉三国时期，刘备、关羽、张飞都出身卑贱，刘备是织席贩履之辈、关羽是流亡之人、张飞是个小地主。三人都有武艺，有共同的志向，相约共同投军，创出了一番事业。刘关张是古代武人求职的一个缩影。

南北朝时的杨大眼也是出身卑贱，投军时参加考试，靠奔跑速度快获得考官的青睐，当上了军官。所以对于武人来说，在军中武艺高强拳头硬是当官的捷径。当然，军中也讲谋略，但那是个最“丛林社会”的地方，没有两下子是很难在士兵中吃得开的。

除了当官，就是当保镖。中国最早的保镖，至少可追溯到1400年前的北魏时期，那时就出现为客商和官宦在旅途中提供人身和财物安全服务的保镖。清朝的著名侠客大刀王五，就是保镖行业的老大，最后抗击八国联军而死。除了押送货物，还有一类保镖是看家护院，当然也有给皇室看守护院的，被称为大内高手。传说中的展昭，就是御前带刀侍卫，这都属于武人的职业选择。

有关系的找人推荐，没关系的毛遂自荐

在科举考试之前，统治者对于用人，是看人下菜碟的，穷人一般没有当官的希望，因为实行的是察举制，察举制是最容易走后门的，所以形成了士族社会。士族，又称门第、衣冠、世族、势族、世家、巨室、门阀等，总之是有钱有势的人形成的一个固有阶层。三国时的袁绍、袁术，总是在人前吹嘘“四世三公”，其实讲的就是他们家世世代代都是当官的。这些当官的并不是比别人学问高，袁绍、袁术跟曹操、刘备、孙权比，都不能称为“英雄”，但他们因为家庭的关系，占据了比别人高得多的社会地位。因为门阀的关系，在察举制中占据先机，可以优先推荐，甚至直接荐到皇帝那里去，担任高官。而关羽、张飞这样的人，纵使本事再大也没有人推荐的，只能从最低的职位做起。

对于没关系又确实有本事的人，还有一招，叫毛遂自荐。春秋战国时期的毛遂，因为自荐成功，由此成为一个成语。苏秦也靠向六国君王自荐，身佩六国相印。韩信多次自荐，最后在萧何的帮助下成为刘邦的大将军。诸葛亮更是自荐的典型，只不过他采取了另一个套路，让司马徽先做宣传工作，吸引刘备去拜访他，他这个套路和姜太公一样，是十分高明的自荐方式。

唐朝的白居易，也是一个毛遂自荐的典范，白居易年轻时到长安游学，写了一首诗找到当时的高官顾况，请顾况指点指点。结果顾况一看到这首诗，立马就不镇定了，发现了这是个大大的人才啊！于是做了他的伯乐。白居易的这首诗是：“离离原上草，一岁一枯荣。野火烧不尽，春风吹又生。远芳侵古道，晴翠接荒城。又送王孙去，萋萋满别情。”李白也曾自荐，他写了一封自荐信，名叫《与韩荆州书》，开头就说“生不用封万户侯，但愿一识韩荆州”。李白那么高傲的人，求职说出这样的话，求职心情可见一斑。

拜师学艺，自主创业也是不错的选择

士农工商，古代四大行业。对于农民来说，这个职业虽说在古代社会地位高，但只能说明古代的统治者重视农业，“以粮为纲”，农民本身并不富裕，富的是地主。而且农民这个职业并不需要求职，大多是子承父业。实在考不上功名也没有投军，如果父辈是农民的话，那只有继承这个职业接着种地了。

除了考取功名和投军以外，还有两种职业值得一提，那就是“工”与“商”。“工”是指工匠，这个行业就多了，所谓三百六十行，大多数属于工匠这一行，也就是俗话说的学个技术。至于是瓦匠、木匠、玉匠、铁匠、理发匠还是什么工匠，得看你的机缘了。拜师学艺当个工匠，在古代来说也是一个选择。可别小看工匠，不管什么朝代，多么乱的朝代，工匠一直是受欢迎的。即便是成吉思汗屠城，也是留下工匠的，因为要靠他们干活呢。

至于商人，在古代的社会地位是很低的。但商人虽然社会地位低，却得了实惠，一般商人是有钱的。著名的陶朱公就是曾经的越国大将军范蠡，另一名端木赐则是孔子的学生子贡，这都是商人的典范。经商属于自主创业型，在古代虽然国家不号召，但国家只是出于商人流动性强，不好管理的考虑。历史上出了许多商人巨贾，他们的日子过得很好，自主创业经商虽是不得已的选择，但一旦成功了，不失为“翻身做主人”的典范。

当然，大多数的国人，在古代是属于拼爹型的，子承父业的多。所以也就有了“龙生龙，凤生凤，老鼠的儿子会打洞”之说。虽是戏说，但从一个侧面表明了职业的连续性，所以很多人是“家传”的手艺、祖传的职业，就连当官也是世袭罔替的。

租房小史：原来古代那么多名人都租不起房

吃穿住行，是人类在日常生活中每天必须面对的四大项，很现实，谁也逃离不了。其中住这一项，从很重要的方面反映了一个人的生活品质。许多“刚需族”苦于高房价，买不起房，只好租房住。其实在古代，也有许多人买不起房的，故而杜甫发出“安得广厦千万间，大庇天下寒士尽欢颜”的哀叹。

出租房已有五千年历史，买房与租房本是孪生兄弟

中华民族的住房史，如果上推，可推到远古时候的有巢氏。“上古之时，诸事不备，有圣帝出，教民构木为巢，以避爪牙角毒之害，故曰有巢氏”，有巢氏发明了房子，被后人尊称为巢皇，虽然是巢居，和鸟儿一样，但至少可以躲避洪水、野兽等。随着华夏族人口的增加，巢居改到了地上，但并不是每个人都有条件住自己的房子，于是有富余房子的人出租给没有房子住的人便成为可能。

历史上最早的租房客，可以追溯至尧帝时的隐士许由。许由是尧时代著名的贤士，那个时代实行禅让制，尧帝想将帝位禅让给许由，结果许由不想当，听了尧帝禅位的话去洗耳朵，认为这是侮辱了他的耳朵。史载“许由辞帝尧之命，而舍于逆旅”，逆旅就是旅馆的意思，五千年前的日租房。舍就是住的意思，许由是有历史记载的住宿旅馆第一人，既然那时候有了原始的旅馆，短期的出租屋，就很有可能也会同期出现中长期的出租屋。

夏商周时期，出租屋开始兴旺起来，《周礼》上记载了周朝出租业的盛况："凡国野之道，十里有庐，庐有饮食。三十里有宿，宿有路室，路室有委。五十里有市，市里有候馆，候馆如积。"汉朝时出现了私人旅馆"郡邸"和专供外国人租住的"蛮夷邸"。南北朝时出现了门面出租房"邸店"，寺庙也开始对外提供租住。宋代出现了管理房地产税务的"楼店务"，也叫"店宅务"，分管出租房子和修造房子。元朝时为了解决官吏租不起房的问题，出现了"系官房舍"，给官员们分房住。明朝时出现了最早的廉租房"廊房"。可以说，买房与租房是一对孪生兄弟，五千年来一直共同存在。

历史上那些租房的名人们，出人意料

和现代买不起房子的许多刚需族一样，古代也有许多人买不起房子，其中不乏名人雅士，买不起房子又得上班，只好选择租房住。可见古代的房价也是很高的。

最有名的租房客首推诗仙李白，李白的一生是"诗和远方"的一生，他"仗剑去国，辞亲远游"，曾到过中国的十八个省市自治区、二百零六个县镇，攀登过八十多座名山，游览过六十多条江河，实现了全国各地的游学梦想。这么多地方，李白不可能买房住，只能租房住或蹭房住，那首"窗前明月光，疑是地上霜，举头望明月，低头思故乡"就是在旅馆写的。李白的一生是租房的一生，最后投靠族叔李阳冰，住的也不是他自己的房子。其次有名的租房客，则属诗圣杜甫，杜大人经历了安史之乱的乱世时代，比李白还穷，买房子对他来说是不可能的，那首《茅屋为秋风所破歌》就是他的杰作，杜甫的境界较高，他推己及人，同情天下和自己一样的寒士，发出"安得广厦千万间，大庇天下寒士尽欢颜"的呐喊。第三个有名的租房客，就是大诗人白居易，白居易虽然是进士，当着朝廷官吏，但挣的钱少，在他的官宦生涯中，竟然租了十八年的房子，直到五十多岁才攒够钱买了一幢属于自己的房子，还是在京城远郊。于是作诗一首感叹："游宦京都二十春，贫中无处可安贫。长羡蜗牛犹有舍，不如硕鼠解藏身。且求容立锥头地，免似漂流木偶人。但道吾庐心便足，敢辞湫隘与嚣尘。"

宋朝时的租房客，最著名的就是"三苏"。苏洵在京当了十几年官，买不起房子，只得租住。苏东坡与苏辙来到京城后，步了父亲的后尘，照样买不起房子。苏洵到老死，除了家中老宅，没有在京城购置一处房产；苏东坡的儿子结婚是借的朋友房子完婚；最幸运的还是苏辙，拼尽一生财产买了一幢房子，不过这已经是在他的晚年了。

在什么地方租房，根据自己不同的需要

从唐朝的李白、杜甫、白居易与宋朝的三苏来看，即便是盛世也不是一般人可以买得起房子的。

古人租房，满足的是不同的需求。第一种租房类型，如史上那个著名的"孟母三迁"的故事。孟子的母亲是买房还是租房，历史上没有记载，不过根据分析，租房的可能性比较大，孟母又不是"房姐"，哪有那么多钱财搬家。孟母的租房需求，是选择一个好的邻居和一个好的居住环境让孟子安心学习。和孟母同样看法的还有南北朝时期的宋季雅，他留下了"一百万买宅，千万买邻"的故事，当然，宋季雅是属于买得起房子型。古有"非宅是卜，唯邻是卜"的说法，这个说法适用于买房，也适用于租房。

第二种租房类型，是选择靠近书香气的地方，为了借书方便。古时候出版业没有现代这么发达，租房子选择一个可以就近借书、读书的地方，也是首选之一。"整娖牙籤万卷余，谁言家具少千车。僦居会向春明宅，好借君家善本书。"这首诗说的是清朝大名士朱彝尊家中藏书非常多，金庸的先祖查慎行租房时就选择了在朱家附近。

第三种租房类型，是选择靠近伯乐的地方，当然这样就比较功利了，但更实际。清初名臣徐乾学深得康熙宠幸，于是有许多学子就选择租房在他家附近，“其所居绳匠胡衕，后生之欲求进者，必僦屋于旁”。这些学子一是为了巴结徐乾学，万一被收入门下呢？另一个冠冕堂皇的理由，就是可以随时向他请教学习。

第四种租房类型，是图个上班方便。清朝的大臣们，在宣武门周边租房的比较多，名臣曾国藩在骡马市大街北的棉花六条胡同租房子，为的就是上朝方便。

至于租房价格，各朝各代都有不同。以宋朝为例，当时比较便宜的房子月租金为一百七十文，而一个当差的员工月薪只有四百文，也就是说，拿出一半的工资来租房。宋仁宗时，大臣张永和建议宋朝政府将租房的费用分出三分之一作为军费，可见宋朝的租金是不少的。名相晏殊家里有钱，他用钱盖了房子出租出去，因为房子多，成为当时的“房叔”。而名相欧阳修就属于没钱型，买房子肯定买不起，租房子也租不起好的，所以写诗发牢骚：“邻注涌沟窦，街流溢庭除。出门愁浩渺，闭户恐为潴。”

这可真是，上下五千年，租房一样难。今人的痛苦，古人已经都尝过了。

公厕简史：早在3000年前就有公共厕所

人有三急，不管是古人还是今人，不管是大便还是小便，憋得慌了上厕所，可算是第一急。在家还好说，在外面办事，如果没有公共厕所，那可是什么笑话都会憋出来的。今天的城市里建起了许多公共厕所，解决了人类这些难题，那么中国古人们是如何解决这一问题的呢？说起来，中国的公共厕所，其实早就有三千多年历史了。

厕所有多少叫法，多得不可思议

在没有厕所之前，人类是在哪里方便的？这从十六世纪之前的欧洲可以看出，他们是拿起夜壶随便往大街上倒的。而在中国，一个文明之邦，至少在三千多年前，就已经使用完备的厕所了。《周礼·天官》记载，“宫人，掌王之六寝之修，为其井匽，除其不蠲，去其恶臭”，其中的厕所被叫成“匽”。匽即“偃”。其实单论厕所的叫法，就多达近三十种。如“清、溷藩、溷轩、圊、偃、屏厕、都厕、西间、西阁、舍后、更衣室、雪隐、公厕、官厕、路厕、民溷、屏、厕、圂、茅厕、茅坑、粪坑、坑厕、厕坑、厕屋、溷厕、厕溷、藩溷”等，可见中国的如厕也形成了一种文化。

先秦时代的公厕什么样子，《墨子·旗帜》载，“于道之外为屏，三十步而为之圜，高丈。为民溷，垣高十二尺以上”，其中的“民溷”

就是指厕所，而“溷”字，是指猪圈旁边的厕所，所以至少在春秋战国时期，中国的厕所就是与猪圈连在一起的。这种厕所，在几十年前，中国的农村还在广泛应用。人粪与猪粪混为肥料，在中国已流行了三千多年。先秦时代的茅坑是很深的，近代学者尚秉和经考证认为周代时期的厕所“颇与今日之洋茅厕相类”。可见中国古代的厕所之先进。春秋时有一位晋景公，就是掉进厕所里淹死的，从史籍的另一个侧面说明春秋时代中国已经有了先进的厕所。

中国是一个讲风水的国度，在家里建厕所，方位上一般选在西方或南方，位置上一般建在屋后。古代也是有马桶的，不过那时不叫马桶，大便用的叫“行清”，小便用的叫“虎子”。为什么叫“虎子”呢？据说与汉将军李广有关。汉将军李广曾经醉射一块像猛虎的石头，箭入坚石。回家后制造了一尊像卧虎一样的便器，称它为“虎子”，用来小便。一来表示纪念，二来表示对猛虎的轻蔑。后来流传开来，人们纷纷将用来便溺之器叫作“虎子”。不过到了唐朝，开国皇帝李渊的祖父名叫李虎，于是为了避讳，改“虎子”叫“兽子”或“马子”，慢慢地“马子”改称“马桶”了。其实就是老百姓说的夜壶。

至于上厕所用草纸，更是明清时期的事了。在没有发明纸以前，人们是用瓦片或木棍、竹片擦屁股的，汉末三国时期出现了“厕筹”一词，其实就是“搅屎棍”的意思，用来便后“刮蹭肛门”之用。东汉时期虽然发明了纸，但纸是昂贵的产品，人们舍不得用来擦腚，再有一说是古人认为用印了字的纸拭秽要遭到报应。直到元朝统一中国，这一观念才得到改变，出现了厕所草纸。

古代厕所多“豪华”，不可想象

对于穷人来说，厕所就是在地里挖个坑，解决内急问题，粪便用于还田。但对于古代的富人来说，厕所也是一种炫富的工具。古代的厕所有多豪华，令现代人都瞠目结舌。

秦汉时期，皇帝专设“侍中”一职，侍中的工作内容之一，就是管理皇帝的一切生活起居日用器物，其中也包括便器。“汉侍中掌乘舆服物，下至亵器虎子之属。”夜壶也分高下，五代时的后蜀国君孟昶、明代奸臣严嵩的儿子严世蕃，这二人用的夜壶都是用七宝嵌金制成的，那上面都是珍珠玛瑙。据说后蜀亡国后，赵匡胤不识孟昶使用的“虎子”是何物，喜爱之余差点用它喝酒，孟昶的妃子花蕊夫人笑着点破，气得赵匡胤将“虎子”摔碎，认为其是亡国之物。

南北朝时期的石崇，曾经与王恺斗富，石崇家的厕所修得富丽堂皇，有十多名穿着华丽的美女捧着甲煎粉、沉香汁、新衣服侍候。他们家上厕所是要换新衣服的，上厕所又叫“更衣”，可能就是从他们家来的。因为厕所太豪华了，弄得客人们不好意思去厕所方便，以为来的是客厅呢。

有一位西晋的大将军王敦，上豪华厕所更是闹出了笑话。他虽然贵为大将军，但到底富裕比不了皇家。王敦娶了武阳公主，第一次使用公主的厕所，见里面有干枣，以为是食用品，便顺嘴全部吃了；又见有“澡豆”，便把“澡豆”泡着水喝了，弄得丫鬟婢女们都掩口而笑，后来才知道原来干枣是用来塞鼻子防臭气的，澡豆是用来洗手的。

清朝慈禧太后使用的厕所也高贵得很，官家的厕所叫“官房”，慈禧的“官房”是用檀香木打造而成的。遇到出行，轿子上备有“如意桶”，其实就是个流动厕所，慈禧专用的流动厕所极尽豪华，桶底贮存着黄沙，上注水银，拉出的粪便落入水银之中，无迹无味。这个流动厕所外部装饰着绫罗绸缎，做成绣墩模样，再有宫女太监随时侍候着，豪奢到了极点。

管理厕所，由专业到一门生意

从三千多年前的周朝开始，官方是有人专门打理厕所的。“宫人为其井匽，除其不蠲，去其恶臭。”也就是说，政府是有专职的环卫工的。汉代城市里的厕所又叫“都厕”，望文生义就是都市里的厕所，是有专人管理的。那位传说中成仙的刘安，就曾被“谪守都厕三年”。南宋时，专业以清除粪便为职业的清洁工被称为“倾脚头”，实际上就是“倒马桶”的意思。粪便有什么用呢？宋朝人陈旉写了一本《陈旉农书》，详细介绍了粪便的用处，其实就是将扫除的泥土、簸扬的糠秕、干枯的落叶与粪便混合在一起制成肥料还田。几十年前的农村里仍旧用这个方法增加土地的地力，俗话说“种庄稼不上粪，跟着人瞎胡混”，就是说的这个道理。

要知道，古代是没有化肥的，所以使用粪便是肥田提高地力的唯一手段。于是便有人看到了商机，专门从事粪便生意。宋朝的“倾脚头”们，为了争生意，不惜诉讼到官府。因为“倾脚头”们竞争激烈，宋朝的街道被收拾得很干净，被誉为“花光满路”。但到了明清时期，公共厕所的管理出现了问题，极大地影响了城市环境，有赋曰：“愁京邸街巷作溷，每昧爽而揽衣。不难随地宴享，报苦无处起居。”另有诗曰：“粪盈墙侧土盈街，当日难将两眼开。厕所已修容便溺，摇铃又见秽车来。”

明末清初有一本小说叫《掘新坑悭鬼成财主》，描述了因为公共厕所问题成了影响市容市貌的大问题，一位叫穆太公的人从中看到了商机，于是他专业从事厕所生意，不但将厕所保洁得很干净，还免费给人们提供草纸擦屁股用，乃至吸引了很多男男女女到他建造的厕所方便。穆太公免费给人们提供厕所使用，是因为他慈悲心善吗？非也，他是为了要粪便，这些粪便是可以换来银子的。“一时种田的庄户，都在他家来趸买，每担是价银一钱，更有挑柴、运米、担油来兑换的。”

令人讽刺的是，清朝也有人看到了厕所的商机，发明了收费厕所。不过，很多人穷得叮当响，哪有钱去上厕所，于是宁愿遭受道德的谴责而随地大小便。看起来，收费厕所也是随经济发展而兴起的，连饭都吃不饱的年代，社会道德素质、文明程度就不是很高。像颜回那样的圣人，是万人里也出不了几个的。

运动简史：古代有趣的体育运动

现代的人们充分享受体育运动的快乐，世锦赛、奥运会以及世界性的、洲际性的各种大型体育比赛层出不穷，国内的体育比赛更是有很多，每年都会诞生不同类型、不同级别的金牌、银牌、铜牌，创造出更快、更高、更强的中国纪录、世界纪录。在遥远的古代，其实也是有体育运动的，古希腊的奥林匹克运动距今就已经有两千多年历史。中国上下五千年文明史，也不乏时尚的、有趣味的体育运动。

田径运动，夸父逐日领衔，杨大眼速度天下无敌

田径，是一项古老的运动。不管是长跑、短跑还是中长跑，其实在日常生活中是用得着的，尤其是在古代交通工具不发达的情况下，一切靠腿，如果不能跑，会遭遇很多危险。比如碰到野兽、碰到敌人需要逃生的情况下，跑得快的自然生存概率大。在中国古老的传说中，一个叫夸父的人，是长跑的健将，夸父追日的故事，人们耳熟能详。不过最后他累死了。

夸父毕竟是传说中的人物，不能引为信史。真实的历史中，也涌现出许多田径健将，如春秋时吴国的庆忌，他“走及奔马”，古代“走”就是跑，跑的速度能赶得上奔跑的马；另一位东晋人诸葛朗，不知道是不是诸葛亮家族的后人，也和庆忌一样可以跟马赛跑，并曾经试验过一

次，取得了胜利，“自云能走与马等。桓车骑以百匹布置埒，令豹奴乘马，诸葛竞走，先至者得布。便俱走，诸葛恒与马齐，欲至埒头，去布三尺许，诸葛一透，坐布上，遂得之”。

南北朝的另一位北魏英雄杨大眼更邪乎，他在应聘时凭借跑得快而取得先锋军职。杨大眼跑得多快呢？他将一条三丈长的绳子系在他的发髻上然后开始奔跑，因为速度超快，这条绳子平直起来，奔马追他都追不上，“便出长绳三丈许，系髻而走，绳直如矢，马驰不及”，杨大眼速度令考场的考官目瞪口呆，被当场录取。

其实奔跑运动水平高的还有两位健将，就是岳飞的两个书童兼保镖，听评书的都知道，一个叫马前张保，一个叫马后王横，这二位与岳飞的宝马赛跑，结果一个跑到了马前面，一个跑到了马后面，其奔跑速度着实厉害。

古人重视田径，跟步兵发达有关系。遥远的古代，中国的步兵是最发达的，而步兵的脚力是最重要的军事考核标准，一旦遇上急行军，就是考验跑步的时候。所以在每个朝代几乎都有“神行太保”出现。水浒中的“神行太保”戴宗，只不过是作者将其神化了而已，其实就是他跑得快，跟甲马没关系。

球类运动，蹴鞠、击鞠、捶丸、木射等各领风骚

中国古代的球类运动其实也很发达，最有名的就是古代“蹴鞠”，类似于现代的足球。宋朝的高俅，因为这项运动玩得好被皇帝赏识，成了当时的国防部长。虽然宋徽宗治国无方，但从一个侧面可以看出人们对古代足球的热爱度。其实蹴鞠早在两千多年前的战国时期就流行，汉代更成为一种兵家练兵之法。

中国古代的马球运动名叫“击鞠”，早在汉朝就已经流行，这是一种人骑在马上击球入门的运动，三国时期曹植的诗篇有“连骑击鞠壤，巧捷惟万端”，唐朝诗人王建有“十队红妆伎打球”“寒食宫人步打

球”之句，明朝官员王直有“玉勒千金马，雕文七宝球。鞚飞惊电掣，伏奋觉星流。炎页过成三捷，欢传第一筹。庆云随逸足，缭绕殿东头”的记载，可见当时的马球之盛。唐朝的马球是一项军事训练课目，诗歌“百马撵蹄近相映，欢声四合壮士呼”便是其生动的反映。马球又被称为马上高尔夫，现在成为一种高雅的运动形式。

说起贵族运动高尔夫球，其鼻祖乃是中国古代的“捶丸”运动，捶丸在唐朝时又叫“步打球”，宋朝改名捶丸。关于步打球的诗作也有不少，鱼玄机有“坚圆净滑一星流，月杖争敲未拟休。无滞碍时从拨弄，有遮拦处任钩留。不辞宛转长随手，却恐相将不到头。毕竟入门应始了，愿君争取最前筹”。王建有“殿前铺设两边楼，寒食宫人步打球。一半走来争跪拜，上棚先谢得头筹”。捶丸在唐宋时非常流行，是一项高雅的运动。

还有一种高雅的运动，是类似于西方保龄球的“木射”，发明于中国的唐朝。木射又叫“十五柱球戏”，就是竖十五根柱子，其中十根用红字书写“仁、义、礼、智、信、温、良、恭、俭、让”，五根用黑字书写“傲、慢、佞、贪、滥”，然后在一边用球状物击打，击倒红柱胜，击倒黑柱负。这项运动与西方保龄球玩法十分相似，但具有中国特色。

射箭、赛马，历史最悠久的体育运动

射箭与赛马，是古代历史最悠久的运动之一。至少在两万八千年前中国人就发明了弓箭，当然那个时候还是石器时代，用的是石箭头。弓箭可以远距离对付野兽，也可以远距离对敌人造成杀伤，所以从远古时候起弓箭就是不可或缺的攻击武器。

到了夏朝时，中国进入奴隶社会，国家有了专门教习射箭的机构，名叫“序”。商周时期关于教习射箭的机构得到延续，儒家有“六艺”：礼、乐、射、御、书、数，其中的射就是指射箭。儒家鼻祖孔夫

子，其实还是一位射箭高手和驾车高手，文武全才的人物，不然他如何教育他的学生们。周朝时还发明了射礼，分为大射、宾射、燕射、乡射等，使射箭成为一种带有文化气息的表演艺术。弓箭从远古一直到清朝，都是战场上最重要的武器，不曾断绝。关于射箭还形成了理论，比如“李将军射法”“魏氏射法”等，神射手更是层出不穷，比如先秦时的养由基、纪昌、逢蒙，汉朝的李广，三国的黄忠，隋唐的王伯当，《水浒传》中的花荣等。传说中的后羿还能射太阳，神得离谱。

赛马也是一种古老的体育运动，早在一万五千年前古人类的壁画中就出现了马的形象。不过，马最早是用来吃的，后来才经驯化用来驮东西、耕种、骑行。马在古代交通运输上占有重要的地位，在军事上的作用更为明显。一匹好马可帮助战士战胜敌人，三国时的关羽就因为骑术高明，骑的马快，速斩了袁绍的大将颜良、文丑。战国时的赵国靠“胡服骑射”变革才成为七雄之一。善于相马的孙伯阳，被称为伯乐。因为马的重要性，赛马成为古代最受重视的体育运动，最著名的赛马故事，是在春秋战国时期孙膑帮助田忌赛马的故事。马还被广泛应用于古代驿站，日行千里或是几百里的马匹，被视为宝马良驹。

举重运动，秦武王为弘扬该项运动而死

举重运动的历史也非常悠久，在冷兵器时代，力量非常重要，所谓“一力降十会”，拥有强大的力量，在战场上战胜敌人将发挥巨大作用。为了练习力量，古代发明了举重运动。古代的举重，举的重物不同，有的举鼎，有的举石锁。秦朝的秦武王是最重视举重的诸侯王，他重用的大臣，多是力量型的举重高手，比如任鄙、乌获、孟说等，秦武王本人也是一位大力士，不过在一次举重比赛中，他失手将自己砸伤而死。

历史上的举重大力士数不胜数。除了秦国的大力士们外，孔子的父亲叔梁纥便是一位举重大力士，曾经力举千斤闸。秦末的项羽也是一

位力大可拔山兮的大力士，成语“力能扛鼎”说的就是他。三国中的吕布、典韦、许褚、关羽，隋唐时的雄阔海、李元霸、罗士信，《水浒传》中的武松、鲁智深等，都是力量型的高手。古代考武举人，其中力量是最重要的一项比试科目，用到最重的巨石有三百斤。

投掷运动，训练士兵的必备“兵技”

现代体育运动，投掷类的有铅球、铁饼等，古代的投掷运动，源自训练士兵的投掷技能，用于杀伤敌人。不过在没有发明铁饼、铅球这些专业体育用品之前，士兵们投的是石头和标枪。在战场上，往往一方选择好有利于自己的地形埋伏，等敌人进入埋伏圈后，则投掷石头或标枪等击伤之，与弓箭一起使用。

历史上最有名的投掷高手是西汉时期的甘延寿，史载他“投石拔距绝于等伦，尝超逾羽林亭楼”，其中的“投石”便是投掷石块，至于石块多大并没有一定的限度。尤其在山中石块随处可见，居高临下投掷伤敌，会有出其不意的效果。《三国演义》中诸葛亮将司马懿父子引诱进上方谷，就是先命令士兵们石块击敌，后用火攻的。可惜最后天不作美，让司马懿父子逃出生天。

水上项目，游泳、龙舟、滑雪是拿手绝活

古代的水上体育项目，也挺丰富多彩的，其中游泳在南方尤其流行。水战不懂游泳，那是无法取得胜利的。三国时曹操与孙刘联军交战，就是吃了北方军队不习水战的亏。

历史上有许多游泳达人，南朝名将杜曾能身披沉重的铠甲游泳，这个很厉害了，一般来说游泳时身上的衣服越少越好，披着沉重的铠甲游，需要的力量绝非常人可比；另一位叫周文育的也是南北朝时期的游泳高人，小时候就能在水里一口气游几里地；圣人孔子曾见过一位游泳高手，“悬水三十仞，流沫三十里”，这样的长度和耐力连孔子也大为叹服。

划龙舟这项运动，并不是从屈原去世后才有的，纪念的人物也并不单是屈原一人。有祭祀远古五溪各族的始祖盘瓠的，这位盘瓠是三皇五帝时代帝喾的女婿；也有纪念吴国的伍子胥的，他是一位大忠臣，被吴王夫差含冤赐死；还有纪念东汉时期为救父投江的烈女曹娥的，纪念东汉开国元勋马援的，纪念五代时期闽国建立者王审知的，等等。当然，以纪念屈原的最为流行。不管纪念哪位先贤，赛龙舟至少有两千多年的历史，至今犹在。

至于滑雪，主要出现在北方的女真民族，早在隋唐时期就已出现了滑雪工具“竹马”，宋代出现了最早的冰床。努尔哈赤时期，有了第一届古代冰上运动会。满族人入关后，滑雪与滑冰都进入中原，一直到现在仍在流行。

武术摔跤，有中国特色的体育比赛

武术，至少在商周时期就已在中华大地出现，最早的武术是武舞，作为训练士兵之用。春秋时期出现格斗技术“角试”，除了徒手格斗还有宝剑、刀具及其他武器的使用。春秋战国时期的许多侠士、刺客，其实都是闻名当时的武术大家。楚汉争霸时“项庄舞剑，意在沛公”的故事，从另一个角度表现了武术在当时的应用。项羽称为霸王，不只是力气大，而且他的武艺水平也是一流的。武术是中国的特色，因为有了武术，中国古代英雄辈出，哪朝哪代都有人们耳熟能详的人物。神医华佗发明了五禽戏，他不但是神医，还是武术的鼻祖级人物。

到了科举时代，不但有文举人、文状元，还有武举人和武状元，从隋唐到清代有一千三百多年历史。除了各种武术套路、各门各派的实用技巧外，徒手搏斗的“角抵”、相扑、摔跤其实都是武术的分支。《水浒传》中的燕青与任原比赛相扑，就是别类的武术比赛。岳飞枪挑小梁王，就是考武状元时出现的“意外事故”。到了明清时期，武术在中国可说是遍地开花，门派达到几十种甚至上百种，出现了许多武术之乡。清末大家熟知的大刀王五、霍元甲、杜心五等，都是传统的武术大家。因为武术的繁荣，受大中华圈子影响的其他国家，比如日本、朝鲜、蒙古国、越南等，都出现了武林高手。

棋类比赛，围棋、象棋高深莫测

至于棋类比赛，中国围棋与象棋两种最为古老。史载“尧造围棋，丹朱善之”，早在三皇五帝时期的尧帝时，人们就发明了围棋。国际上公认，围棋当是中国的特产娱乐活动。孔子说过“饱食终日，无所用心，难矣哉。不有博弈者乎？为之犹贤乎已”，其中的弈就是指的围棋。第一位有确切记载的围棋高手名叫弈秋，这是孟子记载的：“弈秋，通国之善弈者也。使弈秋诲二人弈，其一人专心致志，惟弈秋之为听。”三国时的曹操、孙策、陆逊，南北朝时期的梁武帝等都是围棋高手。到了唐朝时，出现了专门陪皇帝下围棋的“棋待诏”，明代时出现了围棋流派，清朝时更是名家辈出，围棋因为巨大的影响，传播到了日本、越南、印度尼西亚乃至欧洲各国。

象棋的发明则扑朔迷离，有说是印度发明传到中国，有说是在中国本土发明的。但印度最早的象棋游戏，是出现在公元三世纪，而中国早在战国时期象棋就已经流行了，《楚辞·招魂》中就有“菎蔽象棋，有六簙些”的记载。可见象棋还是中国人发明的可靠些。当然，最早的象棋不是现在这个样子，至少在火药发明之前是没有炮的。而火药是中国人发明的，所以现代的象棋，一定是中国最后完善的。象棋虽然比围棋稍晚，但也至少在中国有两千多年的历史。这两类棋的体育比赛，都远比外国时间长得多。

古代体操，多种形式丰富多彩

古代的体操，早在原始社会就有萌芽，秦国时期的“乐舞百戏”，是古代体操运动的成熟期。那个时候就已经有了筋斗、倒立、柔术、戏车、戴竿、绳技等技巧。东汉时期出现了“杠力功”，明朝时的绘画作品《明宪宗元宵行乐图》，有着“登轮、钻圈、倒立旋人、柔术以及叠人”等内容。可见至少从秦至今，体操运动有两千多年的历史。

中国古代的体操，有着鲜明的中国特色，早在两千多年前中国就有着以五行八卦为理论的“导引养身术”，其中的肢体运动、呼吸运动、器械运动均是中国古代的体操。另外，中国古代的杂技其实也是体操的一部分，最有名的河北吴桥杂技，用鲜明的事实说明中国体操运动之悠久。杂技之祖，是中国人推为八仙之一的吕洞宾，而吴桥杂技的先祖纪晓堂，据说就是跟吕洞宾学会了三百六十套杂技把戏。

现代体操的许多内容脱胎于中国古代体操，与西方人比起来中国人相对瘦小灵巧，因此从古至今中国都是体操大国。

古代中国的体育运动，以上介绍的只是冰山一角。事实上，古人有古人的活法，今人有今人的活法。不管是力量上，还是灵巧度上，古人并不逊色于今人。

健身小史：古代健身达人知多少?

今天的中国人最不可缺少的一项活动是什么？除了吃好、穿好、住好、玩好这些基本的生活方式外，健身几乎成为生活的必需。当代人的健康观念发生了巨大变化，“远离亚健康”不再是一种口号，而化身于行动。健康，也不再只是生理上不生病，还包含心情要愉快、身材要苗条、皮肤要细腻等更高的要求。人们的生活水平提高后，养生成为全民口号，“养生之前必先修心”理论，引导人们对自己的身体提出了更高层次的要求。健身房适应时代发展进入人们的视野，并辅之以瑜伽、气功、禅舞、太极等多种健身手段，有的一线城市甚至有了“性爱健身”的课堂，可谓丰富多彩，百花齐放。为了追求一个“身、心、灵”全面提升的境界，人们绞尽脑汁，激活各种人体潜能，有的科学家甚至提出了“长生不老”的科学概念，让人们对于生死之中的“生”字更新定位。在没有发明出“长生不老药”之前，还是先健身吧，争取活到科学家指明的并不太遥远的明天。

现代人有了优裕的条件可以进行多种多样的健身，那么古人有没有健身的需求，他们又是如何健身的呢？

健身的历史就是一部文明发展史

原始社会的部落时代，生产力极其低下，人们要靠抱团取暖才能生存。那时候人们面对的敌人，一是自然灾害，二是其他野生猛兽，三是与其竞争生存空间的其他部落。黄帝与炎帝、蚩尤之间的战争，实际上就是部落之间进行生存竞争的战争。此时的人们主要解决的是生存问题，就连炎帝、黄帝、尧、舜、禹这些帝王，生活也是非常简朴的。所以那时候男人的健身主要是强身，锻炼出一个好身体好跟大自然作斗争，与其他部落的敌人作斗争，战胜了敌人才能保存了自己。所以这时候的健身主要是通过生产劳动健身，或砍柴，或捕猎，或种地。当然，为了战胜敌人，也会演兵，石头和棍棒便是演兵的武器，弓箭便是当时最先进的高端武器，如同现在的战斧导弹。

当然，即便是原始的部落时期，健身也有了萌芽，这便是气功的产生。中国的气功源远流长，三皇五帝时代很可能就有了这种独特的健身方法，《黄帝内经》记载“提挈天地，把握阴阳，呼吸精气，独立守神，肌肉若一”，便是气功的修炼法门。虽然《黄帝内经》是后人的伪托之作，但为什么以“黄帝”为名？笔者认为并不是单纯地敬重人文始祖那么简单，很有可能就是这套理论缘于黄帝，历经千年发展而成。据考证，黄帝出生于公元前2717年，逝于公元前2599年，活了118岁。在那个平均年龄只有三四十岁的时代，黄帝能活这么大岁数，没有健身养生功夫是不可想象的。故可以推论，原始社会的帝王贵族们，除了日常的劳动健身外，气功养生是他们最主要的健身方式之一。

奴隶社会是人类社会迈入文明的一个很大台阶。奴隶社会是生产力发展的结果，这个时候出现了奴隶与奴隶主。奴隶们是不存在健身的，他们夜以继日地劳动便是最好的健身。但奴隶主们由于生活优越，必然有了更高层次的物质追求和精神追求，在很滋润的生活品质下，健康长寿便是他们的理想目标。此时出现了“武舞”，这虽是一种娱乐舞蹈，却因为可以“均调其气血，收束其筋骸，条畅其精神”而起到养性健身功效，中国武术在此时应运而生了，奴隶社会战争频发，只有通过健身才能达到战胜对手的目的，就连儒家的六艺中，也包含了健身的内容，

“礼、乐、射、御、书、数”，其中射指射箭，御指驾车，一个武士必须平常练习好驾车和射箭的技巧，才能上前线杀敌。另外，体育运动也开始产生，射箭、摔跤、蹴鞠出现萌芽。当然，这时候的体育健身运动，大多是为战争服务的，“击、斗、射、骑、跑”是最主要的健身方式，目的是杀敌而不被杀。道家的产生使导引术成为一种健身方式，这是气功发展的一个阶段，易经五行为道家健身提供了强大的理论基础，追求长寿长生进入实质阶段。

长达两千多年的封建社会是中国古代健身的发展成熟阶段，古代中国在很长时间内是世界上最发达的国家，运动健身方面同样也成就不凡。古人的健身有三个目的：帝王追求长生不老；道家追求成为神仙；平常人追求强身健体。所以这时候中国武术非常发达，出现了数不清的沙场战将，他们将骑马射箭、舞刀弄枪十八般武艺作为主要的健身手段，而道家的导引术也进入了成熟期，华佗发明的五禽戏开始盛行，民间的老百姓也发明了许多喜闻乐见的健身运动，比如在水乡人们通过赛龙舟健身，春天通过放风筝健身，在东北、华北通过扭秧歌健身。最成熟的健身自然是武术，出现了数不清的武术门派，南拳北腿，少林武当，石锁、石担、石磨是力量训练的惯常工具，十八般兵刃是修习武艺的日常器械。而导引术也因为武术的诞生而与之融合，因此出现了一代又一代的健身武功大师。他们有一个非常注重武德的口号：“武术是为了强身健体，不是为了行凶斗狠。”

丰富多彩的体育健身运动也在这个时期开展起来，这是举国上下共同喜欢的健身方式。第一种健身运动是历史最悠久、最有名的中国古代足球，那时候叫蹴鞠。蹴鞠是战国时期发明的体育健身游戏，在汉代发展成为兵家练兵之法，宋朝时高俅因为球踢得好，而受到皇帝的赏识，成为一国太尉。马球也是中国古代人们喜欢的一种体育健身方式，那时候叫击鞠，唐宋时期尤其盛行，史载“尽夜酣饮作乐，燃十围之烛击球，一烛费钱数万”，不只皇帝喜欢，就连大门不出、二门不迈的女人也乐在其中，骑驴上阵，称为“驴鞠”。第二种健身运动是高尔夫球，古代叫捶丸，在明朝士大夫阶层及贵族妇女间盛行。第三种是木射游戏，现代保龄球的雏形。第四种叫拔河，古代叫钩强、牵钩、施钩之戏，集体较力。第五种是举重，一种力量型健身，那时候没有举重器械，但可以举铜鼎，最出名的是楚霸王项羽，力能扛鼎。第六种是摔跤，古代叫角抵、角力、手搏、摔胡、相扑、拍张等，《水浒传》中有两名摔跤高手，一个叫浪子燕青，曾打擂将大力士任原摔下台去，另一个是没面目焦挺，摔李逵没商量。第七种是滑雪或滑冰，主要是北方少数民族冬天健身。第八种是游泳，《水浒传》中张顺、张横、李俊、阮氏三雄都是游泳健身高手。第九种是田径，最有名的远古英雄是夸父，追太阳健身累死了，但《水浒传》中的神行太保戴宗，是最有名的田径高手，比马跑得都快。

古代健身达人知多少

古人虽然没有现代这么多健身方式，但聪明的古人还是想出了许多健身办法，出现了许多健身达人，创造出许多健身奇葩。

围棋、高跷达人丹朱。尧的儿子丹朱，可说是一位游戏达人，丹朱小的时候性格顽劣，不听尧的管教，所以尧就发明了围棋，以培养丹朱良好的性格，丹朱也因此成为了历史上第一位围棋高手；另外，丹朱可能还发明了另外一种健身方式——踩高跷，据历史学家孙作云考证，丹朱氏族以鹤为图腾，在祭礼中要踩着高跷拟鹤跳舞，而甲骨文中近似踩跷起舞形象的字可作为佐证。这是史上最早的踩高跷的说法。

气功达人彭铿。彭铿也就是传说中活了八百岁的彭祖，历经夏、商、周三代。能不能活八百岁另说，但古籍记载他确实是史上最早用导引术（气功）健身的达人之一，每日凌晨即起、端坐、揉目、按摩、舐唇咽液、意守丹田、吸气数十遍。彭祖外出云游，不乘车马，步行健身，累了就行导引之术，闭气内息，通过导引之术使九窍、五脏、四肢、毛发达到气流通畅的健身目的，而且可以解除疲劳。

秋千达人刘彻。刘彻不只是汉武大帝，开疆拓土，而且还是一位发展“荡秋千”健身游戏的达人。荡秋千这种健身运动，以前叫“千秋”，是人们在攀藤上树摘取果实过程中受启发而创，先秦时流行于北方游牧民族，春秋时齐桓公打败山戎，开始向南流传，后来逐渐演变成游戏。汉武帝时，宫中盛行“荡秋千”的游戏。其过程是有一次汉武帝在后庭祈祷千秋之寿，命令宫女们要绳而乐，结果玩得很开心，为了避千秋之讳，而将这种游戏改为“秋千”，后来在民间流传开来。

温泉达人陈俊。唐朝时的陈俊有一种独特的健身方式，就是泡温泉，陈俊的家乡有一眼温泉，水质极佳，他经常去泡这口温泉，得以长寿至四百四十四岁，至元朝时才寿终，可称是世界上最牛的“温泉达人”了。但其他人为什么泡这口温泉没有活这么大岁数也是千古之谜，据说陈俊老时身体很小，只有五公斤，乡亲们将他提在篮子里轮流养老，并用人奶喂他，所以他的绰号叫“菜篮公”。

五禽戏达人华佗。华佗是三国时代的外科鼻祖，麻沸散发明人，同时华佗还是一位健身养生专家，他通过长期观察虎、鹿、熊、猿、鸟五种动物的姿态，模仿虎的扑动前肢、鹿的伸转头颈、熊的伏倒站起、猿的脚尖纵跳、鸟的展翅飞翔发明了健身项目“五禽戏”，并在魏、蜀、吴三个国家推广获得成功，依靠五禽戏健身，华佗“年且百岁，而犹有壮容，时人以为仙”（《后汉书•华佗传》），若不是后来被曹操害死，可能活得更长。他的一个学生吴普依靠五禽戏健身，九十多岁耳不聋、眼不花、齿不落。

长啸达人陆游。陆游不只是南宋著名的爱国诗人，还是一位健身专家。他的健身之术是“长啸”。陆游是一位抗金英雄，并不是人们想象中的文弱书生，他能箭射飞鹰，枪伤猛虎。为了有一个好身体实现抗金的宏图大志，他常年使用一种长啸的健身方法，长年累月，极大地提高了肺活量。啸是古代的一种特殊习尚，魏晋时期达到鼎盛，有“长啸、吟啸、啸歌”之分，晋朝的阮籍是当时的长啸之王。陆游本来依靠长啸健身，八十五岁才寿终。

长跑达人苏东坡。古代通过长跑健身的人很多，他不但是中国历史上最有名望的诗词作家，还是一位健身家，他经常长跑，用于提高肺活量，加快血液循环。苏东坡还是一位气功爱好者，每晚必盘坐行大、小周天。

冷水澡达人呼延赞。呼延赞是北宋的开国元勋，“呼家将”的第一代传奇人物。呼延赞作为北宋初年最著名武将之一，其健身方法是洗冷水澡。他不但自己洗，还强令孩子们洗。呼延家是著名的将门，祖祖辈辈都是统兵打仗的将领，大概他是想靠这种办法将这优良传统传承下去吧，史载呼延赞“盛冬以水沃孩幼，冀其长能寒而劲健”。呼延赞是否长寿不详，但他依靠这种办法健身确实几辈人都为名将，战场上的枭雄。

搬砖达人陶侃。这位陶侃，就是那位写《桃花源记》的田园诗人陶渊明的曾祖父，不过陶侃不是诗人而是武将，他健身的方法，是在院子里准备一摞砖，早上搬到门外去，晚上再搬回来，雷打不动。由此还产生了一个成语叫“陶侃运甓”。史上并没有记载陶侃准备了多少块砖，如果太少，也产生不了什么健康效果，如果太多，陶侃就成建筑史上最早的“搬砖工”了。不过陶侃的健身效果还是不错的，他因此身体强壮，成为古今六十四名将之一，寿高七十六岁才去世。

叩齿、提肛达人乾隆。乾隆大帝活了八十九岁，当了六十多年皇帝，文治武功都很厉害，后宫还有三千佳丽伺候着，他通过什么健身方法做到的呢？据传说，他在中国古代众多气功方法中精选了适合他的两种，一是叩齿，二是提肛。叩齿每天早晨练习，“叩齿三十六”；提肛随时练习，上朝时也不误。要说健身，这可说是最实用的办法了。

饮食小史：猪肉简史

猪肉，现在可说是中国饭桌上第一肉，应用最广，做法最多，甚至成为春节时“丰衣足食”的象征。“小寒大寒，杀猪过年”，在很长一段时间内，杀一口猪过年是农家辛苦一年后对全家人口腹上的犒劳。曾经在山林里与虎、狼并行的猛兽野猪，怎么也不会想到，它有朝一日会成为“懒惰”的象征，人类饭桌上经常食用的美味，走进千家万户。“吃你家糠，喝你家汤，躺在床上被你杀”成为猪类的命运。猪肉的历史跌宕起伏，走到今天演绎了不知多少故事。

猪肉曾经是身份的象征，贵族才可享用的

猪这种动物，早在四千万年前就有了，从发掘出的化石可以证明。不过那时候的猪是野猪，和狼、虎、熊、豹这些野兽一样一样的。野猪的战斗力并不弱，古代的野猪战斗力应该更强一些。《西游记》中的猪八戒，跟孙悟空从半夜打到东方发白不分胜负，从一个侧面反映了野猪的战斗力。猪也叫刚鬣，所以猪八戒在高老庄中的名字叫猪刚鬣。猪还有很多名字，古代的叫法或豨，或豚，或彘不等，当然也有印忠、汤盎、黑爷、黑面郎、舒胖子这些雅称。

由野猪驯化成家猪是中国人的功劳。浙江余姚河姆渡新石器文化遗址距今已经七千年了，出土的文物里有一件“陶猪”，证明了早在三皇五帝时期甚至更早的年代，中国人就已经将野猪驯化成家猪了，这在世界上最早。中国目前为世界承认的最早文字是甲骨文，内中有关于家猪“舍饲”的记载，商周时期中国还发明了“阉猪”的技术，说明这时候中国的养猪已经正常化了。

家猪有两大作用：一是食用，养肥了吃猪肉；二是积肥，在化肥发明之前猪粪是农田主要肥料，几十年前中国的农业种植还大量地使用猪粪。虽然中国人早就发明了舍饲，但中国人汉代以前养猪主要采用放牧形式，和牛、羊等牲畜是一样的。游农经济时代，猪的饲养成本很高，放牧猪不如牛、羊，所以猪显得比较珍贵，在商周时代被当作一种贵重、吉祥的礼物。猪和牛、狗、羊、鸡被称为“五畜”，和马、牛、羊、狗、鸡被称为“六畜”，在周朝，猪和牛、羊被称为“太牢”，只有国君及卿大夫才有资格享用的。史载“天子食太牢，牛羊豕三牲俱全，诸侯食牛，卿食羊，大夫食豕，士食鱼炙，庶人食菜”，汉代时仍然“泽中千足彘，此其人皆与千户侯等”，而普通的老百姓，只能过年过节才能享用一下猪肉的美妙，想一想，猪的代表人物猪刚鬣在天上贵为“天蓬元帅”，那也是“此物只应天上有，人间哪得几回闻”的，猪肉在很长一段时间内，属于官僚贵族的专享之物，只能天子与他的大臣们可以分享，一般的老百姓平常哪有那口福。秦末项羽与刘邦争天下，摆了个鸿门宴，在这个宴席上，就有猪肉的食用记录，樊哙为救刘邦闯入项羽的大帐，项羽认为樊哙是个英雄，“赐之彘肩”，把一个猪腿赏给他吃。当然，能入项羽宴会赴席的，都是贵族阶层了。

不过，老百姓偶尔也能撞上吃猪肉的大运。春秋时期越王勾践为了恢复国力，鼓励越人大量生育子女，出台了一项鼓励生育政策，“生丈夫，二壶酒，一犬；生女子，二壶酒，一豚”。生个男的奖励两壶酒一只狗，生个女儿奖励两壶酒一口猪。想吃猪肉，生个女儿就成了。

一文人一皇帝，猪肉史上青史留名

猪这么难养，猪肉这么珍贵，所以在很长时间内，中国人饭桌上的肉食以羊肉为主。从魏晋到明朝长达千年的时间里，羊肉一直在中国人饭桌上占主导地位。有一本书叫《洛阳伽蓝记》，称“羊者是陆产之最”，因为那个时候，游牧民族对中国的冲击很大，他们的生活习惯是“风吹草低见牛羊”，而牛的作用又主要用于耕田，朝廷严禁宰杀，所以羊的主要作用便是食其肉。古代犒赏三军，便是“羊羔美酒”。五胡乱华三百多年，隋唐三百多年，五代及宋、辽、金、西夏三百多年，蒙古人统领天下百年，是少数民族非常活跃的时期，猪肉在那时虽没有退出历史舞台，但跟羊肉比起来，逊色很多。

猪肉开始翻牌，是从宋朝开始的。宋朝三百多年，一直与辽、金、西夏、蒙古等少数民族并立对峙。虽然羊肉占肉食的主导地位，但猪肉开始重新走上历史舞台，推动猪肉食用发展的人物，最著名的是苏东坡，他被贬黄州时，喜爱上了一道菜，这道菜被后世命名为“东坡肉”。东坡肉可不是苏东坡的肉，而是苏东坡爱吃由猪肉做的红烧肉。苏东坡是谁啊，词圣啊，不说在现在，在宋朝时就大名鼎鼎，其影响力比现在的大明星们大得多。苏东坡为他所喜爱的猪肉吟诗一首，曰《猪肉颂》：“净洗铛，少著水，柴头罨烟焰不起。待他自熟莫催他，火候足时他自美。黄州好猪肉，价贱如泥土。贵者不肯吃，贫者不解煮，早辰起来打两碗，饱得自家君莫管。”这首诗传唱起来，口碑效应，猪肉居然在民间大打翻身仗，史载“临安城内外，肉铺不知其几”“每日不下宰数百口”“每群万数，止数十人驱逐”，猪肉的食用，虽然不如羊，但呈现上升趋势。

真正使猪肉成为饭桌肉类主食的是明朝，猪肉虽然在宋朝有个小高潮，但随着元朝统治中国，羊肉仍然占据主要肉类地位，明朝是汉人建立的大一统农业国家，游牧民族被驱逐到了漠北，圈养猪逐渐走上前台。中国古代，皇帝的名字是需要避讳的，但避讳的只是名字，姓氏是不需要避讳的，因此，虽然明朝的皇帝姓朱，朱与猪谐音，但朝廷并未避讳“猪”这个字，依然可以正常使用，猪也可以随便食用。但并不是所有的皇帝都这样，明武宗朱厚照这个荒唐皇帝就对猪有避讳。朱厚照避讳猪并不是因为他姓朱，而是因为他属猪，为此他下达了《禁猪令》，这是历史上唯一一道专门为猪下达的圣旨，这道圣旨禁止养猪更禁止杀猪，违旨者充军发配。不过，这道《禁猪令》只坚持了几个月便撤销了，民间已养猪成风，不是一道圣旨能禁得了的。明武宗想了个办法，将猪的名字改叫彘或豚就行了，为什么一定要叫猪呢？何况，下《禁猪令》的明武宗，本身也是吃猪肉的。

猪肉是如何碾压牛羊成为饭桌肉类之王的

大文豪苏东坡是中国猪肉食用史上的一个关键人物，他喜食猪肉，而且大赞猪肉的妙处，大大推动了猪肉的知名度，使猪肉的食用深入人心。苏东坡那么大的学问，竟然将自己的平生所学，比作“猪肉”，并得意洋洋地跟佛学造诣极深、将佛学造诣比作“龙肉”的老朋友陈襄大侃“猪之与龙，则有间矣，然公终日说龙肉，不如仆之食猪肉实美而真饱也”。苏东坡推动猪肉食用，在明朝时总算结出了胜利的果实，不但在民间猪肉食用普遍，在皇宫大内的御膳房也出现了“烧猪肉、猪灌肠、猪臂肉、猪肉包子”等猪肉类食品。猪肉终于凭借自己的美味，赢得了千家万户的认可。

清朝的统治者同样喜食猪肉，对猪肉格外看重。从努尔哈赤到皇太极都爱吃猪肉。史载乾隆皇帝的一场御宴中就有“猪肉六十五斤、猪肘子三个、猪肚二个、小肚子八个、膳子十五根、野猪肉二十五斤、大小猪肠各三根”。闻名于世的太湖猪种群在清朝出现了，大才子兼大美食家袁枚将猪肉列入“特牲单”，称猪肉为“广大教主”，并著文介绍了猪肉的几十种烹饪方法。因为袁枚，猪肉在美食界具有了史无前例的崇高地位。另一位大才子蒲松龄，从积肥的角度大力推动养猪事业的发展，提出养猪乃“种田之要务”。在他们的推动下，猪肉在食用界的地位越来越高，尤其在民间得到了人们普遍的认同，猪肉终于历经几千年后，成功逆转为饭桌肉类之王。

禁酒小史：古代禁酒趣史

中国是一个酒文化历史非常悠久的国家，早在数千年前人们就发明了酒，且创造出具有丰富内涵的酒文化。李白的“斗酒诗百篇”，曹操的“对酒当歌，人生几何”，武松的“借酒打虎”“醉打蒋门神”，刘伶醉的故事，醉八仙的故事，就连孙悟空大闹天宫，也离不开酒后闹事。然而，自酒被发明的那一刻起，统治者就开始了“禁酒”，饮酒与禁酒，几乎成了一对孪生兄弟。

大禹禁酒，预言以后必有以酒亡国者

大禹，是夏朝的开国国君。大禹是一位有大功于中华民族的圣主，由舜禅让当了帝王。大禹治水成为中华民族不屈不挠的精神象征。

大禹时有一位名叫仪狄的人，精于酿酒。大禹的女儿命令仪狄酿造出美酒，送给大禹品尝，大禹喝后觉得这酒的味道真美啊。正当大家认为大禹一定会表扬女儿和仪狄的时候，大禹却不发一言，疏远了仪狄。史载大禹“绝旨酒”，并预言“后世必有以酒亡其国者”。大禹“绝旨酒”，是他率先自己不喝酒，起到了模范带头作用，其意义在于劝别人也少喝酒或不喝酒，这杯酒虽然甘美，很可能是亡国之酒。

大禹的预言不幸成真，后世之人，或因酒亡身，或因酒亡国的比比皆是。大禹开创的夏朝，就被他的不肖子孙夏桀因酒亡了国。桀造酒池肉林，宠幸妹喜，于酒色声中被商汤击败。而商汤的后人商纣王也犯了和夏桀一样的错误，被周武王伐纣成功。周武王的后人周幽王，同样犯了桀纣一样的错误，宠幸美人褒姒，演绎出了烽火戏诸侯的闹剧，于酒色声中导致西周灭亡。国如此，人亦如此。楚晋交战，楚国大将子反战败后借酒消愁，被楚恭王怒斩。关羽大意失荆州，猛将张飞为给二哥报仇，酒后喝令范强、张达造三千白盔白甲，二人因怕误了工期反将酒后睡着的张飞杀害。清朝的慈禧太后，得了第一辆汽车，其司机孙富龄酒后驾车轧死路人，成中国酒驾第一人。这些血淋淋的教训，无不在警示着人们，也验证着大禹预言的无比正确。

周公禁酒，发表第一篇禁酒宣言

商灭夏，周灭商，历史进入周朝后，周公旦看到夏朝和商朝都因酒亡国，认为酒是不祥之物，大乱丧德，因此制定《酒诰》，发布了我国历史上第一篇正式的“禁酒令”。《酒诰》发布的背景，是周公旦的弟弟康叔要到受封卫地上任，周公旦嘱咐他要注意禁酒，吸取商朝因酒亡国的教训。周公旦在《酒诰》中论述了以下观点：第一，臣民犯上作乱，丧失道德，诸侯国亡国，大多与酗酒有关；第二，祭祀天地、神灵、祖先时可以饮酒；第三，孝敬国君、父母、兄长时可以用酒。《酒诰》中的“无彝酒，执群饮，戒缅酒”九字，成为后世禁酒的经典语录。

周公旦对于酒的态度，从《酒诰》中看出主要采用劝勉的态度，“无彝酒”，是不经常饮酒的意思。无是不，彝是经常的意思。不经常饮酒，那就是说偶尔也可以饮酒的。执群饮，是禁止聚众饮酒，那意思你在家独饮没人管你。戒缅酒的意思是饮酒要适度，不要酗酒。喝一两小酒是养生，喝一斤大酒就是伤肝害命了。

周公旦对于酒的态度，是客观的，有节制的。他并没有完全禁酒，而是号召人们有节制地饮酒。这与现代人对于酒的态度可说是异曲同工。

帝王禁酒，各出奇招见奇效

各朝各代，都有禁酒的高招。帝王对于酒政，无非采取三种措施：禁酒，榷酒和税酒。禁酒就是禁绝酒的生产、流通和消费，给国家节省粮食。粮食是用来吃的不是用来喝的，这一般用于缺粮的灾荒年头和战争年头。榷酒是国家实行酒类专卖制度，将酒的利润都归国家财政，不允许民间借酒发财。这一般是国家看到民间有人造酒卖酒发财眼红。税酒更好解释，民间可以造酒卖酒，但要向国家缴纳额度很高的税。

所以对于酒，各朝各代根据国情不同，制定了不同关于酒的政策：春秋时齐相晏子认为酒能亡国，于是齐景公在齐国举国禁酒；《秦律》规定不准用余粮酿酒，是为了战备需要；商鞅变法，酒价十倍于成本，利用高税利重农抑商；汉朝的萧何制定《汉律》，其中“禁群饮”规定，“三人以上无故群饮酒，罚金四两”，是为了维护汉初国家秩序的需要；北魏文成帝期间粮食大丰收，人们纷纷用余粮酿酒，出现了许多酗酒的人，拓跋濬认为酗酒会造成“富而亡国”，于是发布史上最严的禁酒令：酿酒的、卖酒的、买酒的、饮酒的，全部斩杀，遇吉凶或迎接宾客除外；金朝海陵王规定，官员工作期间饮酒，一律死刑；元朝规定军官因酗酒殴打其他官员、下级官员因酗酒辱骂上级官员，笞打记过；明朝朱元璋的禁酒方法更绝，下令农民不准种糯稻，直接断了造酒之源。

曹操和刘备禁酒，各传出禁酒故事

历史上的禁酒，大多是因为遇到灾荒之年，节省粮食的需要。汉文帝、汉景帝、汉和帝、汉顺帝、南北朝时的宋文帝、唐朝的唐肃宗、清朝的康熙大帝等帝王，都因当时发生天灾后在全国或部分地域禁酒。其中三国时期，“白骨露于野，千里无鸡鸣”，曹操和刘备都先后禁酒，并演绎出关于禁酒的故事。

曹操是喜欢喝酒的，不然写不出“对酒当歌，人生几何”“何以解忧，唯有杜康”这样的佳句，但在大灾之年，他还是颁布了非常严厉的禁酒令，对于曹操的禁酒，民间反对者众，尤其是一些喜吟诗作对的文人，于是偷偷喝酒的现象屡见不鲜。为了喝酒，人们讳言酒字，“以白酒为贤者，清酒为圣人”，把白酒和清酒叫“贤者”和“圣人”，以防被抓。“意见领袖”孔融公开与曹操作对，创作《难曹公表制酒禁书》上交曹操，内言“天有酒星，地有酒泉”“自古不能无酒，大汉江山靠的就是酒”“暴君桀、纣皆以色亡国，你何不干脆把婚姻也禁了”这些反禁酒“歪理”，丝毫不考虑当时民生凋敝，急需省下粮食糊口充饥。孔融反禁酒与曹操对着干，最终没有得到好的结果，曹操以“招合徒众”“欲图不轨”“谤讪朝廷”“不遵超仪”等罪名把他斩了，并株连全家。他再也不能“座上客常满，杯中酒不空”了。

与曹操齐名的枭雄刘备，也曾在蜀中禁酒。刘备的禁酒令比曹操更狠，规定家中藏有酿具与酿酒同罪。为了劝谏刘备取消这一过分的禁酒令，大臣简雍颇费了一些心思。一次他与刘备出行，碰到一对青年男女，建议刘备把那个小伙子抓起来，刘备问为什么无故抓人，简雍回答，这个小伙子想对女子欲行不轨。刘备说没有看出来啊，简雍回答：你看，这小伙子把作案工具都带出来了。刘备略一思索，便明白了简雍的意思，也知道简雍是在劝谏自己，便下令取消了“藏有酿具与酿酒同罪”，并释放了因之被抓的蜀民。

其实酒是人类一项伟大的发明，可以说没有酒，就没有李白诗百篇，就没有张旭的草书，乃至就没有这么精彩纷呈的历史。酒是好酒，看怎么喝，怎么用。酗酒发疯，自然该打；借酒抒情，文人雅趣；灾年禁酒，理所应当；庆功饮酒，人之常情；婚丧嫁娶，无酒不席；酒后驾车，害人害己。看古代禁酒趣闻，我们应该悟出一些道理，以史为鉴，方是正论。

后　记

“会当击水三千里，自信人生五百年”是我的座右铭之一，而我从事写作这个职业最要紧的也是这句话。

为人处事也好，做学问也罢，哪怕是修修补补的差事我都习惯于先了解，吃透它，再去做。而一旦去做了，便要拼尽全力去做好，这便是我的个性。

耗时一年有余，陆弃说小史系列图书终于迎来出版之日，这实在是值得庆祝的一件事。这两本小史中的文章大多是在我的博客、微博和今日头条上发表的作品，在网络平台的累计阅读量超过一亿，其中还有多篇文章一时成为“爆文”。因此，我决定将其中影响较大、反响较好的文章集结成册，以飨读者。

自媒体时代，让许多人能够拥有展现自己的舞台，我也不例外。自博客时代伊始，我便笔耕不辍，坚持写作十五六年。从博客、论坛到微博，再到今天的头条、公众号等公共网络平台，我的写作经历贯穿整个中国的互联网文学发展史。

相信以后我也会一如既往地坚持写下去。因为我知道，人活于世，如同白驹过隙。如意也好，困顿也罢，于浩瀚历史长河中，都只是一段微不足道的幻灭景象。千金不为多，毫厘不为少，人的一生中唯有思想能够永久流传下来，让生命得到有意义的延续。

两本小史出版期间，受到了许多专家学者、网络大V的关注和支持。除此之外，发行方大吕文化与华龄出版社的工作人员为本书的编辑、校对、排版和设计奉献了大量精力，在此一并予以致谢。

由于我的水平有限，书中不足之处在所难免，诚请广大读者指正，特驰惠意。

陆弃

2020年10月20日